# 배구, 사랑에 빠지는 순간

SIDEWAYS

# 배구, 사랑에 빠지는 순간

곽한영 지음

알고 보면 열 배 더 재밌는 배구 이야기

차례

들어가며

# 배구, 사랑에 빠지는 순간

## 웃는 선수가 처음인가요?

지금은 '초등학교'로 명칭이 바뀌었지만 내가 어렸을 때만 해도 '국민학교'로 불렸던 그곳, 내가 다녔던 '국민학교'에는 작은 연못이 하나 있었다.

8자 모양으로 생긴 못생긴 작은 웅덩이에 가까운 곳, 그곳에서 친구를 사귀는 것은 무척 쉬운 일이었다. 그저 이 연못가에 놓인 낡은 벤치에 앉아서 나란히 앉아 나는 우리 반에서 누구를 좋아하는지 말하기만 하면 됐다. 그러면 내 얘기를 들은 녀석도 그 보답(?)으로 자신은 누구를 좋아하는지 얘기해주기 마련이었고 이렇게 비밀을 공유한 두 사람은 즉시 '친구'가 될 수 있었다.

지금부터 나는 바로 그 오랜 트릭을 다시 한번 써보려고 한다. 내가 어떻게 해서 배구와 사랑에 빠지게 되었는지를 구구절절이 고백하는 것으로 여러분을 이 책과 '친구'가 되도록 만들어볼 생각이다.

그 어설픈 국민학생들의 사랑으로 돌아가보자. 재밌는 것은 학년이 올라가고 반이 바뀌어도 우리는 새로 만나게 된 학급 아이들 중 누군가 반드시 좋아하는 사람을 '찾아내고야' 말았다는 것이다. 두 해, 세 해를 거듭하면서 깨닫게 된 것은 '좋아한다'라는 마음의 핵심은 상대편이 지닌 외모나 성격 같은 어떤 대단한 장점이 아니라, 내 마음속에 있는 빈 부분이라는 것이었다. 그건 마치 길을 걷다가 발을 잘못 디뎌 사랑이라는 함정에 빠지는 것이 아니었다. 그곳이 어디든 내가 서 있는 발밑을 삽으로 파 내려가 스스로 구덩이에 빠지는 것과 같은 일이었다. 어긋날 리 없는, 틀림없이 벌어지는 사고.

TV 예능프로그램을 시청하다 보면 '이상형'을 묻는 장면을 자주 보게 된다. 어떤 외모가 좋으세요, 어떤 성격이면 괜찮을까요, 키가 중요한가요 목소리가 중요한가요……. 하지만 '사랑'은 그런 것이 아닐지도 모른다. 내가 '이상형'이라는 위치와 좌표에 가서 땅을 파놓으면 우연히도 나라는 사람을 이상형의 좌표로 찾고 있던 바로 그런 사람이 내 마음의 땅굴로 걸어 내려오는 일이 아닐지도 모른다.

그렇게 두 사람이 만나게 되는 일이 '사랑'이라면 이 얼마나 확률과 가능성이 떨어지는 일인가. 그보다는 그저 우두커니 내가 서 있는 곳에 발밑이 꺼지고 서서히 깊고 어두운 구멍이 파여 그 안에 웅크리고 있다 보면 그것이 무엇이든 보드랍고 따뜻한 것들을 찾아다가 빈 구멍을 채우는 일, 그것을 '사랑'이라고 부르는 게 더 정확하지 않을까?

내가 배구 자체를 접한 것은 벌써 30여 년 전인 1980년대의 일이었다. 아직 프로화가 되지 않은 시기라서 실업팀들이 '백구의 대제전'이라는 이름으로 리그를 벌이던 시절이었는데, 나는 지금은 사라진 고려증권팀을 좋아했다. 그 시절에 배구를 본 사람들이라면 누구나 깊은 인상을 받았을 장윤창 선수의 '돌고래 서브'라는 묘기를 보는 것도 좋았지만, 고려증권 자체가 열악한 환경에서 끝까지 버티는 언더독과 같은 이미지였기 때문에 더 응원하게 됐던 것 같다.

하지만 혈기왕성했던 어린 나이에 네트 이편에서 저편으로 한가로이 오가는 배구공의 포물선은 왠지 지루하기만 했다. 장윤창의 서브 말고는 배구에서 달리 '스펙터클'이라 할 만한 것을 발견하지 못한 나에게 배구는 당시 불과 네 개밖에 안 되는 공중파 채널을 이리저리 돌리다가 볼 만한 것이 없을 때, 나른한 오후 시간의 공백을 채우는 화이트노이즈처럼 켜놓고 보다가 말다가 하는 그저 그런 스포츠에 가까웠다.

나이가 들어 다시 배구를 접하게 된 것도 실은 어린 시절 그 나른한 오후와 크게 다를 것 없는 '화이트노이즈'와 같은 계기였다. 책을 읽고 글을 쓰는 것이 직업이다 보니 조용한 연구실에서 책상 위에 두 개의 모니터를 나란히 놓고 키보드를 두드리는 일이 많다. 달리 오가는 사람도 없는 적막강산 같은 곳에서 혼자 머리를 싸매고 있는 일이 외롭게 느껴질 땐, 종종 한쪽 화면에 보는 둥 마는 둥 거의 신경을 쓰지 않는 인터넷 스포츠 중계 영상을 띄워 놓고 적막을 깨는 '화이트노이즈'로 쓰는 습관이 생겼다. 제일 만만한 것은 팀이 많아서 매일 중계가 있는 프로야구였지만, 문제는 월요일 저녁엔 프로야구 중계가 없다는 점이었다.

언제나처럼 인터넷 중계 화면을 띄웠다가 오늘이 월요일이라는 생각이 떠올라 잠시 당황했지만 뭐 어차피 경기를 제대로 보지도 않으니 뭐든 어떠랴 싶어서 아무거나 클릭해서 띄웠던 영상이 바로 배구 중계였다. 마침 바로 다음 날은 프로젝트 제안서 제출이 있는 날이었다. 시간은 가고 마음은 급한데 글의 실마리가 영 풀리지 않아서 계속 머리를 쥐어뜯었다. 게다가 메일 수신 알림이 와서 들어가 보니, 얼마 전 투고했던 논문이 심사 결과 게재 불가 판정을 받았다는 속 쓰린 내용이었다. 수정해서 재투고를 해야 하나, 다음 학회지 투고 일정이 어떻게 되더라, 기억을 되살리는 사이 이번엔 핸드폰으로 전화가 왔다. 공동으로 프로젝트를 준비하는 연구원 교수가 오늘까지 주기로 한 원고를 못 썼다고 미안하다는 내용이었는데, 이게 미안하고 말 일이 아니라 당장 제출 시한이 내일이라서 오늘 원고를 못 받으면 아예 프로젝트 신청 자체를 포기해야 하는 상황이었다.

더 이상 글을 쓰는 것이 무의미해져버려서 키보드에서 손을 떼고 의자 등받이에 기대어 허탈해하다가 다시 눈을 떠보니, 그제야 반대편 모니터에 비치는 배구 경기의 모습이 눈에 들어왔다. 음소거를 해놔서 소리도 없는 화면에 그저 사람들만 바쁘게 이리저리 뛰어다니는 모습이 참 기이하다 싶었다. 문득 서브를 하기 위해 공을 던져 올리는 한 여자 선수의 모습이 화면에 비쳤다. 피부가 유난히 하얗게 보여서 처음엔 얼굴에 화장품을 바른 건가 생각했는데, 그게 아니라 원래 피부가 하얀 선수인 듯했다.

지금 생각해보면 이 선수가 바로 '밀가루 공주'라는 별명을 가지고 있는 현대건설의 고예림 선수였다. 스포츠 선수라면 축구,

테니스 등 까맣게 탄 모습만 익숙했는데 배구는 실내 운동이라서 피부가 탈 일이 없겠구나, 하는 단순한 깨달음이 호기심으로 바뀌면서 찬찬히 보니 이 선수 외에도 다른 선수들이 다 엄청나게 예쁘고 멋지다는 사실에 놀랐다. 아니, 배구는 선수를 외모로 뽑나? 어떻게 다들 이렇게 선남선녀인 거지, 하면서 자세를 고쳐 앉고 화면을 들여다보니 이들이 이렇게 멋져 보인 것은 실제로 키가 크고 외모가 출중해서 그런 것도 있지만 그보다 더 큰 이유가 있다는 걸 깨닫게 되었다. 다들 쉴 새 없이 뛰어다니면서 웃고 있다는 점이었다.

김연우의 명곡 〈이별 택시〉라는 노래에 가슴 아픈 이별을 하고 택시를 탄 사람이 엉엉 울면서 '우는 손님이 처음인가요?'라고 택시기사에게 묻는 가사가 나온다. 참 가슴 아픈 얘기인데 그 비슷한 맥락에서 '웃는 선수'가 내게는 처음 접해보는 신기한 장면이었다. 늘 호통치고, 짜증 내고, 상대 팀과 싸우고, 노려보는 장면들만이 반복되는 대부분의 스포츠, 아니 우리의 일반적인 삶의 모습과 달리 화면 속의 배구 선수들은 계속 웃고 있었다.

공격에 성공해도 웃고, 수비에 실패해도 손을 들고 미안하다며 웃고, 서로 동선이 겹쳐서 부딪쳐도 웃고, 계속 서로 손뼉을 마주치고 껴안고 팔짝팔짝 뛰면서 웃는다. 땀 흘리며 달리는 사람들의 웃음이 이렇게 매력적인 것이라는 걸 처음 깨달았다. 바로 그 순간이었다. 내가 '배구'라는 구덩이에 폭 빠져들게 된 것은.

## 실시간으로 벌어지는 긴장과 이완

게임의 종류를 구분하는 데는 수많은 기준이 가능하지만, 게임을 진행하는 방식에서 가장 큰 차이가 나는 것은 '턴제'와 '실시간제'라고 할 수 있다. '턴제'는 게임에 참여하는 사람들이 돌아가면서 자신의 순서('턴turn')가 왔을 때 공격 혹은 수비를 하는 것이다. 바둑, 장기, 카드놀이 등 대부분의 고전적인 게임들이 턴제의 형식을 갖는다. 이러한 턴제는 경기의 운영이 안정적으로 이루어지고 자신의 턴에서 좀 더 여유롭게 생각이나 작전을 구상해서 대응해나갈 수 있다는 장점이 있다.

하지만 자신의 턴이 오기 전에는 아무것도 할 수 없고 턴과 턴 사이의 시간 간격이 길어지면 지루해질 수 있다는 단점도 있다. 야구 경기의 경우 두 팀이 공격과 수비를 번갈아 하게 된다는 점에서 턴제의 형식을 갖추고 있는데 공격을 너무 잘하면 시간이 한없이 길어지고, 반대로 수비는 아무리 잘해도 점수를 올릴 수는 없다는 점에서 긴장감이 떨어진다는 지적도 있다. 특히 전체적으로 경기 시간이 너무 길어져서 젊은이들의 외면을 받는 점 때문에 투구 시간제한, 자동 고의사구, 이닝(inning) 수 단축 등 다양한 개선 방안들이 나오고 있다.

반대로 '실시간제'는 경기 중에 끊임없이 상호 간의 플레이가 이어지는 방식이다. 컴퓨터 게임 가운데 〈스타크래프트〉나 〈리그 오브 레전드〉처럼 시간제한 없이 승부가 날 때까지 양쪽 선수들이 쉴 새 없이 공격과 방어를 주고받는 경우가 이에 해당된다. 스포츠 경기의 경우 전반, 후반 총 90분간 쉴 새 없이 그라운드에서 공방전이 이루어지는 축구가 실시간제 경기라고 할 수 있다. 선수들이 한순간도 앉아서 쉴 수 없고 순식간에 공간 돌파와 골이 이루어지기 때문에 긴장과 몰입도를 높일 수 있는 실시간제 경기라는 점이 축구가 세계적으로 가장 인기 있는 스포츠로 성장하는 데 큰 몫을 했다.

그러나 이렇게 긴 시간 동안 계속 긴장감을 유지하면서 뛰는 것은 체력적으로도 힘들고 집중력을 끌어올리기도 쉽지 않기 때문에 실시간제라 해도 지루한 경기가 이어지는 경우도 있다. 최근 젊은이들 사이에서 인기가 높아지고 있는 미국 NBA 농구의 경우 예전엔 축구처럼 전반과 후반으로 나누어서 경기하던 것을 네 개의 조각('쿼터quarter')으로 잘게 쪼개어 진행하고 있는 이유 중 하나도 이런 문제에 대한 보완책이라고 할 수 있다.

배구는 턴제와 실시간제의 중간적 성격을 지니고 있다. 플레이 자체는 실시간으로 이루어지고, 공격하는 팀만 점수를 가져가는 것이 아니라 그 공격을 블로킹(blocking)해서 막아도 점수를 가져갈 수 있다. 딱히 공격과 수비의 역할이 구분되어 있지 않은 동시적 성격을 갖고 있는 것이다. 하지만 일단 공이 바닥에 떨어지는 순간 한 번의 플레이는 마무리되고 다시 코트가 정리되어 다음 서브가 이루어질 때까지는 일종의 비어있는 시간이 된다. 그 시간 사이에는 공격 성공을 기뻐하면서 뛰어다니기도 하고 토스의 높이나 포지션 등에 대해 서로 이야기와 작전 지시도 하는 등 다양한 활동들이 이루어진다.

즉, 배구는 긴장과 이완이 마치 들숨과 날숨처럼 계속해서 반복되는 구조를 가지고 있는 것이다. 따라서 관중들도 그 리듬에 익숙해지면 플레이 중에는 집중해 감탄과 탄식을 오가다가, 플레이가 끝나면 나름의 평가와 분석을 하고 다음 플레이를 예상하며 기대하는 과정들을 자연스럽게 반복하게 된다.

일본의 유명한 야구 만화인 『H2』의 명장면 가운데 경기가 아주 불리한 상황에 몰려서 다들 포기하려고 할 때 주인공이 "시간제한이 없는 시합의 재미를 가르쳐 드리지요."라고 말하는 부분이 있다. 우리에게 익숙한 다른 표현으로 바꾸자면 '야구는 9회 말 투아웃부터'라고 할 수 있을까. 즉, 야구는 축구나 농구처럼 정해진 시간이 끝나면 승패가 결정 나는 스포츠가 아니므로 마지막 아웃카운트 하나만 남아있는 상황에 몰렸더라도 계속 안타가 이어진다면 몇 점의 점수 차이라도 역전이 가능하다는 특성을 강조한 말이다.

배구도 이런 측면이 있다. 야구처럼 배구도 시간제한이 없는 스포츠이기 때문에 점수 차이가 크게 벌어져 있는 상황에서도 한 팀이 기세를 올려서 연달아 득점한다면 얼마든지 역전이 가능하다. 실제로 최근 여자배구가 남자배구보다 더 큰 인기를 누리고 있는 이유 중 하나는 남자배구의 경우 워낙 공격이 강해서 이런 역전이 쉽지 않은 반면, 여자배구는 꽤 점수가 벌어진 상황에서도 금세 따라잡고 뒤집으며 엎치락뒤치락하는 장면들이 자주 연출되기 때문이다. 배구가 실시간제이면서 동시에 턴제의 성격을 가진 스포츠이기 때문에 가지는 재미의 포인트다.

## 나, 너 그리고 우리

여러 명이 하나의 팀을 이루어 플레이하는 스포츠는 어떤 것이든 당연히 팀원들 간의 협력과 조화가 중요한 역할을 한다. 하지만 그 긴밀함의 정도는 종목에 따라 차이가 있다. 축구의 경우 한 팀에 11명이나 되는 선수가 일사불란하게 움직이는 것이 중요하다. 허나 그라운드가 대단히 크기 때문에 선수와 선수의 직접적인 협력 플레이보다는 각 선수들이 공간을 어떻게 확보하고 침투해 들어가거나 이를 막아내는가의 문제가 더 핵심적이라 할 수 있다. 즉, 상당히 큰 범위에서의 협업 플레이가 이루어진다.

야구는 공격을 할 때 타자 한 명만 타석에 서고 수비의 경우라 할지라도 각자 자신이 맡은 포지션의 담당 구역을 지키는 방식을 취한다. 내야수들끼리의 연계 플레이를 빼면 선수들이 직접적이고 상시적인 협력 플레이를 하는 경우는 별로 없다. 이런 스포츠들에 비하면 실내 스포츠인 농구가 선수들 간의 패스나 스크린, 약속된 플레이가 많아서 상호 연계가 긴밀한 편이다. 하지만 상대적으로 선수 개인의 역량으로 돌파나 슛이 이루어지는 경우가 많아 팀플레이의 비중이 결정적인 수준은 아니다.

이에 비해 배구는 공이 절대로 코트 바닥에 떨어지지 않도록 공중에서 우리 편 선수들끼리 주고받으면서 딱 세 번 튕기는 동안 공격까지 마쳐야 한다. 그러므로 선수들이 공 자체뿐 아니라 같은 팀 선수들의 움직임에 계속 집중해야 한다. 수십 개가 넘는 공격 패턴, 수비 패턴을 함께 연습해서 숙지하지 않으면 순간적으로 공이 빈 곳으로 떨어지는 사태가 벌어진다.

그뿐 아니라 공이 어디로 튈지 모르므로 우리 팀이 공격을 하든 수비를 하든 튕겨 나오는 공을 옆에서 건져 올려주는 공격 커버, 수비 커버를 계속 대비해야 한다. 공을 계속 전달받아서 플레이를 해야 하기 때문에 아무리 뛰어난 공격수라도 세터(setter)가 공을 제대로 올려주지 않으면 점수를 낼 수 없고, 세상에 없는 명세터라도 수비수가 공을 제대로 받아서 전달해주지 않으면 미리 약속한 대로 공을 올려줄 방법이 없다.

이 모든 일이 불과 수 초 사이의 짧은 순간에 이루어지기 때문에 배구에서 팀원들 간의 조화는 다른 어느 스포츠보다 중요하다. 포인트 하나를 낼 때마다 모든 선수들이 모여서 손뼉을 치며 좋아하고, 우리 팀 선수가 실수했더라도 역시 모여서 '괜찮아, 괜찮아'를 외치는 배구 경기만의 특이한 모습은 바로 이런 팀 경기로서의 특성 때문에 생겨난 것이다.

게다가 어떤 경우에도 팀원에게 짜증을 내거나 플레이가 잘 되지 않는다고 시무룩해 있으면 안 된다. 조금 있으면 다음 서브가 날아올 텐데 아주 짧은 순간의 머뭇거림이 플레이에 결정적인 지장을 주기 때문이다. 그래서 배구 코트에서는 항상 모든 선수들이 텐션을 최대로 올리고 활기찬 모습을 보이려고 노력한다. 그러다 보니 선수들이 포인트를 따도 웃고, 잃어도 웃고, 잘해도 웃고, 못해도 웃는다.

더 나아가 점수를 따게 되면 그냥 웃는 정도가 아니라 타이타닉의 뱃전에서 "I am the king of the world!"라고 외치는 디카프리오처럼 양팔을 벌리고 코트 전체를 휘젓고 뛰어다닌다. 우리 팀의 사기와 텐션을 올리기 위한 의도적인 행동인데, 그런 맥락에서 감독들도 "소리 질러", "뛰어다녀", "좀 웃어"라는 특이한 작전 지시를 자주 한다. 경기력을 위해서라고는 하지만 관중의 입장에서 봤을 땐 그렇게 어떤 일이 있어도 기죽지 않고 땀을 흘리며 펄펄 뛰어다니는 선수들의 모습은 참 보기 좋을 수밖에 없다. '살아있다는 게 저런 거구나, 참 좋은 거구나'라고 새삼 깨닫게 된다고 할까.

## 즐거운 공놀이

프로 선수들에게 자신이 하고 있는 스포츠는 내가 가장 잘할 수 있고, 평생 해온 일이고, 자신과 가족의 생계가 걸린 일이다. 무엇과 비교해서라도 더 이상 진지할 수 없는 일일 것이다. 그러니 야구계의 '구도자'로 불리는 스즈키 이치로 선수처럼 매일매일 도 닦는 심정으로 목숨 걸고 운동을 하는 이들이 '진정한 프로'로 존경받는 것은 당연하다.

하지만 한 걸음 물러서서 보면 결국 스포츠의 근본은 하는 이도 보는 이도 행복해지기 위해 존재하는 '즐거운 공놀이'다. 생각해보면 세상의 업이라는 게 다 그렇지 않을까? 국수 가락 하나에 인생을 걸었다는 장인의 이야기는 비장하고 감탄스럽지만, 한편으로 비껴보면 국수 가락에 그렇게까지 진지해질 필요가 있을까. 그게 자신과 가족의 희생을 전제로 하는 것이라면 '인생을 걸고 마침내 만들어낸 궁극의 국수'는 그것의 본래 목적이어야 할 '행복'에서 상당히 벗어나 있는 것이 아닌가 하는 의심이 들 때도 있는 것이다.

그래서 나는 몸싸움이 심한 운동 혹은 몸싸움이 없는데도 야구에서 종종 벌어지는 빈볼(bean ball) 시비나 벤치클리어링(bench-clearing)에 눈살을 찌푸리는 편이다. 배구는 이런 측면에서 매우 자유로운 편이다. 뒤에 배구의 기원에서 좀 더 자세하게 설명하겠지만 이 종목은 네트를 중심으로 두 팀이 나뉘어 있어서 서로 부딪칠 일도 없고, 단단한 퍽을 사용하기 때문에 잘못 맞으면 크게 다칠 수 있는 아이스하키와 달리 공을 맞는다고 해서 다치는 일도 별로 없다.

특히 배구를 처음 보기 시작했을 때 신선했던 것은 작전타임 시간에 감독이 선수들에게 호통을 치거나 다그치는 일이 별로 없다는 것이었다. 마치 전쟁을 하듯이 불같은 분노를 표출하는 농구의 작전타임에 익숙해 있던 나에게 분명히 감독이 화가 나서 선수들을 불러 모은 것 같은데 정작 하는 말은 "괜찮아, 괜찮아, 다시 해보자, 우리가 이러저러하게 해야 할 것 같아."라고 조곤조곤 설명하고, 기가 죽어 있어야 할 선수들은 감독의 말에 씩씩하게 "네! 네! 자, 가자!"라고 답하는 장면은 아주 인상적이었다.

나중에 유튜브나 다큐멘터리를 통해 과거의 경기 장면들을 돌려 보면서 알게 된 것이지만 배구 역시 감독과 선수들의 관계가 대단히 수직적이고 작전타임 시간이 감독의 야단치기로 일관되었던 시절이 있었다. 하지만 다른 스포츠에 밀려 인기가 없었던 2000년대 초반의 암흑기를 거치면서 배구 지도자들의 대대적인 세대교체가 이루어졌고, 이 젊은 감독과 스태프들을 중심으로 더 즐거운 배구, 팬들에게 최선을 다하는 배구의 중요성에 대한 공감대가 이루어졌던 것 같다.

그래서 배구는 특이하게도 같은 팀의 같은 포지션에 있는 경쟁 선수들 사이도, 심지어 경기해야 하는 상대 팀과도 아주 친한 모습을 자주 보인다. 경기장에 직접 가보면 경기 전후에 양쪽 선수들이 서로 상대방의 벤치를 오가며 장난치고 노는 모습을 쉽게 볼 수 있다.★

특히 배구는 팬서비스가 좋기로 유명한 종목인데 경기장에서도 코트와 관중의 거리가 가까울 뿐 아니라 경기 전후에 선수들을 직접 만나서 사진을 찍거나 사인을 받을 기회도 많다. 유튜브를 가장 잘 활용하는 종목이기도 해서 거의 모든 구단이 유튜브 채널을 운영하고 있는데 본 경기보다 유튜브가 더 재밌는 팀들이 있을 정도라서 팬의 입장에선 수시로, 아주 가깝게 선수와 팀의 모습을 접할 수 있다.

이런 '놀이로서의 배구'가 극대화되는 것이 '올스타전'이다. 어느 종목이나 올스타전은 있지만 대개 아주 느슨한 분위기에서 이루어지다 보니 여러 선수들을 한꺼번에 만날 수 있다는 것에 의의를 두는 경우가 많은데, 배구는 '노는 데 진심'인 스포츠이다 보니 올스타전에서 선수들이 코스프레를 하는 건 기본이고 춤과 노래와 온갖 이벤트들로 가득한 진짜 잔치다. 그래서 올스타전 티켓은 오픈되기가 무섭게 매진되는 것으로 유명하다.

이렇게 해서 나는 한 걸음 한 걸음 배구의 매력에 빠져들게 되었다. 알면 보이고, 보이면 사랑하게 된다고 하지 않던가. 배구에 관심을 가지면서 배구의 규칙과 플레이 방식들에 대해 알게 될수록 배구가 정말 매력적인 스포츠라는 생각을 갖게 되었고, 한 걸음 더 나아가 주변 사람들에게 이 재밌는 걸 알려주고 함께 즐거운 공

---

★ 여자배구 KGC인삼공사팀의 경우 모기업에서 만드는 홍삼수를 선수들에게 박스로 제공하는데 인삼공사와 경기하는 상대 팀 선수들이 이걸 뺏어 먹으려고 벤치를 습격(?)하는 모습이 종종 보이기도 한다. 겨울스포츠의 특성상 신정, 구정에 경기가 벌어지면 상대편 감독에게 달려가서 세배를 해서 세뱃돈을 받아내는 재밌는 모습이 연출되기도 한다.

놀이를 볼 수 있으면 좋겠다는 생각에서 이 책을 쓰게 되었다.

사실 배구의 전문가도 아니고 팬들 중에도 훨씬 깊이 있는 지식과 이해를 가지고 있는 분들이 많은 상황에서 내가 주제넘게 이런 책을 낸다는 것에 부담감이 컸다. 페이스북에 올렸던 '올림픽 여자배구 이야기' 글들이 엄청나게 많은 분들에게 좋은 반응을 얻으면서 책을 내자는 요청이 여러 번 왔지만 모두 거절했던 것도 내가 나설 자리가 아니라고 생각했기 때문이었다. 심지어 이 책 역시 원고를 쓰다가 중간에 여러 번 포기하기를 거듭했다.

하지만 결국 책을 내야겠다고 생각하게 된 계기는 서점을 아무리 돌아다녀도 배구를 처음 접하는 분들을 위한 쉬운 가이드북을 찾을 수 없었기 때문이다. 프로리그의 선수들 면면을 소개하는 책들도 겨우 몇 년 전부터 나오기 시작했고, 배구 잡지도 《더스파이크》 하나 정도에 배구 관련 단행본은 배구 지도자들을 위한 교재들뿐이었다. 혹시 해외에 이런 책이 있으면 번역해도 좋지 않을까 싶어 외국 사이트들을 찾아봤지만 배구가 다른 종목에 비해 프로스포츠의 저변이 넓지 않아서인지 역시 적당한 책을 찾을 수 없었다. 그래서 부끄럽고 주제넘지만 더 많은 분들이 배구라는 좋은 스포츠를 즐기실 수 있도록 도움이 되었으면 하는 마음으로, 진짜 전문가분들이 이 책을 읽고 더 나은 책을 내시기를 기대하는 마음으로 원고를 써 보기로 했다.

『배구, 사랑에 빠지는 순간』이 여러분에게 배구와 '사랑에 빠지는 순간'을 만들어줄 수 있기를 진심으로 기원하며, 이 책이 나오는 계기가 된 2020년 도쿄올림픽 여자배구 이야기로 내가 사랑하는 배구의 문을 열어볼까 한다.

I

# 올림픽 여자배구의 감동

이 장에 실린 글들은 우리나라 여자배구 대표팀이 2020 도쿄올림픽에서 터키를 꺾고 4강에 진출했던 무렵인 2021년 8월 초에 페이스북에 올려서 수천 회가 넘게 거듭 공유될 정도로 많은 분들의 호응을 얻었습니다. 결국 이 글들을 계기로 이 책이 탄생하게 되었기 때문에 책의 첫머리에 담기로 했습니다. 단행본을 위해 글을 전반적으로 보강했지만, 올림픽 당시에 기록해두었던 원글의 호흡과 현장감이 사라지지 않게 유의했습니다. 여러분들께서도 이 글이 원래 쓰였던 시점, 올림픽 4강 신화를 썼던 그 시점에 맞추어 이야기를 진행하고 있다는 것을 염두에 두고 글을 읽어주셨으면 합니다. 지난해 도쿄올림픽 여자배구의 감동이 독자분들을 낯선 풍경의 강물을 건너 배구의 세계로 들어오시게 하는 징검다리가 될 수 있으면 좋겠습니다.

1장

# 올림픽 4강 신화,
# 그리고 라바리니 감독

배구 팬에게 올림픽은 애증의 존재다. 아니, 애(愛)는 애인데 '증(憎)'이라니? 올림픽은 누가 뭐래도 세계인들을 하나로 묶는 축제의 장인데 왜 갑자기 어울리지 않게 증오(憎惡)라는 무서운 말을 쓰나 싶으실 것이다. 여기엔 여러 가지 이유가 있다. 우선 올림픽 배구 경기를 주관하는 국제배구연맹(Fédération Internationale de Volleyball, FIVB)이 여러 회원국들의 연합체 형태를 가지고 있긴 하지만 각국의 개별 리그와는 이해관계가 다르거나 심지어 충돌하는 부분도 있다는 점에서 모든 문제가 시작된다.

대부분의 국가에서 배구는 축구, 야구 등 야외에서 벌어지는 인기 스포츠들의 시즌인 여름, 가을을 피해 겨울에서 봄에 이르는 시기에 이루어진다. 즉, 시즌이 마무리되는 늦은 봄에서 이른 가을에 이르는 시기는 선수들이 휴식을 취하고 훈련을 통해 다음 시즌을 준비해야 하는 소중한 시간이다.

그런데 올림픽 배구는 하계 올림픽에 편성되어 있기 때문에 여름에 경기를 하게 되어 있다. 여기에 대비하기 위해 국가대표팀이 소집되어 훈련하는 기간까지를 고려하면 결국 국내 정규시즌이 끝나자마자 쉴 틈 없이 계속 훈련해야 한다는 뜻이며, 올림픽이 끝나고 나면 다시 팀 훈련에 합류해서 불과 한두 달 후에 다음 시즌 경기에 들어가야 한다는 뜻이다. 당연히 올림픽에 참여한 리그 최고의 에이스급 선수들은 완전히 퍼질 수밖에 없고 혹 이 과정에서 부상이라도 입었다면 회복할 시간이 없으므로 아예 시즌 아웃까지 될 위험성도 있다.

이게 전부라면 올림픽이 날이면 날마다 오는 것도 아니고 4년에 한 번 있는 일이니 감수할 수도 있겠다 싶은 생각이 든다. 하지만 이게 전부가 아니라는 게 문제다. 국제배구연맹의 입장에서는 올림픽이 없는 해에도 최대한 많은 경기를 만들어 흥행을 하고 싶을 수밖에 없다. 그래서 올림픽이 열리지 않는 해에도 올림픽 예선전이 끊임없이 벌어진다.

여기에 올림픽이라는 카드를 흔들면서, 만약 예선전에서 탈락한다면 국제배구연맹이 운영하는 대회인 발리볼네이션스리그(VNL)에 참여해 좋은 성적을 거두는 국가에는 랭킹 포인트를 부여하여 이 순위대로 나머지 출전권을 배분하겠다고 압박하고 있다. 그러니 국민들의 기대와 관심이 쏠리는 올림픽에 출전하기 위해서는 울며 겨자 먹기로 선수들을 계속 차출해서 예선전과 VNL 경기에 임할 수밖에 없다. 국가대표가 명예로운 일이라지만, 선수들에게 마냥 반갑지 않은 것은 물론이고 프로배구팀의 입장에서도 적지 않은 부담이 되는 일이다.

하지만 그럼에도 배구 경기에서 올림픽이 최대의 이벤트라는 사실은 부인할 수 없다. 일본에서 비인기 종목이었던 배구가 국가적 스포츠로 성장한 것도 1964년 도쿄올림픽에서 금메달을 딴 것이 계기가 되었다. 우리나라 배구도 1976년 몬트리올올림픽에서 여자배구가 우리나라 구기 종목 사상 최초의 메달인 동메달을 따고, 2012년 런던올림픽에서 36년 만에 올림픽 4강 진출을 이루면서 커다란 국민적 관심을 모았던 바 있다.

이번 도쿄올림픽에서는 또 한 번 4강 신화를 쓰며 마침내 배구가 국민 스포츠로 불리는 프로야구와 어깨를 견줄 만큼 확실한 인기 종목으로 부상하는 결과를 가져왔다. 그러니 배구 팬으로서는 선수들이 안쓰럽고 또 국내 리그에 지장을 주는 경우가 있어 미운 마음이 없지 않지만, 그래도 우리 선수들의 기량을 세계에 뽐내고 수많은 새로운 배구 팬들을 탄생시키는 올림픽이 반갑고 고맙지 않을 수 없는 것이다.

## 도쿄의 기적은 어떻게 가능했는가

이제 나는 바로 그 신화의 현장, 도쿄올림픽 이야기를 해보려고 한다. 지난해 도쿄올림픽 여자배구 경기는 어쩌다 보니, 아니 솔직히 말하자면 가슴이 떨려서 본방 사수를 하지 못했다. 나는 컴퓨터로 일을 하다 말고 중간중간 인터넷 중계를 켜서 잠시 흐름만 확인하는 식으로 보다가, 최종 결과가 나온 후에야 유튜브를 통해 전체 경기를 다시 재방송으로 돌려보는 '새가슴 관람'을 했다. 그렇게까지 불안했던 이유는 배구 팬의 입장에서 우리나라 여자배구 대표팀이 가지고 있던 '극복할 수 없는 한계 요인'들을 충

10
10

분히 알고 있었기 때문이다.

하지만 그 극복할 수 없는 한계들에도 불구하고, 기대하기 어려웠던 '다른 요인들'이 이 한계를 커버해주면서 우리나라 대표팀은 2021년의 도쿄올림픽에서 역대 최고의 황금 라인업이라고 일컬어졌던 2012년 런던올림픽 때와 같은 수준의 4강 진출 신화를 이루었다. 당시 우리 대표팀의 상황을 알고 있는 팬이라면 이게 얼마나 믿어지지 않는 꿈같은 결과인지 알 수 있을 것이다. 당장 8강 경기에서 우리나라가 꺾은 터키 대표팀은 국제배구연맹 순위상 세계 4위에 랭크되어 있는 팀인 반면, 우리나라는 14위에 불과했다. (2022년 1월 기준으로 우리나라의 세계랭킹은 10위다.) 사실 14위라는 랭킹도 우리 대표팀의 핵심 주전이었던 이재영, 이다영 자매가 있을 때 쌓아놓은 것이니 이 두 선수가 과거의 학교폭력 사건 때문에 모두 빠진 가운데 맞이한 올림픽 기간 중에 우리의 전력은 그보다 훨씬 약화되었다고 보는 게 맞았을 것이다.

도쿄올림픽의 기적을 가져온 '다른 요인'의 핵심으로는 역시 김연경 선수의 역할이 주목을 받았다. 달리 부연 설명이 필요 없을 만큼 김연경 선수의 역할은 크고 중요했다. 하지만 돌이켜 생각해보면 김연경 선수의 나이가 더 젊었고 다른 멤버들이 훨씬 화려했던 앞선 2016년 리우올림픽이나 그간의 국제대회들에서는 왜 그 정도의 결과가 나오지 않았을까 궁금해지기도 한다. 나는 무엇보다도 지난해 올림픽에서 새로이 지휘봉을 잡았던 라바리니 감독의 역할에 좀 더 주목할 필요가 있다고 생각한다.

사실 감독은 경기 중에 플레이를 하는 사람이 아니기 때문에 일반 관중의 입장에서는 선수 교체 타이밍이 적절했는지, 비디오 판독은 제때 잘 썼는지 정도로 감독의 능력을 판단하는 경우가 많다. 하지만 선수 개개인의 역량에 크게 의존하던 초기 배구 경기와 달리 1964년 도쿄 올림픽 이후 팀 차원의 조직력을 바탕으로 한 배구가 중요해졌고, 최근엔 더욱 빠른 속도와 팀플레이를 강조하는 스피드 배구로 트렌드가 바뀌면서 감독이 팀 컬러를 어떻게 만들고 선수를 어떻게 훈련시키며 전체 경기에서 운용하는가가 매우 중요한 요소로 작용한다. 바로 이런 특징 때문에 현대 배구에서는 전통적인 에이스 역할을 맡았던 라이트 아포짓 공격수보다 팀 전체를 조율하는 세터의 역할이 중요해지고 있기도 하다. (스피드배구, 아포짓 등 낯선 용어들이 많이 등장해서 당황하시는 분도 있으리라. 이런 용어들은 책의 2부와 3부에서 모두 자세히 설명해놓았으니 차근차근 읽어나가시면 저절로 알게 될 것이다.)

스테파노 라바리니 감독은 덥수룩한 턱수염 때문에 얼핏 보면 나이가 많아 보이지만 실제 나이는 40세에 불과하다. 우리나라 현직 프로배구 최연소 감독인 삼성화재의 고희진 감독보다 한 살 많은데, 대한항공을 이끌었던 박기원 감독이 2011년 국가대표팀 감독을 맡았을 때 나이가 61세였을 정도로 통상 국가대표팀 감독은 여러 감독들 가운데서도 가장 선배급에서 선발된다는 점을 생각해보면 대단히 젊은 대표팀 감독이라고 할 수 있다.

더 놀라운 것은 그가 배구 선수 생활을 한 번도 해보지 않은 사람이라는 것이다. 물론 야구의 염경엽 감독이나 농구의 최희암 감독, 배구의 차상현 감독처럼 선수 시절에는 화려하지 않았지만 지도자로서 크게 꽃을 피우는 경우가 없는 건 아니었다. 그렇지만 선수 생활을 전혀 안 해보고 온전히 지도자 생활만 하는 경우는 대단히 특이한 케이스라고 할 수 있다. 그래서 2019년 남녀 국가대표팀 감독 인터뷰에서 라바리니 감독은 "저는 여기 계신 남자대표팀 감독님*처럼 화려한 선수 생활 경력이 없다."라며 멋쩍게 웃기도 했다.

이렇게 선수 경력이 전무한데도 국가대표팀의 감독을 맡았다는 건 역으로 지도자 경력으로는 웬만한 사람이 범접하기 어려울 정도로 독보적이라는 뜻이기도 하다. 라바리니는 믿기 어려울 만큼 어린 나이인 16세 때 이미 동네 배구팀에서 코치 경력을 시작했으니, 40세 나이에 지도자 경력만 24년이다. 외국이라고 해서 선수 출신이 아닌 사람이 코치를 맡는 것이 일반적이거나 쉬운 일은 아니었을 것이다. 선수 출신이 아닌 감독이 지니는 가장 큰 한계는 선수들이 자신을 인정하고 받아들이도록 할 수 있는지에 대한 의심과 불신일 것이다. 축구의 신으로 불리는 지단이나 메시가 감독이 되어 선수들에게 던지는 말과 동네 축구팀 코치를 하던 사람이 던지는 말이 같은 무게일 리가 없지 않은가.

그러니 그가 그 긴 커리어를 이어나가면서 감독 생활을 할 수 있었다는 것은 그만큼 '허명'으로 덮을 필요가 없는 '실력'이 있었다는 뜻이기도 하다. 사실 유럽 리그에서 이미 성공적인 커리어를 쌓아가던 그가 지구 반대편 배구 약체국인 우리나라의 감독을 맡기로 한 것도 자신의 커리어를 업그레이드하기 위해서는 국가대표팀 감독 경력이 필요했기 때문이라고 한다. 그의 입장에서도 자기 앞에 놓인 '벽'을 깨기 위해서는 확실한 실적이 필요한 시점이었다는 뜻이다. 그러니 이런 라바리니의 입장을 잘 캐치하고 국가대표 감독으로 과감히 발탁한 배구협회의 판단이 훌륭했다고 볼

---

* 당시 남자대표팀 감독은 현역시절 최고의 세터였고 이탈리아 리그 지도자 경력도 있는 김호철 감독이었다.

수 있다.

## 라바리니가 전수해주었던 것은

그럼 라바리니 감독이 지닌 '실력'이란 뭘까? 앞서 이야기한 것처럼 선수들을 지도하고 팀의 컬러와 조직력을 만들어가는 '지도 능력'이다. 나는 라바리니 감독이 국가대표팀을 맡은 이후 대표팀에 다녀온 선수들이 인터뷰에서 예전과는 미묘하게 다른 말을 하는 것을 발견할 수 있었다. 공식적으로는 선수들도 "대한민국을 대표해서, 태극마크의 무게를 느끼며……."라면서 국가대표가 되었다는 것을 마냥 기쁘고 자랑스러운 일인 것처럼만 말하지만, 앞에서 적었듯 선수 개인의 입장에서 국가대표 선발이 꼭 좋은 일만은 아니다. 겨울 정규시즌이 끝나고 잠시 쉬는 기간은 떨어진 체력과 컨디션을 회복하고 팀 훈련을 통해 다음 시즌을 준비해야 할 타이밍이다.

그때 국가대표에 차출되면 당연히 이후 정규시즌에 지장이 생긴다. 이는 프로 선수로서 자신의 몸값이 떨어지거나, 심하면 쉴 새 없는 일정으로 부상을 입어 선수 생활이 단축될 수도 있는 중대한 문제이기 때문이다. 따라서 팀은 물론이고 선수 자신도 웬만하면 이번엔 명단에서 빠졌으면, 하는 속마음이 없지 않다. 이게 속마음으로 머물러야 하는데 때로는 어떤 선수가 부상을 핑계로 차출 자체를 거부해버려 선수들 간에 갈등이 생기는 경우도 종종 발생할 정도다.

그런데 라바리니 감독 부임 이후 국가대표팀에 다녀온 선수들은 "감독님이 늘 새로운 걸 가르쳐주신다", "가면 많은 걸 배울 수 있다", "내 플레이를 되돌아보게 된다", "업그레이드되는 느낌이다"라는 말들을 하곤 했다. 물론 이 역시 하기 좋고 듣기 좋은 립서비스일 수 있으나 적어도 이전 국가대표팀에서는 "여기서 뭘 배웠다" 같은 말을 하는 경우는 분명히 드물었다.

이미 완성형 선수인 프로들이 아닌가. 인제 와서 뭘 새로 배울 수준이면 국가대표에 선발된 게 이상한 일이고, 또 달리 보자면 자신을 가르쳤던 예전 지도자들 혹은 현재 소속팀의 감독과 코치를 당황하게 만드는 말이 될 수도 있다. 저 말 속에는 은연중에 '우리 팀에서는 안 가르쳐줬던'이라는 뜻이 담겨있기 때문이다. 그런데 여러 선수들로부터 자연스럽게 '배웠다'는 표현이 자주 나오는 것을 보면 라바리니 감독과 그의 스태프들이 선수들 개개인의 플레이를 세심하게 지도하고 변화를 유도했다는 것을 알 수 있다.

대표적인 사례가 이번 올림픽에서 큰 활약을 보이면서 놀라울 정도로 많은 팬이 생긴 김희진 선수다. 김희진 선수는 소속팀인 IBK 기업은행에서는 센터 포지션을 맡고 있었지만, 라바리니 감독은 김희진 정도로 파괴력 있는 스파이크를 구사하는 선수가 센터에 머물기는 아깝다고 생각했다. 게다가 국가대표 배구팀의 고질적인 문제 중 하나는 프로리그에서는 주공격수인 라이트 포지션을 외국인 선수가 맡는 경우가 많아 국내 선수들 가운데 라이트 포지션 선수가 적다 보니, 자국 선수들로만 꾸려야 하는 국가대표팀에서는 라이트 포지션을 맡을 선수가 드물다는 점이었다. (독자분들께는 이런 포지션 용어와 구도가 아직 낯설 수 있다. 배구의 포지션 세팅과 관해선 3부 1장 '배구의 포지션'에 상세히 설명해두었다.)

그래서 라바리니 감독은 김희진 선수에게 라이트 아포짓 스파이커의 포지션으로 아예 전환할 것을 권유했다. 김희진은 대표팀에서 라이트로 뛰면서 코트에 힘있게 공을 내리꽂는 스파이크와 백어택을 날리다보니 이거야말로 본인에게 딱 맞는 포지션이라는 점을 깨닫게 되었다. 사실 배구에서 센터와 라이트 포지션을 오가는 일은 그리 드문 일은 아니다. 하지만 대개 그 순서는 점프와 스파이크에 많은 힘이 필요한 공격수 역할을 하다가 키와 점프력의 장점을 더 살려 센터 포지션으로 이동하는 경우(예를 들어 KGC인삼공사의 센터 한송이 선수)가 일반적이었다. 센터를 하다가 라이트로 옮기는 경우는 많지 않았는데, 라바리니 감독의 역발상이 잘 맞아떨어진 셈이다.*

하지만 이런 라바리니 감독의 노력과 조직력 구축을 위한 빌드업이 이번 올림픽을 앞둔 상황에서 완전히 무너져내리는 심각한 사태가 발생했으니…….

---

* 물론 김희진 선수는 과거 센터와 라이트의 포지션을 두루 맡으면서 전천후 멀티플레이어라는 평가를 받아왔다. 그렇지만 김희진의 능력을 새롭게 발견하고 포지션 자체를 변경하게끔 유도한 것은 라바리니 감독의 공이 분명하다. 도쿄올림픽 이후 김희진 선수는 프로 데뷔 10년 만에 소속팀에서도 라이트 포지션으로 고정되었고, 김호철 감독 체제의 IBK기업은행은 이에 대하여 "국가대표 라이트 공격수를 존중해주고 싶은 입장"을 밝히기도 했다. (김진회, 「데뷔 10년 만에 소속팀서도 라이트 고정, 김희진 "무식할 정도로 패보겠다"」, 《스포츠조선》 2022. 1. 21.)

2장

# 폐허를 딛고서

그럼 올림픽 4강 신화를 이루었던 그때, 우리나라 여자배구 대표팀이 어떤 상황에 놓여있었는지 짚어보기로 하자. 배구 경기는 각 팀당 6명의 선수가 코트에 들어서게 되는데 세터, 레프트, 라이트, 센터, 리베로의 포지션이 존재한다. 어, 여섯 명이라더니 포지션은 다섯 개인데요? 라는 질문이 들리는데 통상 레프트가 2명, 센터가 2명씩 들어간다. 어, 그럼 여섯 명이 아니라 일곱 명이 되는데요? 라는 질문도 들리는군. 역시 산수에 강하신 독자분들이다. 리베로는 계속 코트에 있는 포지션이 아니라 교체로만 들어가는 포지션이다.

뒤에 더 자세하게 설명하겠지만 배구에서는 각 포지션이 계속해서 한 칸씩 움직이는 '로테이션' 방식을 취한다. 이때 키가 커서 수비에 불리한 센터가 뒷줄로 가게 되면 수비를 강화하기 위해 리베로와 교체하게 된다. 그래서 다시 정리하자면 세터(1), 레프트(2), 라이트(1), 센터(2-뒤로 가면 한 명은 리베로와 교체), 이렇게 6명이 된다. (로테이션 시스템은 배구라는 스포츠의 가장 어려우면서도 가장 돋보이는 규칙이라 할 수 있다. 이에 관해선 3부 2장 '로테이션 시스템'에서 자세히 다루었다.)

## 세터, 국가대표팀의 아픈 손가락

이 여러 포지션 중 뭐니 뭐니 해도 현대 배구에서 가장 중요한 포지션은 세터다. 야구에서 가장 중요한 포지션이 뭘까? 당연히 투수다. 수비할 때 9명의 선수가 자리를 잡지만 애초에 투수가 너무 공을 잘 던져서 상대편 타자들이 때리지 못하는 상황이 벌어지면 다른 수비수들은 할 일이 없어질 테고, 반대로 제아무리 수비를 잘하는 선수들이라도 투수가 홈런을 뻥뻥 얻어맞으면 손쓸 방법이 없을 테니 말이다. 그래서 야구를 투수들을 중심으로 하는 놀이라는 뜻으로 '투수 놀음'이라고 말하는 사람들도 있다.

비슷한 표현을 써보자면 배구는 '세터 놀음'이라고 하는 이들이 많다. 아니, 세터가 강력한 스파이크를 빵빵 때리는 것도 아닌데 왜 이렇게 중요하다고 하는 것일까? 역시 야구를 예로 들어보자. 투수가 던지는 여러 구질의 공 가운데 가장 강력한 공은 뭘까? 더스트볼? 빙고! ……가 아니고(여기서 웃으시면 연식 인증. 더스트볼은 1982년부터 연재된 고 이상무 화백의 『달려라 꼴찌』에서 독고탁이 던지는 마구의 이름이다), 많은 야구 전문가들은 역시 가장 기본이 되는 공인 '직구'라고 말한다. 일반인들의 생각에는 공이 이리저리 획획 휘어지는 커브나 슬라이더 같은 변화구들이 더 치기 어렵지 않을까 싶지만 이런 공들은 눈에 익숙해지고 타이밍을 잘 맞추면 때려낼 수 있는 반면, 투수가 아주 빠른 직구를 던져서 타자가 공의 궤적과 속도를 가늠해 채 반응하기도 전에 공이 먼저 들어와버리면 방법이 없다는 것이다.

배구에서 이런 직구에 해당하는 공격 방법이 바로 '속공'이다. 용어에서 알 수 있듯이 직구처럼 '빠르게' 공격하는 것이 핵심인 기술이다. 네트 앞에서 상대편의 공격을 블로킹하는 수비선수는 세 명, 팔뚝은 여섯 개밖에 안 되는데 수비선수가 공에 반응해서 미처 점프하기도 전에 공이 우리 코트에 내리꽂히면 막을 방법이 없는 것이다. 그런데 이렇게 빠르게 공격을 하려면 우리 공격수가 뛰어 들어가는 곳, 팔을 휘두르는 바로 그 지점에 빠르고 정확하게 공을 '배달'해주는 일이 필요하다. 이게 바로 세터의 역할이기 때문에 세터가 능력이 부족하면 속공 자체가 불가능해진다. (세터의 중요성에 관해선 책 전반에서 반복해 다뤄질 예정이다. 특히 책의 4부 '배구장 안의 이야기'에서 다뤄지는 내용을 참고하면 좋을 것이다.)

배구에서 속공은 가장 확실한 공격 방법이지만, 만약 서브 리시브가 잘 안 돼서 빠른 공격이 어려운 상황이라면 야구에서의 '변화구'처럼 상대편 수비를 속이는 공격도 가능하다. 세터가 네트 너머에 있는 상대편 수비수들의 움직임을 계산하고, 때로는 페이크로 마치 오른쪽으로 줄 것처럼 동작을 하다가 갑자기 왼쪽으로 주는 등의 방법으로 블로커가 없는 노마크 찬스를 만드는 건 배구 공격의 백미다. 그렇게 세터는 우리 공격수가 더 편하게 공격할 수 있도록 공을 뽑아 오픈 찬스를 내줄 수 있는 것이다.

이렇게 하기 위해서는 세터들이 몸을 빠르게 움직여서 공의 밑으로 파고들어 가야 하고, 무엇보다 머리도 많이 써야 한다. 그래서 김호철, 신영철, 이도희, 이효희와 같이 키가 작고 빠르면서도 정확한 토스를 올리는 이른바 '콤퓨타 세터'들이 각각 한 시절을 풍미하며 배구계의 전설로 남았다. 하지만 아무리 레전드들이 많다 해도 세터가 키가 작으면 현실적으로 불리한 점이 많다. 우선 세터가 로테이션상 앞줄로 나오게 되어 상대편 공격의 블로킹에 가담해야 할 때, 작은 키 때문에 어쩔 수 없이 블로킹 높이도 낮아져서 수비에 불리하다는 심각한 문제가 있다.

더 나아가 신장은 토스의 질에도 큰 영향을 준다. 후루다테 하루이치(ふるだて はるいち)의 유명한 배구 만화 『하이큐!!』에는 고등학생이지만 키가 186센티미터나 되는 장신 세터가 주인공 중 한 명으로 등장한다. (이 만화의 내용과 인기 요인, 그리고 일본 배구의 역사적 토양에 관해선 4부 5장 '『하이큐!!』, 일본 배구 이야기'에서 심도 있게 다루어보았다.) 그런데 만화에서 묘사된 경기 장면 중 상대편 서브를 잘못 받아서 네트 한쪽 구석으로 몰린 볼을, 키가 큰 세터가 네트 상단에서 강한 힘으로 밀어 거의 직선으로 네트 반대 방향으로 보내는 모습이 나온다. 이렇게 되면 상대편 수비수들은 공이 좌에서 우로 일자로 횡단해서 지나가는데 중간에 도대체 누가 이 공을 때릴지 감을 잡을 수 없게 되어 완전히 혼란에 빠지게 된다. 이런 상황은 만화에서나 나오는 것이라고 생각할지 모르겠지만 국내 프로리그에서도 심심치 않게 나오는 장면이다. 특히 스피드 배구가 정착된 해외 배구에서는 여자팀 경기에서도 직선 토스가 일반화되어 있다.

이런 고난도 토스가 아니라 간단한 속공 토스를 할 때도 키가 크면 당연히 공을 받고 공격수에게 전달하는 거리가 짧아지므로 그만큼 빠른 공격을 만들어낼 수 있다. 반면 키가 작은 세터는 밑에서 위로 포물선을 그리며 공을 올려야 하므로 자세가 상대편에 금방 읽힌다든지, 토스 자체의 속도도 느려지는 근본적인 한계를 갖게 된다.

여기까지 읽은 분들 가운데 배구에 관심이 있는 분들이라면 내가 누구를 얘기하려고 하는지 금방 눈치채셨을 것이다. 과거 학창 시절 있었던 학교폭력 사건이 밝혀지면서 2020-2021 시즌 도중 우여곡절 끝에 흥국생명팀에서 탈퇴하고 국가대표도 그만둔 후 현재 그리스에서 활동하고 있는 이재영, 이다영 자매의 문제다.

이 두 선수는 각자의 포지션에서 아주 훌륭한 기량을 보이면서 이론의 여지 없이 다음 세대 한국 여자배구를 이끌어갈 재목으로 여겨졌다. 레프트 포지션에서의 폭발적인 공격력과 든든한 리시브로 에이스 역할을 톡톡히 했던 이재영 선수도 대단했지만, 세터 포지션이었던 이다영 선수는 국내 여자 선수 가운데 보기 드문 장신 세터로 키가 크면서도 유연하고 몸놀림도 빠른 편이었다. 게다가 공격수를 했던 경험도 있어서 세터인데도 종종 스파이크로 점수를 냈기 때문에 세터가 하는 스파이크, '세파이크'라는 신조어를 만들 정도로 다양한 변형 플레이에 능했다.

객관적 조건이 다 만들어져 있어도 세터로 성장하는 데 가장 힘든 부분은 충분한 경험치를 쌓는 것이다. 이 부분은 전 소속팀 현대건설에서 역시 본인도 세터 출신이었던 이도희 감독이 꾸준하게 지도하고 기용하면서 충분한 경기 경험을 쌓을 수 있었기 때문에 이다영은 빠르게 성장해서 젊은 나이에 부동의 국가대표 세터로 자리 잡을 수 있었다.

우리나라 대표팀이 올림픽 예선전을 통과하는 과정에서도 이재영, 이다영 선수의 활약이 크게 작용했다. 그렇게 팀의 모든 플레이를 이다영 세터를 중심으로 세팅해놓은 상태에서 학교폭력 사건이 터지며 두 선수가 모두 대표팀에서 빠지게 되었으니 팀이 초상집이 된 것도 당연했다. 그래서 급하게 불러올린 세터가 KGC인삼공사의 염혜선 선수였다. 하지만 워낙 갑작스러운 콜업이라 염혜선은 대표팀의 다른 선수들과 호흡을 맞출 시간도 부족했고, 지난 시즌 후반부에 손가락을 크게 다쳐서 상당수의 경기를 결장했기 때문에 경기 감각도 올라오지 않은 상황이었다. 게다가 부상 부위도 완전히 나은 것이 아닌 채로 팀 훈련에 바로 합류했기 때문에 올림픽 기간 내내 엄청난 고통을 참으며 플레이를 해야 했다.

당연히 염혜선 선수를 뒷받침해 줄 백업 세터가 필요했는데 여러 선수들을 테스트한 끝에 최종적으로 서브가 강한 GS칼텍스의 안혜진 선수가 선발됐다. 그런데 안혜진 선수는 팬들 사이에서 '돌아이'라는 별명으로 불릴 정도로 활발하고 적극적인 플레이를 보이는 선수지만 긴장하면 멘탈이 순식간에 무너지는 문제도 있었다. 올림픽 예선전을 위해 비행기를 타고 이동하다가 긴장이 너무 심해서 과호흡 증상이 오는 바람에 한 경기도 못 뛰고 곧바로 귀국한 일도 있을 정도였다. 그래서 도쿄올림픽에서는 백업 세터로서의 역할을 제대로 하지 못했고, 결국 손가락이 불편한 염혜선 선수 혼자의 힘으로 악전고투를 하며 팀 전체를 끌고 가야 하는 상황이 되었다.

## 거듭되는 불운과 악재 속에서

결국 우리 국가대표팀은 배의 선장 혹은 조타수 역할을 맡아야 할 세터가 대단히 불안정한 상황에서 올림픽에 임하게 된 것이다. 그런데 앞서 내가 배구팀의 가장 강력한 공격 무기가 세터와 공격의 호흡을 통해 이루어지는 속공이라고 하지 않았던가. 세터가 이렇게 불안해지니 우리 대표팀에서 김연경 선수 다음으로 많은 득점을 책임져야 할 센터 양효진 선수의 공격이 묶여버리고 말았다. 도쿄올림픽 바로 직전 올림픽인 2016년 리우올림픽에서 김연경 선수의 득점이 112점, 양효진 선수의 득점이 77점이었다. 이때의 국가대표팀 세터가 지금은 은퇴한 한국도로공사의 레전드 세터인 이효희 선수였다.

그런데 도쿄올림픽 8강 터키와의 경기에서 김연경 선수의 득점은 28점, 양효진 선수의 득점은 11점이었다. 그 앞에 있었던 일본전에서는 김연경 선수가 30점, 양효진 선수가 12점을 올렸다. 득점에서도 비중 차이가 확연히 보이지만, 일본전에서의 공격 시도 횟수를 보면 김연경 선수가 자그마치 64회, 양효진 선수는 22회였다. 이 경기에서 우리 팀 전체 공격 시도가 187회였으니까 최소 세 번에 한 번은 무조건 김연경 선수에게 토스가 올라갔다는 뜻이다. 이 비율은 올림픽 기간 중 거의 모든 경기에서 비슷하게 나타난다. 결국 빠른 속공 토스 호흡을 맞추기 어려워진 세터의 토스가 김연경 선수 쪽으로 몰렸다는 뜻이다.

쌍둥이 자매의 다른 한쪽인 이재영 선수의 공백도 컸다. 이재영 선수가 맡았던 레프트 포지션은 공격도 하고 수비도 해야 하는 자리라서 체력 부담이 크다. 이재영 선수는 몸이 빠르고 체중을 실어 때리는 공격의 파괴력이 강하며 점프력이 좋아서 여자 선수로서는 쉽지 않은 백어택, 파이프 공격을 자유자재로 할 수 있었다. 그러면서 수비 능력도 좋아 나중에 김연경 선수의 국가대표 레프트 자리를 이어받을 차세대 에이스로 주목받고 있었다.

그런데 이 자리 역시 갑작스레 공석이 되면서 도로공사의 박정아 선수가 자리를 메꾸게 되었다. 박정아 선수는 키도 크고 편치력도 있으며 위험한 고비마다 배짱 있게 뚫고 나가는 힘이 있어서 '클러치 박'이라는 별명을 가지고 있는 훌륭한 선수다. 하지만 몸의 움직임이 약간 느린 편이고 체력이 약한 편이라서 수비 능력이 조금 아쉬운 편이다.

그래서 소속팀인 도로공사에서는 오래전부터 세 명이 맡아야 하는 서브 리시브에서 박정아 선수는 빼고, 후위의 단 두 명이 리시브를 담당하는 '2인 리시브 체제'라는 특이한 시스템을 운영하고 있었다. 다시 말하자면 박정아 선수는 국내 리그에서는 평소에 서브 리시브를 하지 않던 선수인데 세계적으로 강력한 선수들이 모두 모인 올림픽 경기에서는 그렇게 빈 곳을 넓게 놔둘 수 없으므로 어쩔 수 없이 다른 선수들과 함께 리시브를 했던 것이다. 그러니 아무래도 불안한 모습을 보일 수밖에 없었다. 즉, 이 레프트 포지션도 나름 적지 않은 문제를 안고 있는 상황이었다고 할 수 있다.

그럼 다른 포지션의 사정은 어떨까? 예전에 김연경 선수가 배구 관련 팟캐스트에 출연했을 때 출연자들로부터 "우리나라 선수 중에 김연경 선수처럼 세계적 레벨로도 손색이 없다 싶은 선수가 누가 있나요?"라는 질문을 받은 적이 있다. 김연경 선수는 솔직한 성격답게 이 질문에 주저하지 않고 "어, 없는데? 효진이도 아주 잘하지만, 솔직히 조금 모자란 것 같고……. 아, 맞아. 해란이 언니는 확실히 세계적 레벨이에요."라고 답한 적이 있다. 앞서 잠시 소개했던 리베로 포지션에서 붙박이 국가대표로 오랫동안 활약해 온 흥국생명의 김해란 선수를 말하는 것이었다.

배구 팬이라면 아마 누구나 김연경 선수의 평가에 동의할 정도로 김해란 선수는 우리 대표팀에서 튼튼한 수비 라인을 지켜왔다. 하지만 이번 올림픽에서는 김해란 선수가 안타깝게도 출산 문제로 은퇴하면서 국가대표 리베로 자리까지 공석이 되어버렸다. 그 자리를 대체한 것이 KGC인삼공사에서 GS칼텍스로 자리를 옮긴 오지영 선수였다. 오지영 선수도 훌륭한 리베로이긴 하지만 아무래도 김해란 선수에 비하면 아쉬운 부분이 있고, 또 염혜선 선수처럼 뒤늦게 국가대표팀에 합류해서 팀워크가 잘 맞지 않는 부분도 있다.

라이트 포지션도 아쉽기는 마찬가지였다. 앞서 잠시 이야기한 것처럼 우리나라 프로배구에서는 수비 부담 없이 공격에 전념할 수 있는 라이트 포지션에 강력한 공격력을 가진 외국인 선수를 기용해서 공격의 상당 부분을 맡기는 경우가 많다. 그러다 보니 국내 선수가 프로리그에서 라이트 포지션을 맡는 경우가 드물어졌고, 당연히 국가대표팀에서 라이트를 맡을 만한 능력과 경험치를 가진 적임자가 없다는 고질적인 문제가 발생했다.

그래서 김희진 선수가 센터에서 자리를 옮겨 라이트 주공격수를 맡고 여기에 정지윤 선수가 백업을 맡게 되었는데, 김희진 선수는 올림픽 기간 중 오랫동안 고생하고 있는 무릎 부상까지 재발하면서 활약이 많이 아쉬운 편이었다. 일본전에서 김희진 선수는 8점, 정지윤 선수는 0점을 기록했고, 터키전에서는 각각 9점과 4

점을 기록했는데 그나마도 김희진 선수의 득점 중에는 큰 키를 이용한 블로킹 득점이 3점 포함되어 있었다. 즉, 터키전에서 김희진 선수는 29회 공격을 시도해서 겨우 6득점을 올린 셈인데 이 정도면 팀의 주공격 포지션으로는 대단히 아쉬운 수준이었던 것이다.

마지막 남은 레프트 포지션 한 자리는 이소영 선수가 맡았다. 이소영 선수는 지난 시즌 GS칼텍스를 KOVO컵 우승, 정규시즌 우승, 챔피언결정전 우승이라는 '트레블 우승'의 금자탑으로 이끄는 데 결정적으로 기여했고, 챔피언결정전 MVP를 받기도 했다. 이런 탁월한 성과를 바탕으로 FA 계약에서도 엄청난 주목을 받은 끝에 KGC인삼공사와 옵션 포함 연봉 6억 5천만 원이라는 고액의 계약에 성공한 최고의 에이스다.

하지만 그런 화려한 활약으로 인한 피로 누적 탓인지 올림픽에서의 활약은 기대에 크게 못 미치는 상황이었다. 일본전 8득점, 터키전에서는 겨우 2득점으로 '국내 최고 연봉의 레프트'라는 타이틀이 어색할 정도였는데, 원래 신장이 크지 않다는 제한도 있고 이 부분을 상쇄하기 위해 무리하게 점프를 하다 보니 공격의 타이밍이 약간 느린 편이라는 핸디캡을 갖고 있었다. 그래서 상대편의 움직임을 읽고 움직이는 리딩 블로킹에 강한 외국 선수들에게 공격 타이밍을 간파당하는 일이 자주 발생했다.

자, 감상이 어떠신가. 이 글의 제목이었던 '폐허'라는 말이 실감 나시는지? 2021년 도쿄올림픽, 우리나라 여자배구 대표팀의 당시 상황은 온갖 악재들이 겹겹이 쌓여 도저히 좋은 성적을 기대하기 어려운 매우 열악한 지경에 놓여있었다. 그래서 평소에 배구에 관심이 많아 이런 저간의 사정들을 잘 아는 배구 팬들의 경우에는 이번 올림픽은 정말 '올림픽 정신'으로 '참가에 의의를 두자'며 기대를 내려놓은 이들도 많았다.

하지만 바로 이렇게 '말도 안 되는 열악한 상황'에서 결국 현재 올림픽 4강이라는 절대로 불가능해 보이는 목표에 도달했다는 점이 진정으로 가슴 떨리게 대단한 부분이다. 우연도 있고 행운도 있었다. 하지만 세상의 모든 가치 있는 성취들은 단순한 운만으로 결실이 맺어지진 않는 법이다. '실패할 수밖에 없는 운명'을 거스르고 '그럼에도 폐허를 딛고 일어설 수 있는 힘'이 기적처럼 작동해서 올림픽 4강을 필연으로 만들어낸 것이다. 그때 우리 전 국민을 감동하게 만들었던 그 힘이 과연 무엇이었는지 살펴보기 위해 우리는 다시 라바리니 감독의 이야기로 돌아갈 필요가 있다.

3장

# 거대한 반격

지난 2020 도쿄올림픽 여자배구 4강에 오르는 과정에서 내게 가장 의외였던 장면이 있다. 지난해 7월의 마지막 밤, 일본과의 예선 4차전 경기에서 승리한 후 라바리니 감독이 코트로 뛰어들어가 선수들과 함께 펄쩍펄쩍 뛰며 정신없이 기뻐하던 모습이었다. 누가 보면 이미 메달이라도 딴 것 같은 분위기였다.

물론 여자대표팀이 도쿄올림픽에서 목표로 삼았던 8강 진출을 확정 지은 상황이기도 했고, 이후 이어졌던 프레스 인터뷰에서 라바리니 감독은 한국인들에게 한일전이 얼마나 중요한지 알고 있었기 때문에 자신도 흥분할 수밖에 없었다고 말하긴 했다. 그렇지만 내가 보기엔 그와는 다른 약간 더 개인적인 이유가 있는 것처럼 보였다.

이걸 이해하려면 우리 여자배구가 목표로 삼았던 '올림픽 8강'이 어떤 의미인지를 먼저 생각해봐야 한다. 대개 '목표'라고 하면 자신이 실제로 이룰 수 있다고 예상하는 것보다 적어도 한두 단계쯤 위의 무언가로 설정되는 경우가 일반적이다. 도쿄올림픽에서 여자배구 경기는 A조, B조 각 6팀씩 총 12팀이 출전해서 상위 네 팀씩 8강에 진출하는 시스템이었으니 우리가 8강 진출을 목표로 했다는 것은 '조별 예선 통과'가 최대한의 목표였다는 뜻이다. 즉, 이를 뒤집어 이야기하자면 우리 팀은 애초에 현실적으로는 조 예선 통과가 쉽지 않을 것이라고 판단했다는 뜻이기도 하다.

## 낙타가 바늘구멍을 뚫는 희망

돌이켜서 이번 올림픽에 출전하기까지의 과정을 상기해보자. 코로나 사태로 올림픽이 1년 연기되어 기억이 희미해지셨을지 모르겠지만, 2019년에 있었던 대륙 간 예선전에서 사실 우리 팀은 예선을 통과하기에도 아슬아슬한 전력이었다. 심지어 그때는 앞에서 언급했던 이재영, 이다영 자매와 김해란 선수까지 대표팀에 있었음에도 그랬다. 예선 통과 여부를 결정했던 태국과의 경기를 온 국민이 마음 졸이며 보던 기억이 나시는지? 현재 우리나라 배구계에서 동원할 수 있는 최상의 전력을 갖췄던 상황인데도 올림픽에 출전하는 것 자체가 간당간당했던 것이다.

그러니 이후 1년 사이 여러 사건이 겹치면서 전체 전력의 절반이 무너진 상황에서 출전한 도쿄올림픽에서 조별 예선을 통과한다는 것은, 냉정하게 판단하자면 낙타가 바늘구멍을 통과하는 것만큼이나 기약 없는 희망이었다. 이런 사정들 때문에 최고로 희망 회로를 돌려, 멋지게 말하자면 '8강 진출'이지만 보다 정확하게 표현하자면 '예선만 통과하면 성공인데 쉽진 않을 것 같아요'가 무려 우리 팀의 '목표'로 설정된 것이다.

그럼 그 불가능해 보였던 목표마저 훌쩍 넘어선 여자배구 4강 진출 신화는 어떻게 가능했을까? 일단 올림픽 예선 조 편성이 우리에게 대단히 유리하게 구성되는 행운이 따랐다. 도쿄올림픽 여자배구의 조 편성은 다음과 같았다.

A조: 일본, 세르비아, 브라질, 한국, 도미니카공화국, 케냐
B조: 중국, 미국, 러시아, 이탈리아, 아르헨티나, 터키

일단 눈에 띄는 것은 B조는 해도 해도 너무하다 할 만큼 세계 최강의 팀들로 짜였다는 사실이다. 세계 최강의 자리에서 내려와 본 적이 없는 미국과 러시아에다가 배구리그만큼은 전 세계 최고 수준으로 누구나 인정하는 자국 리그를 운영 중인 이탈리아까지.

혹시 사정을 잘 모르시는 분은 "그래도 중국은 꽤 약체가 아닌가요?"라고 하실지 모르겠는데 해도 해도 제대로 성적이 나지 않는 중국 축구와 달리 중국의 여자배구는 세계 최고 수준의 우수한 팀으로 손꼽히고 있다. 도쿄올림픽 당시 국제배구연맹에서 집계하는 세계 국가대표 여자배구 랭킹 포인트에서 세계 1위를 지키고 있었고, 심지어 바로 직전의 2016 리우올림픽에서 금메달을 차지한 것도 중국이었다. B조가 얼마나 무시무시한 팀들로만 이루어져 있는지는 바로 지난해 여름 세계 1위(2022년 1월 현재는 세계 3위)였던 중국이 예선에서 탈락해 8강에 올라가지도 못했다는 것으로 충분히 설명이 될 듯하다. B조는 정말 세계 최강자들의 정글이었던 것이다.

이에 비하면 우리나라가 속했던 A조는 훨씬 사정이 나았다. 조 편성 결과가 나왔을 때 김연경 선수가 인터뷰에서 "그래도 해볼 만한 구성이에요."라고 솔직히 말했을 정도였던 것이다. 여기서 '그래도'가 좀 슬프게 들렸던 건 나만의 생각이 아니었으리라. 아무리 조 편성이 잘돼도 우리나라의 입장에서 만만한 팀은 하나도 없다는 뜻이기 때문이었다.

예선을 통과하기 위해 B조에서 4위 안에 들어가려면 예선 5경기 가운데 적어도 3경기는 잡아야 했다. 일단 우승까지 바라볼 정도의 강자인 세르비아와 브라질은 어떻게 해도 이기는 것이 불가능하다고 판단하고 마음을 접어놓을 수밖에 없다. 반대로 우리가 제 실력을 발휘한다면 충분히 이길 수 있다고 생각되는 팀은 역시 아프리카 지역 대륙별 예선에서 올라온 케냐팀이었다. 그러면 우리가 진짜 신경을 집중해야 할 팀으로는 도미니카공화국과 일본팀이 남게 된다.

이 중 도미니카공화국은 아르헨티나와 함께 남미 지역을 대표하는 팀 중 하나로 세계 랭킹 7위(현재도 7위다)를 마크하고 있었던 상당한 강팀이었다. 게다가 조직력, 수비력을 바탕으로 하는 긴 랠리를 무기로 하는 우리 팀이 상대하기에 껄끄러운 강력한 파워 위주의 플레이를 펼치는 팀이기도 했다. 실제로 도쿄올림픽 예선 경기 과정에서 우리는 일본을 5세트까지 가는 풀세트 접전 끝에 3 대 2로 간신히 이겼는데, 도미니카공화국은 세트스코어 3 대 1, 실제 경기 양상으로 보면 훨씬 일방적인 흐름을 보이면서 이겼기 때문에 일본보다 세계 랭킹은 낮지만 실제로는 더 강한 팀이라고 볼 수 있었다.

이에 비하면 일본은 세계 랭킹 4위로 도미니카공화국보다 약간 더 높았지만, 우리 팀보다 평균 신장이 낮아서 블로킹을 통한 수비벽을 쌓을 때 유리한 면이 있었다. 게다가 일본 대표팀은 올림픽을 앞두고 세대교체를 하면서 젊은 선수들을 주축으로 구성되었다. 그래서 체력은 좋을지 몰라도 경험이 부족해서 단기전인 올림픽에서는 불안정한 모습을 보일 가능성이 있었다. 즉, 그때 일본은 세계 랭킹 14위였던 우리나라보다 랭킹은 열 단계나 더 높지만 치밀하게 준비한다면 단판 경기에서 승부를 걸어볼 만한 상대였던 것이다.

실제 속마음은 어땠을지 모르겠지만 내가 라바리니 감독이었다면 위에 설명한 내용을 바탕으로 케냐에 1승, 도미니카공화국과의 경기는 준비는 하되 결과에 대해서는 마음을 비운 채 하늘에 맡기는 심정으로 나서고, 진짜 승부를 보는 것은 일본전이라고 마음먹었을 것 같다. 계획대로만 잘 맞아떨어진다면 2승으로 아쉽게 탈락하더라도 감독이 경기 후 인터뷰에서 밝힌 것처럼 '국민감정상 절대로 질 수 없는' 일본전에 승리하는 것만으로도 나름의 성과라고 할 수 있을 테고, 천우신조(天佑神助)로 도미니카공화국까지 잡는다면 8강 진출 가능. 이런 계산 끝에 나온 우리 팀의 올림픽 목표가 '8강 진출'이었을 것으로 보인다.

결국 이 모든 계산이 집중된, 우리 팀과 라바리니 감독의 입장에서 도쿄올림픽 최고의 핵심으로 꼽은 경기가 바로 한일전이었던 것이다. 이 경기를 위해 라바리니 감독은 치밀하게 준비해나갔다. 올림픽이 시작되기 불과 몇 달 전인 2021년 5월 27일 우리 대표팀은 일본과의 경기에서 세트스코어 3 대 0으로 셧아웃 패배를 당했다.

물론 이 패배에는 이재영, 이다영 자매의 학교폭력 사건이 크게 불거져 갑작스러운 멤버 교체가 이루어진 타이밍이라 팀이 어수선한 상황이었다는 점이 크게 작용했다. 하지만 경기 내용을 찬찬히 뜯어보면 그 어수선한 상황 속에서도 라바리니 감독이 매 세트, 심지어 한 세트 내에서도 계속 세터를 비롯한 여러 선수들을 교체 투입하면서 다양한 실험을 했다는 것을 알 수 있다.

이렇게 불안정하게 경기를 운영하면 당연히 안 그래도 경기력이 우수한 일본팀을 절대로 이길 수 없게 되겠지만, 당장은 패배로 인해 욕을 먹더라도 뒤에 이어질 올림픽을 대비해서 데이터를 축적하는 것이 더 중요하다고 판단한 것이다. 왠지 2002월드컵에서 4강 신화를 썼던 히딩크 감독이 평가전 단계에서 경기마다 5 대 0으로 대패해서 엄청난 비난을 받았던 상황이 연상되는 장면이다.

당시 히딩크 감독도 평가전에서 당장의 승리에 집착할 일이 아니고 월드컵을 준비하기 위한 여러 가지 과감한 실험을 해야 하는 단계라고 생각해서 비난을 감수하고 다양한 시도를 통해 최적의 조합을 찾아냈던 것이다. 정말 거하게 국민적인 욕을 먹었던 히딩크 감독과 달리, 라바리니 감독은 팀의 상황이 이미 최악이었기 때문에 일본전에서 완패를 당했음에도 별다른 '국민적 압박'을 받지 않았다는 것이 유일한 차이였다. 이 부분은 이재영, 다영 선수가 한국배구에 기여한 부분이라고 할 수 있을까.

## 라바리니 감독의 '공격형 배구'

이런 준비 과정을 통해 라바리니 감독이 얻은 결론은 '공격적

배구'였다. 특히 그중에서도 우리 여자배구 국가대표팀의 서브를 강화하는 것이었다. 앞서 이야기한 것처럼 각 포지션 선수들이 모두 나름의 한계 상황에 처해 있어서 이미 통상 공격의 옵션들은 한계가 명확한 상황이라면, 남은 카드는 서브밖에 없다고 본 것이다.

서브로 승부를 본다면 당연히 공을 높이 던져 올려서 돌고래처럼 솟아올라 강하게 때리는 스파이크 서브를 떠올리는 분들이 대부분일 것이다. 그러나 현대 배구에서는 무조건 세게 때리는 것만이 공격 옵션이 아니다. 서브를 길게 때려서 베이스라인 근처까지 붙여 리시브하는 선수가 '이걸 받아야 하나 말아야 하나' 고민하게 만들거나, 반대로 엄청나게 짧게 때려서 뒤로 물러서 있던 선수들이 공과 타이밍을 놓치게 하는 방법도 있다. 또 이번 올림픽에 백업 세터로 선발된 안혜진 선수의 장기인 '플로터 서브'도 있다. 공의 가운데를 손바닥으로 강하게 때려서 무회전으로 공을 보내면 야구의 '너클볼(knuckle ball)'처럼 궤적이 마구 흔들려서 받기가 까다로워진다. 이게 플로터 서브다. (배구의 이런 다양한 공격 기술에 관해서는 3부 3장 '자, 공격이다'에서 상세히 다루었다.)

하지만 선수들이 입을 모아 말하는 '가장 받기 어려운 서브'는 따로 있다. 그것은 바로 '네트 바로 위를 스치듯이' 들어오는 서브다. 받는 선수 입장에서 공이 네트에 걸릴지 안 걸릴지 혼란스럽기도 하지만, 아무리 키가 큰 선수도 네트보다 시선이 위에 있지는 않기 때문에 공이 네트 위쪽의 백색 밴드 부분을 지나치면서 순간적으로 시야에서 사라지는 게 공을 받기 힘든 이유다. 하지만 이 서브는 당연히 매우 위험하다. 네트에 걸릴 확률이 높아지기 때문이다.

서브에서 실수를 하면 일반인들의 상식으로는 '아니, 그냥 상대방 코트에 공을 넘겨주는 건데 겨우 그걸 못 해서 실수를 하나?' 하고 비난할 여지도 많다. 물론 코트 위 선수들의 사기에 영향을 미친다는 것도 무시할 수 없다. 서브 범실 때는 긴장하며 다음 플레이를 준비하던 팀 동료들도 맥이 풀리기 때문에, 서브를 실패한 선수들이 자기 가슴에 한 손을 가져다 대고 다른 한 손을 들어 올리며 '내가 잘못했어, 미안해'라고 사과하는 제스처를 취하는 것을 경기 중에 흔히 볼 수 있다. 그래서 심지어 프로팀에서도 웬만하면 실수할 리 없는 무난한 서브를 시도하는 선수들이 적지 않다.

그런데 라바리니 감독은 대표팀 선수들에게 아무리 실수를 많이 해도 좋으니 반드시 공을 낮게 넣으라고 강제했다. 가끔 선수들의 서브가 약해지면 즉시 불러내서 "우린 여기 공격하러 온 거다!"라고 강하게 질타했다고 한다. 더 나아가 통상 '네트를 스치는 서브'는 공을 앞쪽에 떨어뜨리기 위하여 약하게 넣기 마련인데, 그러면 몸이 빠른 선수들은 다 받아낼 수 있으니 혹시 궤적을 파악했더라도 언더토스로 리시브하기 어려운 몸 위쪽으로 공이 밀려 들어가도록 강하고 길게 쏘라고 주문했다. ('언더토스'와 같은 용어들이 아직 낯설고 어렵게 느껴져도 괜찮다. 3부 4장 '그래도 시작은 수비'에서 상세히 소개해두었다.)

국내 여자배구 경기를 꾸준히 보신 분들이라면 도쿄올림픽 경기에서 우리 선수들의 서브, 특히 세터인 염혜선 선수와 터키전에서 극적인 역전승의 발판이 된 포인트를 만들어낸 박은진 선수의 서브가 국내 경기에서와는 달리 강하고, 낮고, 길게 뻗는 것을 느끼셨을 것이다. 라바리니 감독은 앞서 언급한 안혜진 선수의 플로터 서브와 같은 고급 기술은 단시간에 익히기 어렵지만, 궤적을 낮추어 강하게 때리는 서브는 선수들이 실패해도 욕먹지 않는 분위기만 만든다면 연습을 통해 가능하다고 본 것이다.

여기서 그치지 않고 라바리니 감독은 서브의 코스까지 일일이 지정했다. 대개 배구팀 감독들은 양손에 아무것도 들지 않고 코트 옆에서 정장 차림으로 팔짱을 낀 채 경기를 지켜보거나, 다혈질인 경우 소리를 지르며 코트의 선수들을 독려하는 것이 일반적이다. 반면 라바리니 감독은 코트에서의 복장과 장비가 좀 거창한 편이다. 옷 자체는 그냥 편한 운동복 차림이지만 귀에는 이어폰, 옷깃에는 소형 마이크를 달아서 전력분석팀과 실시간으로 소통할 수 있도록 하고 한 손에는 큼직한 작전 기록지와 펜, 그리고 다른 한 손에는 아이패드와 디지털 펜슬을 가지고 다닌다. 라바리니 감독은 이 아이패드에 엄청난 데이터, 동영상 자료를 넣어가지고 다니면서 수시로 분석하고, 선수들에게 작전을 지시하거나 설명할 때도 이 자료들을 직접 보여주면서 소통한다고 한다. 이러한 방대한 전력 분석을 바탕으로 작전을 아주 세심하게 짜는데 매 상황에서 모든 선수의 위치와 움직임을 일일이 지정하는 수준이다. (감독과 선수의 생생한 커뮤니케이션에 관해선 3부 6장 '작전타임 암호풀이', 4부 3장 '감독의 시간' 등을 참고하라.)

도쿄올림픽의 한일전에서도 경기 중 라바리니 감독의 동작을 유심히 보면 매번 서브할 때마다 미리 정해진 손가락 신호로 서브를 꽂아 넣을 선수를 일일이 지정하는 것을 확인할 수 있다. 올림픽 예선 경기에서 우리 선수들은 매번 이렇게 감독으로부터 직접 지정을 받은 위치로 서브를 꽂아 넣었다고 한다.

국내 배구리그에서도 '리시브 약한 한 놈만 팬다'라는 느낌으로 이른바 '목적타 서브'를 넣는 경우는 있지만 그렇게 누가 서브하는지, 상대편 로테이션이 어떻게 되어 있는지, 그 선수들의 현재 위치가 어떤지에 따라 번번이 서브 받을 선수를 지정하는 일은 거의 없었다. 게다가 코스를 지정하면서 동시에 절대 약하게 때리면 안 되고 낮게, 빠르게, 길게 서브를 넣도록 강제하는 경우는 보지 못했다. 이걸 일일이 지시하는 사람이나, 지시를 받은 대로 어김없이 서브를 꽂아 넣는 사람이나 내게 인간계의 존재로는 보이지 않았다.

## 불가능이 가능으로 바뀌었던 순간

라바리니 감독의 '데이터를 바탕으로 한 공격형 배구'가 또 한 가지 바꾸어놓은 것은 선수들의 공격 습관이다. 현재 세계 배구는 업템포 스피드 배구로 트렌드가 바뀐 지 오래됐지만, 아직 이에 익숙하지 않은 우리 선수들은 여전히 공격수 개인의 역량에 맡기는 오픈 공격의 비중이 컸다. 그 때문에 공격수들도 더 높은 점프, 더 강한 스파이크를 위해 최대한 도움닫기 거리를 길게 잡고 네트로 뛰어들어 가는 것이 몸에 배어 있었다.

라바리니 감독의 생각은 달랐다. 그는 어차피 신장이나 파워에서 세계 수준의 선수들과 직접 경쟁하는 것이 어렵다면 차라리 높이와 힘이 조금 떨어지더라도 빠른 템포로 공격을 하는 편이 낫다고 판단했다. 그래서 공격수들의 능력을 검토한 후 선수별로 도움닫기를 시작할 위치를 지정해주고 종전보다 뛰어 들어가는 걸음의 수를 두세 발 정도 줄이도록 주문했다. 올림픽 전후로 들려준 선수들의 인터뷰에 따르면 처음엔 뭘 이렇게까지 까다롭게 하나 당황했지만, 감독의 지시대로 점프 메커니즘을 바꾸니 스파이크의 질이 완전히 달라졌다고 한다. 앞선 글에서 선수들이 "국가대표팀에서 많은 것을 배웠다"라고 말한 것이 립서비스가 아니었던 것이다.

그리고 한일전에서는 마지막으로 한 가지 더 운이 따랐다. 일본 배구 대표팀의 에이스 공격수인 코가 사리나 선수가 예선전 첫 경기에서 큰 부상을 당한 것이다. 선수가 부상을 입은 것을 '행운'이라고 말하는 게 정말 미안하긴 하지만 그만큼 이 선수는 우리에게 위협적인 존재였다. 첫 경기에서 휠체어를 타고 경기장 밖으로 옮겨졌을 만큼 심하게 다리를 다쳤는데도 며칠 후에 벌어진 우리나라와의 경기에서 자그마치 27점이나 되는 득점을 올렸으니, 만약 코가 사리나 선수가 완벽한 컨디션이었다면 어쩔 뻔했나 아찔할 정도다.

결국 한일전은 그렇게 피를 말리는 계산과 준비와 연습, 그리고 예상치 못한 일본팀의 불운이 겹친 끝에 '안 되는 것을 되게 한' 경기였다. 그러니 라바리니 감독이 일본전 승리 후 마치 금메달이라도 딴 것처럼 흥분하며 기뻐한 것도 당연했다. 그의 입장에서는 마치 상하좌우로 칼날이 난무하는 좁은 미로에서, 말도 안 되는 계산을 통해 유일무이한 좁은 틈을 발견하고, 그 사이를 목숨을 걸고 박박 기어나간 끝에 마침내 출구에 도달한 뒤 밝은 빛을 맞이한 느낌이었을 것이다. '내가 틀리지 않았어, 우리가 틀리지 않았어!'라고 머릿속으로 한없이 외치지 않았을까?

하지만 그렇게 뛰어난 감독 한 사람의 계산과 훈련만으로 뚫릴 벽이었다면 사실 처음부터 그리 대단한 벽이라고 할 수도 없었을 것이다. 언제나 도상 훈련과 실전 사이에는 '완전히 차원이 다른' 세계가 펼쳐진다. 일본팀이라고 아이패드가 없었겠나? 터키 팀이라고 낮고 빠른 서브가 위협적이라는 걸 몰랐겠나? 올림픽에 출전한 전 세계의 팀들 가운데 방대한 자료를 바탕으로 전력 분석을 하지 않고 그저 주먹구구식으로 연습하고 나온 팀이 단 하나라도 있을까?

언제나 이렇게 눈에 보이는 것보다 더 큰 것은 '눈에 보이지 않는 무엇'이다. 이제 올림픽 여자배구 이야기의 핵심이자 우리 마음을 가장 뜨겁게 하는 마지막 이야기, '보이지 않는 힘'의 세계 속으로 들어가보자.

4장

# 한계를 넘어서
# Limit Off!

## 페르비틴, 생명의 안전장치를 끄다

제2차 세계대전 당시 독일군은 객관적인 전력에서의 열세를 극복하기 위해 기습적으로 벨기에를 우회하여 프랑스로 진격하는 '전격전(電擊戰, blitzkrieg)'을 펼친다. 독일어로 '블리츠(blitz)'는 '번개'를 의미하는데, '블리츠크리크'는 말 그대로 번갯불처럼 빠른 속도를 핵심으로 하는 기습 공격 전략이었다.

기존의 공격이 진형을 갖추어 거점을 점령하면 이곳을 중심으로 전선을 형성하고, 이 선을 서서히 밀고 올라가면서 점령지를 늘려가는 '평면'의 방식이었다면 전격전은 달랐다. 전격전은 '직선'으로 곧장 뚫고 들어가 상대방이 '어어…….' 하고 당황하는 사이에 수비군이 후방까지 진출하여 완전히 무력화시키는 파격적인 방법이었다. 어떻게 이런 직선 돌파가 가능할까? '공수부대 투입으로 방어진지 무력화→공중폭격→전차부대 진격→보병부대의 거점 접수'라는 루틴을 무한 반복하는 것이 비결이었다.

말만 들으면 이렇게 톱니바퀴처럼 돌아가는 루틴으로 프랑스 전역을 단숨에 제압하는 것이 쉽게 가능해보인다. 그런데 문제는 사람은 톱니바퀴가 아니라는 것이다. 즉, 속도가 생명인 전격전에서 밤낮없이 전투와 행군을 반복하는 것은 길어야 며칠이면 한계에 도달한다. 그런데 앞서 말한 것처럼 전격전은 전선을 형성하지 않고 일자로 뚫고 들어가는 것이기 때문에 적의 후방까지 빠른 시간 안에 장악하지 않으면 측면이 무너지면서 오히려 전멸할 위험성도 있는, 도박에 가까운 전략이기도 하다.

그래서 전격전의 루틴에 공수부대, 폭격기, 탱크와 함께 반드시 고려되어야 할 또 하나의 '장비'는 '페르비틴(pervitin)'이었다. 독일의 제약사 테믈러 베르케에서 생산, 공급한 페르비틴은 간단히 말하면 메스암페타민, 즉 '히로뽕'이었다. 독일 군인들은 마약에 취한 채 '슈퍼 솔저'가 되어 밤이 되어도 쉴 생각도 안 하고 전투를 하고 싶어 안달이 난 '전투 머신'으로 프랑스 전장을 휩쓸었던 것이다.

여기까지는 꽤 널리 알려진 사항이고, 2차 대전이 아니라도 전쟁 중에 군인들에게 약물을 투여하는 경우는 종종 있었다. 하지만 이런 스토리에서 많은 이들에게 착각을 불러일으키는 것은 약물이 군인들을 '초인'으로 만든다는 생각이다. 약물을 투여했더니 비실비실해서 징병검사조차 통과하지 못했던 약골 청년이 아이언맨도 맨주먹으로 때려눕히는 초능력자가 되더라는 〈캡틴 아메리카〉의 설정이 이런 환상의 대표적 사례라고 할 수 있다. 하지만 생각해보면 마약을 복용한다고 해서 칼슘으로 된 인간의 뼈가 쉿

덩이로 바뀌는 것도 아니고, 단백질로 된 근육이 돌덩이가 될 리도 없다. 결국 인간이 지닌 능력 그 자체는 마약을 아무리 투여해봤자 별로 달라질 것이 없다는 것이다.

그렇다면 마약이 갖는 효과는 뭘까? 페르비틴은 어떻게 독일 군인들을 '슈퍼 솔저'로 만들어낼 수 있었을까? 의외로 그 답은 간단하면서도 치명적이다. 생명을 지닌 모든 존재에게 가장 우선적인 지상명령은 '생명을 유지하는 것'이다. 이를 위해 우리의 유전자와 두뇌의 사고 구조가 생명을 위협할 수 있는 어떤 시그널에도 빠르게 대응하고 문제를 피하도록 프로그래밍되어 있는 게 당연하다.

신체의 능력과 관련된 것도 마찬가지라고 할 수 있다. 실제로 신체가 가지고 있는 능력치의 한계 지점은 상당히 남아 있지만, 그 경계선에 가는 것 자체가 위험하기 때문에 일찌감치 능력을 봉인해버리는 것이다. 마치 1톤 화물 트럭은 실제로는 1.5톤, 2톤까지도 실을 수 있지만 안전 수준을 고려해서 적재 중량을 1톤 수준으로 제한하는 것과 같다.

그러니 자식이 자동차에 깔려서 생사의 기로에 섰을 때 부모가 초인적인 힘을 발휘해 자동차를 들어 올렸다는 식의 이야기를 오해해선 안 된다. 그런 일화는 인간이 자신의 생사를 도외시할 만큼 절박한 상황에 처하면 한계치를 개방해버려서 낼 수 있는 힘의 최대치를 낸다는 것이지, 그 부모가 슈퍼맨처럼 원래 가지고 있지도 않고 물리적으로도 불가능한 힘을 갑자기 발휘한다는 뜻이 아니다.

수치의 정확한 계산 근거까지는 잘 모르겠지만 어떤 학자의 연구에 따르면 인간은 통상 자신의 능력 한계치에서 20% 수준으로 제한을 건다고 한다. 즉, 마약은 이런 안전장치, '한계설정(Limit)'을 '꺼버리는(Off)' 방식으로 인간이 본래 가지고 있던 여분의 마지막까지 밀어붙여 초인적인 힘을 끌어내는 물질이다. 그러므로 당연히 이런 '생명의 안전장치를 꺼버리는' 상태를 장기간 유지하면 몸이 고장 나게 되는 것이다.

## 김연경이라는 '단 하나의 장작'

이전 챕터에서 썼던 것처럼 지난해 도쿄올림픽에서 우리 여자배구 대표팀은 객관적인 전력으로는 도저히 예선 통과조차 할 수 없는 상황이었다. 라바리니 감독이 아무리 신묘막측한 작전을 쏟아낸다 해도 선수들이 그걸 수행할 능력이 없다면 만사 무용한 일이었다. 특히 주전 세터와 공격수를 모두 잃은 이른바 '쌍둥이 사태'를 겪으면서 팀 전체적으로 내상이 너무 컸다.

어떤 분은 문제 있는 선수들이 나갔으니 팀이 더 잘 결속되지 않았겠나 말씀하시던데, 여긴 사회인들끼리 웃으며 공을 주고받는 친목 배구 모임이 아니고 국가대표 배구팀이다. 인성 좋고 잘 웃는데 리시브도 안 되고 스파이크도 안 되는 선수들을 잔뜩 모아 놓는 것보다는 차라리 성격이 나쁘더라도 확실한 실력을 가진 선수가 팀의 승리를 위해서는 더 도움이 되었을 것이다.

특히 갑작스럽게 콜업된 멤버들의 삐걱거림이 심했다. 염혜선, 안혜진 세터의 문제는 이미 길게 설명했다. 한데 그게 다가 아니었다. 또 다른 문제는 김연경 선수와 함께 레프트 한 자리를 추가로 맡은 박정아 선수와 라이트 포지션의 김희진 선수였다.

박정아는 팔을 미리 뒤로 젖혀두었다가 때리는 특유의 큰 동작에서 나오는 힘 있는 공격에 강하고 키도 큰 편이지만, 속도가 느리고 체력이 약하다는 문제가 있었다. 2장에서 썼듯 박정아 선수의 별명은 '클러치 박'이다. 경기의 흐름이 끊길 위기의 상황에 팀의 흐름을 이어주는(clutch) 능력이 뛰어나다는 뜻이니 위기 상황에 강하다는 칭찬이기도 하지만 달리 보면 위급한 상황이 와야 비로소 능력이 발휘되는 슬로우 스타터라는 뜻으로 읽힐 수도 있다. 소속팀인 한국도로공사에서 자신을 대신해서 2인 리시브 체제에서 고생하는 동료 선수들을 볼 때마다 왠지 미안해하는 느낌을 읽을 수 있는데, 그런 미안함, '나는 리시브를 잘 못해'라는 생각이 하나의 틀이 되어 박정아 선수의 플레이를 둔하게 하는 느낌이었다.

김희진 선수의 경우는 더욱 안타까웠다. 내게 김희진 선수는 자타가 공인하는 피지컬을 가지고 있고 결정력도 있는데 어느 순간부터 성장을 멈추고 제자리걸음 때로는 퇴보하고 있는 듯한 인상마저 주던 선수였다. 개인적인 느낌으로만 말하자면 왠지 몇 년 전 있었던 배구 올스타전에서의 사건 이후에 심리적으로 위축된 것이 아닌가 하는 생각까지 들었다. 여기서 그 어이없는 사건에 관해서도 짤막하게 적어두고 싶다.

대개의 스포츠에서 올스타전은 그냥 스타들을 한자리에서 본다는 정도의 의미만 갖는 재미없는 이벤트다. 그러나 이 책의 서문에 적었던 것처럼, 배구만큼은 챔피언결정전보다 올스타전이 더 재밌다는 사람들이 있을 정도로 인기가 있다. 이유는 별다른 게 없고 배구 선수들이 정말로 '혼신을 다해' 팬들을 즐겁게 하기 위해 노력하기 때문이다. 배구는 꽤 오랜 기간 팬들의 외면을 받는 암흑기를 거쳤기 때문에 팬서비스에 대한 마인드가 남다른 편이며, 올스타전을 하면 춤, 노래, 코스프레는 기본이고 온갖 이벤트로 선수들이 망가지면서 팬들을 기쁘게 한다. 심지어 근엄하기 이를 데 없는 감독들조차 올스타전에서는 당연히 춤추기를 비롯해서 시키는 건 다 해야 한다고 생각할 정도다. (이러한 배구만의 팬서비스, 배구 경기장의 매력에 관해선 책의 2부 4장 '배구장 직관기'를 참고하라.)

그런데 촛불시위로 뜨거웠던 2016-2017 시즌 올스타전에서 김희진 선수는 당시 장안의 화제였던 국정농단 사건의 주역 최순실 씨의 코스프레를 했다. 워낙 잘 어울렸고 본인도 최선을 다해 연기했기 때문에 올스타전이 열린 체육관은 열광의 도가니가 되었지만, 정작 행사가 끝나고 난 후 김희진 선수는 태극기 부대를 비롯한 보수 세력의 집중 공세에 시달리게 되었다. '순수한 스포츠에 더러운 정치적 의도를 끌어들였다'라는 게 비판의 포인트였는데 김희진 선수의 입장에서는 억울할 수밖에 없는 노릇이었다. 그런 비판 자체도 말이 안 되는 데다, 애초에 배구연맹에서 "최순실 코스프레를 하면 재밌을 거 같은데 해볼 선수가 없나요?"라고 제안했다가 아무도 안 한다고 하니까 김희진 선수가 팬들을 위해 총대를 메는 마음으로 "제가 할게요." 한 것이 역풍을 맞은 것이었다.

결국 연맹 차원에서 공식 사과문을 냈지만 김희진 선수와 기업은행 팀은 꽤 오랫동안 수많은 악플에 시달려야 했다. 원래 김희진 선수는 대단히 밝고 유머러스한 선수였는데 이 사건 이후로는 경기 중에 웃거나 장난치는 일을 자제하게 된 것이 도드라지게 느껴졌다. 게다가 올림픽에 앞서 크고 작은 부상까지 끊임없이 겹쳐서 예전의 위력을 완전히 회복하지 못하고 있었다. 김희진은 도쿄올림픽 내내 상당히 심각한 무릎 부상을 안고 있는 상태였으며,

당시 그의 퉁퉁 부은 오른쪽 다리는 배구 중계를 보던 사람들에게 커다란 충격을 주기도 했다.

김희진 선수와 같은 팀인 기업은행에 소속되어 국가대표에 단골로 선발되어온 센터 김수지 선수도 지난 두세 시즌 사이에 눈에 띄게 표정이 굳어진 선수다. 늘 최소한의 자기 몫은 해내지만 그 이상에 대한 열망은 잘 보이지 않아서 양효진 선수처럼 게임을 지배하는 센터의 역할보다는 미들블로커로 가끔 이동 속공을 하는 수준에서 만족하는, 조금은 '얼음공주' 같은 이미지였다. 말하자면 우리 대표팀 선수들은 전체적으로 폭우로 물에 푹 젖어 있는 장작 같은 상태였다. 자신이 맡은 역할의 '한계'를 돌파하기보다는 그 언저리에 머무르는 데 익숙한 상태였다고나 할까.

여기에서 드디어 최종 보스, 김연경 선수가 등장한다. 사실 지금까지 쓴 글들에서 김연경 선수의 이야기는 일부러 비중을 줄이고 있었다. 이미 많은 언론 매체에서 넘칠 만큼 조명을 하고 있고, 또 스포츠의 한 팀은 어떤 경우에도 한 개인으로 환원될 수 없는 것이라고 생각하기 때문이다. 하지만 적어도 이번 올림픽에서만큼은 모든 것의 시작점에 김연경이 있다는 점을 누구도 부인할 수 없다. 라바리니 감독이 불꽃을 일으키는 부싯돌의 역할이었다면 김연경 선수는 그 반짝임을 거대한 불길로 이어나갈 최고의 불쏘시개였다고나 할까?

GS칼텍스의 차상현 감독에게 어떤 기자가 물은 적이 있다. "배구인의 가장 중요한 한 가지 조건은 무엇입니까?" 차상현 감독은 주저하지 않고 말했다. "열정입니다." 김연경 선수는 신체 조건도 좋고 체력과 테크닉도 좋다. 그러나 세계 배구계를 둘러보면 김연경 선수보다 더 신체 조건이 좋고 더 테크닉이 뛰어난 선수들도 적지 않을 것이다. 한데 나는 김연경 선수보다 더 승리에 대한 열망이 뜨겁고 주변의 선수들을 그 열망 속으로 끌어들이는 힘이 강한 선수는 본 적이 없다. 젖은 장작에 불을 붙이는 가장 무식하지만 확실한 방법은, 어느 장작 하나가 나머지 장작들이 다 바짝 말라 마침내 불이 붙을 때까지 무작정 타오르는 것이다. 김연경 선수가 바로 그 무지막지하고 확실한 단 하나의 장작이었다.

한일전에서 일본 팀과 대한민국 팀의 결정적인 차이는 우리 팀 코트가 무지하게 시끄러웠다는 것이다. 물론 가장 시끄러웠던 사람은 김연경 선수였다. 그녀는 매 경기의 작전타임 때마다 명언을 남겼는데, 올림픽을 통틀어 가장 유명해진 말은 물론 "해보자, 해보자, 후회하지 말고!"였다. 그렇지만 내가 가장 감탄한 말은 이보다 훨씬 앞선 대륙 간 예선에서 세계 최강 러시아와의 경기 때 선수들이 위축된 모습을 보이자 "표정이 죽는 중이야, 씨발, 웃어!!!"라고 외치는 장면이었다. 아, 웃지 않으면 난 여기서 연경 언니의 손에 죽을지도 모르겠구나, 하는 생각에 선수들이 정신을 차릴 수밖에 없지 않았을까?

## 모든 것을 바꿔놓은, 코트 위의 집중력

이렇게 서서히 불타오르기 시작한 선수들은 점차 자신의 한계를 개방하고 그 벽을 뛰어넘기 시작했다. 물론 갑자기 강한 스파이크를 때리고 엄청난 점프로 상대의 공격을 다 블로킹해버리는 일은 불가능했다. 다만 집중력을 최고조로 높여서 상대 팀의 움직임에 빠르게 반응하는 것은 가능했다.

배구는 공이 바닥에 떨어지지 않고 이어지는 몇 안 되는 운동이다. 즉, 선수들이 코트 위에서 보여주는 집중력의 차이는 전력을 급상승시킬 수 있는 것이다. 공격이 막히면 다른 선수들이 벌떼같이 달려들어서 공을 올리고, 또 올리고, 다시 올려서 될 때까지 때리는……. 그런 말도 안 되는 방법이 우리의 '작전'이었다.

그와 같은 집중력의 차이와 힘을 보여주는 가장 대표적인 장면은 운명의 한일전, 최종 5세트 14 대 13으로 일본이 앞서는 상황에서 나왔다. 5세트는 15점으로 마무리되기 때문에 일본은 승리를 목전에 두고 있었다. 공격 하나만 실수하면 바로 게임이 끝나는 상황이었다.

심지어 우리 팀은 심판에게 선수 교체를 신청하는 과정에서 실수를 저질러버렸다. 코트에 단 한 명만 들어가는 세터 포지션의 선수로 안혜진 선수와 염혜선 선수 두 사람이나 들어갔던 것이다. 볼의 배분을 전담하는 세터 포지션의 특성상 이 두 선수는 키가 작은 편이라 블로킹의 높이가 낮았다. 그래서 일본이 우리 코트에 서브를 넣은 공을 연결받은 윙스파이커 박정아 선수가 단 한 번의 시도에 공격을 성공시키지 못하면 다음 번 일본팀의 공격은 막는 것이 불가능한 절체절명의 상황이었다. 박정아 선수는 혼신의 힘을 기울여 일본팀의 코트로 스파이크를 때렸다.

그런데 우리 팀보다 유리한 입장에 있었다지만, 긴장되는 것은 일본팀도 마찬가지여서 수비 진용이 어수선했다. 특히 이시카와 마유 선수가 위치를 잘못 선정해서 네트 앞쪽 공간이 많이 빈 상태였다. 만약 틀어치기에 능한 김연경 선수가 공격했다면 틀림없이 어깨를 돌려서 이 어택라인 앞쪽의 텅 빈 공간에 공을 꽂아 넣었을 것이다. 여기서 그렇게까지 코스를 볼 여유가 없었던 박정아 선수는 자신의 특기인 밀어치기로 강한 스파이크를 넣었다. 한데 그 공이 하필 잘못된 위치에 서 있던 이시카와 선수의 정면으로 갔다. 그대로 받아 올려 공격으로 이어지면 우리가 막을 방법이 없는 난감한 순간, 아무도 예상하지 못한 또 한 번의 반전이 일어났다. 당연히 공을 받아 올려야 할 이시카와 선수가 무의식중에 오른쪽 어깨를 틀어서 공을 피해버린 것이다.

자신이 서 있는 위치를 생각해보면 코트 뒤쪽으로 공이 밀려들어가는 상황이라서 절대로 아웃을 기대하기는 어려운 각도였다. 그러니까 이시카와 선수는 공이 나갈 줄 알고 피한 것이 아니라 순간적으로 부담감이 밀려들어 자신의 뒤쪽에 서 있던 수비 전담 리베로에게 공을 미룬 것이었다. 그런데 리베로 코바타 마코 선수의 입장에서는 당연히 앞에 서 있던 이시카와가 받을 거라고 생각한 공이 그대로 통과되어 자신에게 온 셈이니 당황해서 공을 놓치고 말았다. 결국 공은 그대로 코트 안에 떨어졌고 우리는 14 대 14의 극적인 동점을 이루게 되었다.

반면 이 동일한 순간에 우리 팀 코트의 모습은 정반대였다. 코트 안의 모든 선수들은 공에 시선을 집중한 채 자신이 할 수 있는, 해야 하는 최선의 동작으로 다음 상황에 대비하고 있었다. 박정아의 공이 블로킹을 맞고 아래쪽 직각으로 떨어질 것을 대비해서 김수지는 무릎을 꿇고 아예 바닥에 엎드려 있고, 그 뒤는 리베로인 오지영 선수가 허리를 잔뜩 구부려 조금 더 멀리 튀는 공에 대비하고, 다시 3선에는 안혜진과 염혜선 선수가 뛰어들고, 공이 블로킹을 맞고 멀리 튈 것을 대비해서 김연경은 코트 뒤쪽을 커버하고 있었다. 즉, 공을 때리고 있는 박정아 선수를 제외한 5명의 선수 전원이 완벽한 부채꼴 모양의 어택 커버 포메이션을 취하고

있었던 것이다.

이게 바로 집중력의 차이다. 공이 일본팀의 코트 바닥에 떨어진 것을 확인한 직후 선수들이 모두 바닥을 구르며 기도하고 기뻐하는 장면은 선수들의 긴장과 집중도가 얼마나 초인적인 수준이었는지를 보여줬다. 결국 엄청난 실수를 저지른 이시카와 선수는 이어진 공격에서도 공을 너무 세게 때려 베이스라인을 벗어나는 스파이크 실수를 해서, 우리나라의 대역전승에 결정적인 역할을 했다.

내가 도쿄올림픽 일본전의 경기 장면들을 이렇게 길게 이야기한 이유가 있다. 어쩌면 배구에서 가장 멋진 장면, 그리고 대한민국 대표팀이 올림픽 때 보여주었던 가장 멋진 장면은 강력한 스파이크가 코트에 꽂히는 순간이 아니었을지도 모른다. 내가 배구를 사랑하게 만들 수밖에 없는 멋진 순간은 바로 우리에 갇힌 야수처럼 상대방의 서브를 기다리며 우리 선수들이 자세를 한껏 낮추고, 매서운 눈매로 네트 너머를 노려보며 집중하고 있는 바로 그 장면이다.

독자들께서도 하늘로 솟아오른 공만 보지 말고 공이 떠오른 순간 순식간에 정해진 위치로 산개하여 '충격에 대비'하는 선수들의 움직임을 보셨어야 한다. 한 포인트 한 포인트에 인생의 굴곡을 조각처럼 새겨나가는 선수들의 진지한 희로애락을 보셨어야 한다. 김연경 선수와 함께 자신의 한계를 넘어 하얀 완전연소를 향해 나아가는 선수들의 타오르는 몸짓을 보셨어야 한다.

자, 문을 열자. 무엇이 그들을 이렇게 울고 웃게 만들었는지, 무엇이 우리의 가슴을 함께 태워버렸는지 확인하려면 배구라는 스포츠에 대해 좀 더 깊이 살펴볼 필요가 있다. 이제 선수들이 혼신의 힘을 다해 불타올랐던 배구라는 스포츠의 한가운데로 여러분과 함께 걸어 들어갈 시간이다.

# II

# 배구의 풍경

대학교수들의 직업병 중 하나는 대부분의 글을 용어나 개념의 정의에서 시작해야 직성이 풀린다는 점입니다. 제가 대학에 다니던 시절 '정치란 무엇인가?'를 5개 국어로 칠판에 적어놓고 한 시간 동안 강의를 해서 1학년 첫 강의부터 숙면의 기쁨을 알려주셨던 교수님이 생각나네요. 그런 문제점을 알고 있음에도 저 역시 첫 강의에서 기본 개념부터 시작하는 습관이 들어버린 것은, 그렇게 가장 기초가 되는 이야기들을 정확히 알고 있어야 이후에 점점 복잡하게 얽히고 변형되어가는 이야기의 가닥들을 제대로 따라가며 이해할 수 있기 때문입니다. 2부에서는 배구를 이해하기 위해 가장 기본이 되는 배구의 역사, 배구공, 배구 경기장에 관한 이야기들을 들려드릴까 합니다. 대학 강의와 다른 점은, 배구 이야기는 처음부터 의외로 재밌다는 것입니다. 이제 페이지를 넘겨 배구의 세계로 들어서볼까요?

1장

# 배구의
# 탄생

## 이것은 배구에 관한 이야기다

……라고 제목에 써놓았지만, 이 챕터의 이야기는 뻔뻔하게도 농구로 시작된다. 중학교 때부터였던 것 같다. 내가 배구가 아니라 농구에 푹 빠진 것은.

정말 정신없이 달렸던 것 같다. 점심시간에 조금이라도 농구를 더 하고 싶어서 도시락을 쉬는 시간에 먹어 치우는 것은 기본이었고, 쉬는 시간 10분 사이에도 농구를 하려고 코트로 달려 나왔다가 종이 치면 교실로 달려 들어가기를 반복해서 선생님께 야단도 많이 맞았다. 당시엔 아침 자습과 0교시 수업이 있어서 7시 30분까지 등교해야 했는데 그 전에 조금이라도 농구를 하고 싶어서 아침 6시에 일어나 공을 튕기며 학교에 왔을 정도였다.

뭐가 그리 좋았을까? 아마도 농구의 격렬한 동작에서 느껴지는 '살아있다!'라는 느낌 때문이 아니었을까 싶다. 농구는 한순간도 멈춰 있어서는 안 되는 스포츠다. 심지어 제자리에 멍하니 서 있을 때조차 공을 바닥에 통통 튕기지 않고 일정 시간 가만히 들고 있으면 반칙이 선언된다. 그렇게 바닥에 튕기는 공의 리듬과 둔중한 소리는 심장의 박동처럼 들렸고, 튀어오르는 공을 손바닥으로 막을 때 공이 반발력과 중력 사이의 균형에서 잠시 무중력 상태로 머무르는 순간이 마술처럼 느껴졌다.

그건 아마도 '자유'라고 불리는 마술이었을 것이다. 중학생 때부터 아침자습과 수업과 보충수업, 야간자습, 시험 또 시험으로 점철된 학교생활에서는 절대 존재할 수 없었던 순간의 마술.

그 뜨겁던 마음이 식은 건 언제부터였을까? 농구가 기본적으로 쉴 새 없이 달리고 무거운 몸을 공중으로 띄워 올리는 격렬한 운동이기 때문에 농구를 직접 하는 것은 이미 30대 중반부터 버거워졌다. 그래도 '보는 스포츠'로서 농구에 대한 사랑은 언제까지나 여전할 거라고 생각했다.

하지만 40대의 어느 시점을 지나면서 점점 프로 농구 경기를 관람하는 일에 짜증이 나기 시작했다. 멋진 패스와 점프슛, 다이내믹한 동작에 눈이 가던 시절과 달리 쉴 새 없이 이어지는 몸싸움과 신경전, 이에 뒤따르는 심판의 휘슬로 계속해서 끊기는 경기의 리듬을 따라가는 게 부담스러워지기 시작한 것이다. 가만히 지켜보면 어찌나 자주 경기가 끊기는지 플레이가 휘슬에 끊기는 것이 아니라 심판의 휘슬과 휘슬 사이에 플레이가 존재하는 느낌이었다.

결정적으로 농구에 정을 떼게 된 것은 지나친 몸싸움이 주는 피곤함이었다. 몸과 몸이 부딪치며 이루어지는 경기이니 몸싸움은 피치 못할 조건이긴 하지만 밀기는 기본이고 옷 잡아당기기, 꼬집기, 발 걸기 등 때로는 우습고 때로는 위험해 보이는 몸싸움과 선수들 간의 감정적 충돌, 그리고 잠시 쉬는 시간이어야 할 작전타임 시간에 선수들보다 더 격렬하게 분노하는 감독의 속사포 랩은 멀미가 날 지경이었다.

안 그래도 30대 후반, 40대 초반은 사회적으로 스트레스가 많은 나이가 아닌가? 나 자신도 힘들고 머리가 아파서 쉬려고 보는 스포츠에서 저렇게 다들 죽을 둥 살 둥 몸부림치는 모습을 보고 싶지는 않았다. 결정적으로—그게 진심이었는지 미국 프로레슬링처럼 일종의 관심 끌기였는지 모르겠으나, 그리고 후자라면 오히려 더 문제라고 생각하고—, 프로농구계에 같은 대학교 선후배이면서도 서로 거친 욕과 경기 중에 서로 팔꿈치로 치고받는 등 대놓고 싸움을 벌이는 두 선수가 유명해진 일이 있었다. 나는 왜 저렇게까지 해야 하나 싶은 마음에 농구에 대해 오만 정이 다 떨어져버렸다.

재미있게도 130년쯤 전 미국에 살던 어떤 사람도 나와 똑같은 생각을 하고 있었다. 젊은이들에게 '건강한 몸과 마음, 정신'을 심는 것을 통해 기독교 정신을 깃들게 하자는 목표를 가지고 있던 비영리민간단체인 YMCA는 각종 스포츠를 보급해서 청년들을 끌어모으고 있었다. 특히 신대륙인 미국에서 YMCA의 스포츠 활동에 열광하는 젊은이들이 많았다.

그렇게 보급된 여러 스포츠 가운데서도 1800년대 후반에 보급된 농구는 공중에 걸린 바구니에 공을 집어넣는다는 단순하지만 여러 가지 변수가 등장할 수 있는 재밌는 경기로 인기를 모으고 있었다. (전 세계적으로 히트한 소설 『해리 포터』에 등장하는 '퀴디치'라는 스포츠도 빗자루를 타고 하늘을 누빈다는 설정만 빼면 공을 림 안에 넣는 것이 기본 룰이라는 점에서 농구와 유사하다. 아니, 사람이 하늘로 떠오른다는 점 역시 근본적으로는 그리 다르지 않아 보이기도…….)

하지만 1895년 매사추세츠주 홀리요크의 YMCA 신체활동 지도를 맡고 있던 윌리엄 모건(William G. Morgan) 씨는 필연적으로 몸싸움을 가져오는 농구라는 경기가 영 탐탁지 않았다. 혈기 왕성한 젊은이들이 모여 몸싸움을 하다보면 경기 양상이 격렬해지고 감정이 충돌할 수밖에 없는데 그래서야 YMCA가 궁극적으로 추구하는 건강한 신앙과 협력 정신 대신 감정적 앙금만 남지 않겠는가.

겨울이 되어 모두 실내로 들어온 청년들이 더더욱 농구에만 열중하는 것을 본 모건 씨는 뭔가 다른 방법이 없을까 고민하다가 체육관 구석에서 다른 젊은이들이 배드민턴을 하는 것을 발견했다. 아, 저렇게 네트로 선수들을 갈라놓으면 부딪칠 일이 없겠구나. 그는 네트로 갈라놓은 코트에서 셔틀콕 대신 공을 주고받는 경기를 생각해낸다. 배구의 시작이었다.

그렇다, 이 글은 농구가 아니라 '배구'에 관한 이야기다.

## 날아다니는 공

모건 씨의 생각은 그저 좀 덜 싸우는 공놀이를 만들어내겠다는 것 정도여서 처음엔 다른 운동을 하는 사이사이에 시간 때우기로 사용되었다. 어차피 배드민턴 네트가 쳐져 있는 곳에 공만 가져가서 하면 되니 어려울 것도 없었다.

그런데 청년들과 경기를 거듭할수록 이 새로운 놀이의 장점이 눈에 들어오기 시작했다. 일단 앞서 언급한 신체 접촉 없이 하하호호 아름다운 분위기에서 할 수 있는 스포츠인 데다(당시엔 요즘 배구 중계 캐스터들이 앞다투어 표현의 인플레이션을 벌이고 있는 '코트를 쪼개는', '바닥에 못을 박는', '상대 진영을 초토화시키는' 스파이크 같은 플레이는 없었다. 단지 상대편 코트로 공을 무사히 넘겨주는 게 전부였다.) 실내 스포츠이니 날씨에 구애받을 일도 없었다. 게다가 격렬함이 덜하다보니 웬만한 스포츠에 접근이 어렵던 여자 회원들, 특히 나이 든 회원들도 쉽게 참여할 수 있었다.

이게 전부가 아니었다. 상황에 따라 난이도를 쉽게 조정할 수 있다는 점도 큰 장점이었다. 공을 네트 너머로 넘기는 게 버거운 사람들을 위해서는 네트의 높이를 낮추면 그만이었고* 그래도 어려우면 코트에 들어가는 사람의 수를 늘리는 것으로 손쉽게 해결할 수 있었다.** 특히 가능한 한 많은 사람들을 스포츠 활동에 참여시키려는 YMCA의 의도에 딱 들어맞는 운동이 아닌가.

게다가 가장 좋은 점은 시설이 무척 간단하다는 점이다. '공

---

* 현재 우리나라의 경우 초등부는 남녀 모두 2m, 중학생은 남자 2.3m, 여자 2.15m, 고등학생은 남자 2.4m, 여자 2.2m, 일반부 6인제는 남자 2.43m, 여자 2.24m로 연령, 성별 등에 따라 각기 다른 높이의 네트를 사용하고 있다.

** 초기 배구 경기에서는 한 코트에 열 명이 넘는 사람이 들어간 적도 있었다. 현재도 각기 경기의 상황이나 난이도에 따라 비치발리볼은 2명, 스노우발리볼은 3명, 공식경기는 6명, 사회인 배구는 9명으로 탄력적으로 운영하고 있다.

하나만 있으면 가능'이라고 해서 전 세계적으로 가장 큰 인기를 얻고 있는 축구 경기도 가만히 생각해보면 상당히 넓은 평지가 있어야 하고 제대로 된 골대를 만드는 것도, 보관과 운반을 하는 것도 쉽지 않다.

농구 경기 역시 '골대 하나만 있으면'이라고 하지만 실제로 농구 골대를 만들어보면(그렇다, 글을 쓰고 있는 이는 농구에 미친 나머지 조그만 마당에서도 슛 연습을 하려고 철사를 사다가 수없이 만들어봤다.) 무거운 농구공이 빠른 속도로 날아와 부딪쳐도 변형되지 않을 수준의 림을 만드는 것도, 그것을 기둥에 세우는 것도, 그 기둥과 직각을 유지하도록 하는 것도 결코 쉬운 일이 아니다. 림 뒤에 있어야 하는 백보드까지 생각하면 농구 골대를 제대로, 심지어 필요 없을 때 이동시킬 수 있도록 만드는 일은 보통 작업이 아니다. 학교 운동장의 이동식 농구 골대가 엄청난 덩치의 물건이 된 것도 당연한 일이다.

이에 비해 배구는 좌우에 세울 적당한 높이의 기둥과 네트만 있으면 되는데 심지어 네트에 딱히 힘이 가해질 일도 없었다. 그러니 기둥도 단지 제 몸만 잘 버티고 서 있으면 되고, 네트 역시 그냥 줄 하나로 대체해도 크게 지장이 없었다. 당연히 경기가 끝나면 뽑아다 둘둘 말아 보관하면 그만이었고.

게다가 룰이 얼마나 간단한가. 배구 경기의 핵심은 공이 바닥에 떨어지면 안 된다, 세 번 안에 상대편 코트로 공을 넘기면 된다 정도다. 농구의 경우 초심자가 가장 당황하는 것은 몇 걸음 걸을 때마다 공을 튕겨야 하는가, 언제 두 손으로 공을 잡으면 안 되는가, 언제 점프하면 반칙이 되는가 등등 몸놀림 자체에 가해지는 제약이 많다는 것이다.

당장이라도 중·고등학교 농구장에 가서 애들이 경기하는 모습을 30분만 지켜보고 있으면 "야, 그거 더블이야", "어, 워킹 워킹!", "너 발 끌었잖아. 세 발, 세 발!" 등등의 도대체 무슨 의미인지 모를 고함을 지르면서 다투는 모습을 볼 수 있을 것이다. 룰대로 경기가 이루어진다는 사실 자체가 신기함의 영역에 속하는 야구의 복잡함은 더 말할 것도 없고. 그러니 '체육을 통한 선교'라는 차원에서 새로운 사람들을 스포츠에 끌어들이는 데도 규칙이 쉽고 간단한 배구는 아주 매력적인 선택이었다(여기에는 복선이 있다. 이 책의 뒷부분에서 로테이션 시스템의 설명을 들으면서도 배구 규칙이 쉽다는 말을 할 수 있을까? 후후…….)

예상을 뛰어넘는 큰 호응에 뿌듯해진 모건 씨는 이 새로운 스포츠에 역사에 남을 명칭을 부여해야겠다고 마음먹는다. 그렇게 해서 만들어진 명칭이 바로……. '민토네트'(Mintonette)였다.

# 응? 뭐라고요?

# 민토네트…….

# 다시 한번 말해봐요.

# 민토…….

# 진심으로?

그렇다. 한 사람에게 너무 많은 것을 기대하는 것은 우리의 판타지일 뿐인 것을……. 모건 씨는 그 성실한 인품이 그대로 묻어나는—너~어무 묻어나는—, '배드민턴 경기장의 네트를 빌려서 하는 게임'이라는 뜻에서 '민턴+네트=민토네트'라는 명칭을 붙인 것이다. 만약 이 명칭이 그대로 사용되었더라면 독창성도 힘도 느껴지지 않는 명칭에 실망해서 전 세계 배구 팬이 현재보다 다섯 명쯤 줄었을 수도 있다. 하지만 다행히 당시에도 이 매가리 없는 명칭 대신 다른 이름이 각광을 받는 바람에 다섯 명의 팬은 구원을 받을 수 있었다.

YMCA의 체육관에서 이 새로운 경기를 하는 것을 구경하러 온 관중들의 눈에 가장 신기하게 보인 부분, 그러니까 기존의 스포츠와 달라 보이는 부분은 공이 바닥에 떨어지지 않고 공중에 계속 떠다닌다는 점이었다. 요즘 우리가 공을 발로만 차서 네트 너머로 넘기는 세팍타크로 경기를 보면서 느끼는 신기함과 비슷하지 않았을까? 만약 우리나라에서 이 경기를 본 사람들 중 유식함을 자랑하려는 이가 있었다면 틀림없이 한자를 섞어서 이렇게 말했을 것 같다.

> 허어……. 저것은 공이 하늘을 한없이 둥둥 떠다니는 것이 언필칭 '비구'(飛球)라 하지 않을 수 없구료.

동양권에서 한자와 같은 역할을 하는 서양권 식자층의 언어가 라틴어, 그리고 서구 문화의 꽃으로 여겨졌던 프랑스어인지라 YMCA의 경기를 보러온 사람은 '날다'라는 뜻의 라틴어 'volare'에서 파생된 프랑스어 'volee'를 붙인 '날아다니는 공'(Volley Ball)이라는 명칭을 제안했다. 모건 씨에게는 안된 일이지만 배구가 탄생한 이듬해인 1896년에 열린 공식 경기에서부터 곧바로 'Volley Ball'이 공식 명칭으로 자리 잡았다.

위에 쓴 농담 때문에 혹시 오해가 있을까봐 덧붙이자면 우리나라를 비롯한 동북아 3개국에서 사용하는 '배구(排球)'라는 명칭에서 '배(排)'는 '밀어내다'라는 뜻이다. 즉, 글자 그대로 풀면 '공 밀어내기'인데 같은 경기를 바라보는 동서양의 시각 차이를 보여주는 것 같아 재밌는 부분이다.

서양인들의 입장에서는 공이 날아다니는 '과정'이 신기하고 재밌어 보였는데 동양인들은 그 공이 떨어지는 곳에 있는 사람이 공을 밀어서 다른 사람, 다른 코트로 넘기는 '결과'에 관심을 가진 것일까? 동양의 근대화 과정에서 대부분의 문물을 수입하고 번역하는 작업을 했던 일본에서 이 명칭 또한 만들어졌을 것이라고 예상해본다면 "제 책임이……. 아니란! 말입니다", "그럼 그렇다고 그게……. 내! 책임이란 말이냐?", "제발 이리 오지 말고 저리! 가세요" 하고 공을 무한히 밀어내는 장면이 연상되면서 '아, 그럴 수도' 하고 갑자기 납득이 되기도 하고.

하지만 '공이 날아다닌다'라는 특징은 위에 쓴 썰렁한 농담, 그리고 배구의 명칭 그 자체보다 훨씬 중요한 특성을 배구 경기에 부여하게 되는데…….

## 배구, 스포츠의 탄생

'공이 날아다닌다'라는 말은 무슨 뜻일까? 이거 국어 독해 테스트인가요? 그게 아니고 한번 잘 생각해보자. 공을 사용하는 온갖 운동들은 기본적으로 공을 튕기든 차든 굴리든 어느 정도는 공중을 떠다니는 것이 당연하지 않은가? 무거운 공을 바닥에 굴리는 것이 핵심인 볼링 정도를 제외하고는 농구든 축구든 야구든 골프든 공이 날아다니기는 매한가지인 것 같은데 왜 유독 배구만

'날아다니는 공'이라는 명칭이 붙게 되었을까?

배구에서 기본적인 룰은 공이 바닥에 떨어지면 안 된다는 것이다. 배구에서 네트를 내린 형태로 변형된 족구가 결정적으로 배구와 다른 부분이 바로 공이 바닥에 튀는 것을 허용한다는 점이다. 하지만 공이 바닥에 닿는 것을 가능하면 피하는 스포츠도 있다. 예를 들어 럭비나 미식축구의 경우 패스는 기본적으로 공중에서 이루어진다.

이런 스포츠들과 배구가 결정적으로 다른 점은 배구는 공이 바닥에 닿는 순간 모든 플레이가 끝난다는 점, 그리고 플레이 중에는 공을 붙잡지 못하도록 되어 있다는 것이다. 손으로 공을 잡을 수 없으니 남는 건 공을 쳐내는 방법밖에 없다. '공 쳐내기, 공 밀어내기'라는 뜻을 가진 '배구'의 한자는 이렇게 따지고 보면 배구의 본질을 잘 꿰뚫은 작명이라고 할 수 있다.

그래서 배구에서는 공을 잡을 경우 '캐치볼(catch ball) 반칙'이 선언된다. 문제는 어디까지가 '잡는' 것이고 어디서부터가 '치는' 것인지 어떻게 구분할 것인가 하는 문제다. 공이 손에서 0.03초간 머무르면 괜찮고 0.05초간 머무르면 반칙인가? 공이 여기저기 정신없이 날아다니는 경기 중에 심판이 그 시간을 어떻게 재고 어떻게 증명할 수 있을까? 그래서 캐치볼 반칙은 비디오 판독의 대상이 되지 않고 전적으로 심판의 재량에 맡겨져 있다 보니 선수들이 억울해하는 경우도 많다.

통상 팔뚝으로 공을 받는 언더토스의 경우는 애초에 캐치볼 반칙 선언이 안 나오지만 두 손을 펴서 손가락의 반동으로 공을 올리는 오버토스의 경우 공이 손에서 좀 오래 머무른다는 '느낌적 느낌'이 오면 홀딩 반칙이 선언된다. 그래서 오버토스를 할때 선수들이 의식적으로 재빨리 공을 밀어내려고 하다 보니 두 손 사이로 공이 빠져버리는 어이없는 장면이 프로리그에서도 종종 나온다.

배구에서 공이 날아다니는 또 다른 이유는 한 사람이 연달아 두 번 공을 칠 수 없게끔 되어있다는 점이다. 혼자서 공을 두 번 다룰 수 없으니 내가 받는 공은 반드시 다음번에 누구에게든 연결되어야 한다. 다시 말하지만 날아오는 공을 '단 한 번!' 만에 다른 사람에게 연결시켜 주어야 하고, 다른 선수가 그걸 잘 받아서 또 다른 사람에게 연결시켜야만 '게임'이 되는 것이다. 바로 이 특징이 배구의 결정적인 특징인 '시스템화된 팀 스포츠'라는 성격의 시작 지점이 된다.

그런데 '연달아 두 번 치면 안 된다'는 '더블 컨택(double contact)' 반칙 역시 실제 경기에서는 골치 아픈 문제가 된다. 손으로 공을 두 번 튕기거나 손에 맞은 공이 몸에 또 맞는 경우 등은 쉽게 구분할 수 있다. 문제는 선수들에게 손이 두 개, 그 손마다 손가락이 다섯 개씩 있다는 점이다. 앞서 말한 것처럼 두 팔을 모아 팔목을 하나의 점으로 만들어서 받는 언더토스는 별문제가 없지만 이번에도 역시 오버토스가 문제. 룰을 곧이곧대로 해석하자면 열 개의 손가락이 모두 '동시에!' 공에 닿았다가 '동시에!' 떨어져야 하는데 자세히, 아~주 자세히 들여다본다면 반드시 어느 레벨에서는 공에 약간이라도 먼저 닿는 손가락과 나중에 닿는 손가락에 있을 수밖에 없지 않겠나?

이 역시 매우 미묘한 문제라서 심판의 재량에 맡겨져 있는데 일반인들의 눈에는 슬로우비디오로 봐도 잘 구분이 안 되는 문제지만 프로 경기에서 심판이 더블 컨택을 선언하면 대개 선수들이 수긍하는 것으로 보아 전문가들만이 알 수 있는 미묘한 감각의 지점이 있는 듯하다(어차피 심판 재량이라 항의가 안 받아들여진다는 점도 작용하겠지만…….).

이렇게 공을 날아다니게 만들기도 쉽지 않은 일이지만 배구가 단순히 여러 사람이 모여서 공을 주고받기에 그치지 않고 '스포츠'로 격상되는 데 결정적인 역할을 한 것이 '네트'의 존재다.

우리 편으로 넘어온 공은 세 번 안에 상대편 코트로 다시 넘어가야 하는데, 중간에 꽤 높은 네트가 존재하기 때문에 마지막으로 치는 공은 반드시 네트보다 높아야 한다. 게다가 이 경기의 목적은 결국 상대편 역시 세 번 안에 우리 편으로 공을 돌려보내지 못하도록 하는 것이기 때문에 상대편이 최대한 '받기 어려운 방식'으로 보내는 것이 곧 '공격'이 된 것이다. 그렇듯 네트를 넘어서 '공격'을 하려니 점프와 스파이크 등 여러 가지 기술들이 발전하게 된 것이다.

자, 이 지점에서 '인원수의 마법'이 발휘된다. 상대방이 공을 대충 넘길 때 쉽게 받아넘길 수 있는 수준의 인원이 코트를 채우고 있지 않다면 어떻게든 공을 넘기기만 해도 이길 수 있을 것이다. 그러면 딱히 작전이나 대단한 기량이 필요하지 않아 경기 자체가 너무 싱겁게 된다. 2인 경기인 비치발리볼의 경우 공을 일단 넘기기만 하면 포인트가 나서 긴장감이 떨어지는 측면이 있는데, 모래사장에서 하는 경기라서 랠리 자체가 너무 길어지면 체력 소모가 크기 때문에 인원이 조정된 결과로 볼 수 있다.

반대의 경우도 있다. 한 코트에 너무 많은 인원이 들어가 있을 경우 어디로 공격해도 쉽게 받아 올리거나 딱히 선수들이 다이내믹하게 움직일 필요도, 공간도 나오지 않게 될 가능성도 있다. 그래서 한때 한 코트에 16명까지 들어가는 16인제 경기도 있었으나 현재 공식 경기의 인원수는 6인, 사회인 배구는 9인으로 정해져 있다.

즉, 이 여섯 명이라는 숫자는 공을 그냥 넘겨주면 얼마든지 받아낼 수 있는, 하지만 세게 혹은 구석구석 빠르게 공을 보내면 받기 힘든 미묘한 균형점이다. 상대편이 이 균형점을 돌파하려면, 그것도 세 번 공중에 공을 튕기는 한계 내에서 돌파하려면 반드시 팀원들과 약속된 작전, 협력적인 움직임이 필요해지게 된다. 선수 개인의 기량과 팀 훈련, 상황에 따른 작전과 온갖 변수들이 개입하는 시스템화된 스포츠로서 '배구'가 드디어 탄생하게 되는 것이다.

## 배구의 한계

하지만 바로 이 '시스템화된 스포츠'라는 점이 배구의 결정적인 한계가 되기도 한다. 다시 시계를 돌려 내가 중학생 까까머리였던 시절로 가보자. 내가 언제나 옆구리에 배구공 대신 농구공을 끼고 있었던 이유가 뭘까?

아주 간단하게도 배구는 '하는 것이 불가능했'기 때문이다. 사실 체육 수업 시간에 단골로 보던 실기 시험 종목이 언더토스와 오버토스였기 때문에 배구공을 만져볼 일은 많았다. 심지어 토스만큼은 꽤 잘하는 편이기도 했다. 언더토스 30개를 해야 만점을 받을 수 있었던 실기 시험에서 60개를 넘겼더니 그만하라고 선생님이 말렸을 정도니까.

하지만 '게임'으로서 배구를 하는 건 완전히 다른 문제였다. 배구를 하기 위해서는 의외로 많은 조건들이 필요하다. 기본적으로 실내체육관을 구하는 건 언감생심이라 운동장으로 나오는 것까지는 감수한다 해도 양쪽 코트가 나올 수 있는 평지와 그 가운데를 가로지르는 네트가 있어야 하는데 축구장이 한가운데를 차지하고 있는 학교 운동장의 구조에서 그런 넓은 평지 공간을 뽑아내기는 쉽지 않다(실제로는 공이 튀어 나갈 것을 고려해서 코트 바깥쪽 공간도 필요하기 때문에 배구에 요구되는 공간은 상당히 넓다). 게다가 거기에 네트가 쳐져 있을 경우 애들이 매달리든 찢든 조만간 결딴나는 것이 당연했다. 그럼 어디선가 네트를 구해 와서 달고 다시 철거해서 반납하기를 반복해야 하는데 그 작업의 번거로움은 차치하고 애초에 네트를 쉽게 구할 곳도 없었다.

사실 배구가 탄생하던 초기에 주목을 받은 이유 중 하나가 '장비가 없어도 된다'라는 점이었다는 것을 생각해보면 장비를 구하기가 어려워서 배구를 할 수 없다는 것은 아이러니한 일이기도 하다. 네트를 이용한 대중 스포츠 가운데 가장 오래되고 널리 인기를 얻은 건 테니스였다. 이 테니스에서 힌트를 얻어 이를 테이블 위에 얹은 테이블 테니스, 즉 '탁구'가 인기를 누렸고, 더 나아가 네트를 위로 들어 올리고 공을 공중을 향해 치는 형태를 택한 배드민턴도 대중적으로 널리 전파되었다.

그런데 이 종목들, 특히 테니스와 배드민턴의 경우 공을 치기 위한 도구인 '라켓'을 구하는 것이 큰일이었다. 지금이야 탄소 튜브를 사용한 테니스 라켓, 가벼운 알루미늄 합금을 사용한 배드민턴 라켓을 동네 운동구점에서 쉽게 구입할 수 있지만, 당시엔 나무로 테를 만들어 동물의 내장이나 힘줄로 거트(gut)를 만들어야 했으니 아무나 구할 수 없는 비싼 물건이고 유지 보수에 드는 노력도 만만치 않았던 것이다.

그러니 당시 사람들의 입장에서 네트만 있으면 맨손으로 할 수 있는 배구가 가히 혁명적으로 보였던 것도 당연했다. 하지만 지금에 와서는 공간을 적게 차지해서 동네마다 빌딩 한구석에서 쉽게 찾을 수 있는 탁구장이나 네트 없이도 놀이터에서 셔틀콕을 주고받을 수 있는 배드민턴과 달리 오히려 배구가 꽤 넓은 장소와 번거로운 장비를 필요로 하는 스포츠가 되어버린 것이다.

농구는 이 모든 측면에서 배구를 압도한다. 일단 농구 골대는 쉽게 부서지지 않는 내구성을 가지고 있기 때문에 운동장에 그냥 내놓아도 별문제가 없고(림에 붙어있는 네트는 배구 네트처럼 쉽게 망가지지만, 네트가 없어도 경기를 하는 데 전혀 문제가 없다), 배구와 달리 양쪽 코트가 다 확보되지 않아도 골대 하나만 가지고도 이른바 '반코트 경기'가 가능하다.

더 큰 장점은 경기를 위한 사람 수의 조건이 대단히 유연하다는 점이다. 농구도 정식 경기를 위해서는 5 대 5, 총 10명이 필요하지만, 사람이 적으면 적은 대로 4 대 4, 3 대 3 등 얼마든지 인원수의 조정이 가능하다. 이런 장점들을 합쳐서 공간이 부족한 도심에서, 고층빌딩의 벽에 골대를 붙여놓는 것만으로 최소 수준인 반코트를 확보하고, 비교적 쉽게 모을 수 있는 인원인 3 대 3을 기본으로 해서 '길거리 농구'가 자리를 잡기도 했다. 농구는 진정으로 '도시'에 어울리는 스포츠로 변신한 것이다.

더 나아가 농구를 하려는 이는 혼자서도 얼마든지 놀 수 있다. 혼자 배구공을 들고 운동장에 나선다면 무엇을 할 수 있을까? 토스 연습이나 벽에다 공치기 정도가 고작일 것이다. 그에 반해 농구는 혼자서도 드리블 연습, 드라이브인 연습, 슈팅 연습 등 다양한 놀이를 할 수 있다. 그렇게 혼자 놀다가 지나가던 친구가 한 명 붙으면 1 대 1로, 둘이나 셋이 붙으면 더 규모가 큰 경기로 얼마든지 변형시킬 수 있다. 그러니 구경하는 스포츠가 아닌 '직접 하는 스포츠'로 농구의 장점을 배구가 따라갈 수 없었던 것은 당연한 일이다.

하지만 기본적인 여건이 만들어진다면 배구 역시 농구가 따라올 수 없는 장점이 있다. 농구와 같은 격렬한 스포츠를 하기 힘든 나이의 사람들이 서로 협력하는 플레이를 통해 재미를 느낄 수 있는 운동이기 때문이다. 그래서 일반인들이 즐기는 생활 스포츠로서 배구는 경기장과 네트, 일정 수 이상의 사람이라는 조건을 가장 쉽게 충족시킬 수 있는 학교 강당에서 교사들에 의해 이루어지는 경우가 많다.

농담 삼아 배구를 잘하는 교사는 원하는 학교로 전근을 가는 것이 훨씬 쉽다는 말이 있을 정도로 교사 사회에서 배구의 저변은 꽤 넓게 자리 잡은 듯하다. 배구가 경쟁보다는 협력을 우선시하는 스포츠라는 성격도 교사 사회와 잘 어울리지 않았을까 싶다. 다만 이런 여건들을 여전히 갖추기 힘든 청소년과 일반인들이 접근하기 힘든 스포츠라는 점은 '하는 스포츠'로서 배구에 근본적인 한계로 작용할 것 같다.

2장

# 배구공 이야기

## 배구공의 역사

앞서 배구의 역사를 이야기하면서 초기의 배구가 농구의 대체재로 등장했다고 언급했다. 배구의 아버지인 모건이 새로운 스포츠인 배구에 처음 사용한 공 역시 농구공이었다. 그런데 이 얘기를 하면 두 손으로 던지기에도 무거운 농구공을 때리고 받았다니 손과 손목이 남아났을까 끔찍해하는 분들이 있다. 그런 분들을 위해 일러스트 한 장을 준비했다.

이 일러스트는 배구가 아니라 농구의 창시자인 제임스 네이스미스(James Naismith)의 모습이다. 그의 좌우에 놓인 바구니가 초기에 쓰였던 농구 골대다. 참고로 한자로 '농구(籠球)'의 '농(籠)'은 대나무로 만든 바구니라는 뜻이다. 영어의 '바스켓'(basket)을 그대로 번역한 용어라고 할 수 있다.

여기서 네이스미스가 들고 있는 공이 초기에 쓰였던 농구공이다. 어라, 이거 배구공 아냐? 라는 생각이 드실 것이다. 실은 이 공은 배구공도 농구공도 아니고 '축구공'이었다. 농구 역시 1891년에 와서야 네이스미스에 의해 '발명'된 새로운 스포츠였기 때문에 마땅한 공이 없었고, 그래서 오랜 역사를 통해 가죽공의 형태와 제조법을 발전시켜온 축구공을 대신 썼다.

사실 맨 처음 배구공으로 쓰였던 것은 동물의 방광으로 만든, 요즘으로 말하자면 '탱탱볼'이었다. 그런데 탱탱볼 혹은 고무풍선을 공중에 띄우고 놀아본 분들은 알 것이다. 이 공들은 너무 가벼워서 느린 데다가 공기의 저항을 심하게 받아서 어지간히 때려도 앞으로 잘 나가지도 않는다. 그래서 금세 포기하고 같은 YMCA 체육관에 4년 정도 앞서 보급되어 여기저기 흔히 굴러다니던 농구공, 즉 농구를 하는 사람들이 사용하던 축구공을 사용하기로 한 것이다.

그런데 정작 농구를 하는 사람들 입장에서는 축구공이 너무 작고 가벼웠다. 아마 학교 운동장에서 축구공으로 농구를 해본 사람들은 잘 알겠지만 공이 작으면 손에 잘 잡히지도 않고 멀리서 던지는 것이 더 힘들어진다. 더 중요한 것은 당시 농구는 드리블을 하지 않고 공을 들고 뛰어가서 바구니에 던져넣는 경기였기 때문에 공을 꼭 안을 수 있도록 그립감이 있어야 하는데, 축구공은 손과 팔로 안기에 불편했다.

그래서 네이스미스는 1940년경 농구공의 모양을 바꾼다. 새롭게 만들어진 농구공은 손으로 잡는 공의 대명사인 럭비공의 구조를 그대로 가져오되 바구니에 던져넣기 좋게 동그랗게 부풀린 모양이었으므로 공의 한가운데엔 가죽 스티치도 있었다.

같은 축구공에서 배구공은 반대 방향으로 진화했다. 배구를 만든 모건은 손으로 때리고 받기에 축구공은 좀 크고 무겁다고 생각했다. 그는 크기를 줄이고 좀 더 가볍게 바꾼 형태를 원했고, 당시 야구공 및 농구공 메이커로 성장하고 있던 회사 스팔딩(Spalding)에 제조를 의뢰했다. 하지만 농구와 달리 배구는 공을 껴안을 필요가 없었고, 발 대신 손으로 공을 때린다는 점에서 이미 발전된 형태인 축구공의 형태를 그대로 유지했다. 재밌는 것은 정작 원조라고 할 수 있는 축구공은 꾸준히 형태를 바꾸어서 완전히 다른 형태가 되어버렸기 때문에 정작 원조 축구공의 모습은 배구공에 남아있게 되었다는 점이다.

## 배구공과 농구공의 역사

18개의 가죽 조각으로 이루어진 배구공의 모습.
당시 축구공의 형태를 그대로 유지했다.

1940년대에 변화된 농구공의 모습.
럭비공의 구조를 차용했다.

오늘날 농구공의 모습.
원조 축구공과는 완전히 다르게 진화했다.

이 모양이 배구를 하는 사람들에게는 어지간히 만족스러운 형태였던지 18개의 가죽 조각으로 만들어지는 배구공의 기본 형태는 2008년까지 약 100년 넘게 유지된다. 하지만 이 모양에도 문제가 없는 것은 아니었다.

배구공—그러니까 축구공—이 처음 만들어지던 당시에는 뻣뻣한 가죽을 이어 붙이면서도 최대한 동그란 모양을 만들려니 어쩔 수 없이 많은 조각(패널)들을 이어 붙이는 방식을 쓸 수밖에 없었다. 이렇게 되면 조각과 조각 사이에 골짜기처럼 빈 공간이 생기기 때문에 손으로 공을 때리는 순간 접촉 면적이 이음매 없는 한 조각일 때보다 줄어들게 되고, 이음매 때문에 공이 뒤틀려서 때린 공의 코스가 부정확해지는 문제가 있었다. 또한 각각의 조각 표면은 매끄럽기 때문에 앞서 방광으로 만든 공과 마찬가지로 공기의 저항을 받아 코스가 제멋대로 휘어 강한 공격 시 공격과 수비 모두 부정확해지는 문제가 늘 있었다.

2008년 베이징 올림픽을 계기로 국제배구연맹(FIVB)은 패널을 8개로 대폭 줄이고, 패널 표면에 골프공처럼 올록볼록한 딤플(dimple)을 넣어 정확도를 높인 새로운 공인구를 도입했다. 이 공인구를 만드는 곳이 일본의 스포츠용품 회사인 '미카사(Mikasa)'이기 때문에 '미카사볼'이라고 불리기도 한다. 현재 우리나라 V리그에서 쓰는 공은 국내 업체인 '스타(Star)'에서 제조한 것이기 때문에 국제대회를 즈음해서 '선수들의 미카사볼에 대한 적응 문제' 같은 배구 기사들이 종종 나오곤 한다.*

## 야구공은 주는데 배구공은 왜 안 주나요?

여기서 한 가지 사소해 보이지만, 그리고 배구에만 국한된 일은 아니지만 스포츠의 본질과 관련해서 깊이 생각해볼 만한 문제가 있다. 야구만큼 흔한 일은 아니어도, 배구에서도 강력한 스파이크가 수비수의 손을 맞고 관중석으로 날아가는 일이 있다. 이때 관중석에서는 공을 코트 주변에 대기하고 있는 진행 요원들에게 넘겨주는 것이 일반적이다. 그런데 달리 생각해보면 야구 경기에서는 관중석으로 넘어간 공의 경우 공은 잡은 관중이 그냥 가지도록 되어 있는데 왜 배구공은 돌려줘야 하나 의문이 들 수도 있다.

일단 생각할 수 있는 이유는 공의 가격 문제다. 야구공의 경우, 프로야구 경기에 사용하는 공은 개당 6천 원 내외라고 한다. 게다가 배트에 강하게 맞은 공의 경우 공의 모양이 뒤틀려 재사용이

---

★ 정고은, 「스타가 아니다? 월드리그에 '스타'가 없는 이유는?」, 《더 스파이크》 2016. 6. 29.
조영준, 「국내와 다른 공인구, 한국 '리시브 난조'에 영향?」, 《스포TV News》 2018. 6. 2.

어려울 때가 많아 어차피 소모품에 가깝게 취급하는 측면도 있다.

이에 비해 축구공은 가격이 대단히 비싸서 프로리그에서 사용하는 공인구의 경우 개당 20만 원 정도라고 하니 관중석으로 날아간 공을 당연히 되돌려받아 써야 할 것이다. 배구공은 그 중간 정도 가격대인 6-10만 원 선이다. 역시 관중석으로 넘어갔다고 해서 턱턱 선심 쓰기엔 부담스러운 액수다. 게다가 축구나 배구의 경우 세게 차거나 때린다고 해서 공에 변형이 오는 구조는 아니기 때문에 얼마든지 재사용이 가능하다.

하지만 다시 생각해보면 야구공은 가격이 싼 대신 한 경기당 많은 양이 소모된다. 평균적으로 한 경기에 100개에서 많으면 200개까지 공이 소모된다고 하니, 단순 계산으로도 100만 원 가까운 비용이다. 그리고 가격과 비용을 떠나 원칙적으로 이 공은 구단의 소유물이기 때문에 공을 회수할 수 없는 경기장 바깥도 아닌 관중석에 떨어진 공에 대해 '잡은 사람'이 소유권을 갖게 된다는 것은 논리적으로 이해가 되지 않는 부분이다.

이와 관련해서는 약 100년 전 미국에서 벌어졌던 사건이 영향을 줬다. 당시 완전히 수작업으로 만들었던 야구공은 꽤 비싼 물건이었다. 그래서 관중석으로 날아온 공은 경기장 안으로 던져주는 것이 당연한 관람객들의 매너였다. 하지만 경기장이 커져서 관객들도 '군중'에 묻힐 만큼 늘어나게 되자 공을 잡은 사람들 가운데 돌려주는 사람도 많지만 돌려주지 않고 기념품으로 간직하려는 사람들도 늘어났다.

당연히 구단주들은 자신의 재산을 손해 보고 싶지 않았기 때문에 1904년부터 규칙을 신설해서 공을 돌려주는 것을 강제하고 이를 위해 경기장 내에 '공 회수 요원'들을 배치했다. 공 회수를 두고 여기저기서 실랑이가 벌어지자 팬들은 불만을 갖기 시작했고, 이에 시카고 컵스 구단주는 그깟 공 얼마나 한다고 그러냐며 컵스 구장에서는 공을 가져도 좋다고 선언하기도 했다. 그렇지만 나머지 구단들은 요지부동이었다.

그러던 중 1922년에 역사(?)를 바꾼 사건이 발생했다. 11세 소년이었던 로버트 코터(Robert Cotter)가 필라델피아 필리스 경기장에서 자신의 의자 근처에 떨어진 파울볼을 주워서 기쁨에 넘쳐 경기장 밖으로 달아나려다 붙잡힌 것이다. 게다가 알고 보니 이 소년은 티켓도 사지 않고 개구멍으로 들어왔던 터라서 필리스 구단에서는 본보기를 보이겠다는 심산으로 이 소년을 절도죄로 경찰에 넘겨버린다. 일이 꼬이려니 상황은 여기서 그치지 않았다. 코터의 어머니가 소식을 듣고 깜짝 놀라 보석금을 내려고 달려왔지만 법원 유치장 직원들이 퇴근해버린 뒤라서 코터는 그만 유치장에서 하룻밤을 보내게 된 것이다.

이 사건은 야구팬들을 폭발시켰다. 아니, 열한 살짜리 꼬마가 홈팀 경기가 보고 싶어서 갔다가 파울볼 하나를 챙겼기로서니 그게 이 아이를 범죄자로 몰아서 경찰서로, 검찰로 끌고 다니고 게다가 감옥에서 공포에 떨며 하룻밤을 보내게 할 일이냐? 야구의 낭만은 다 죽은 거냐? 정식 재판이 이루어질 때까지 언론과 술집 여론은 연일 필리스 구단을 난타했다. 그렇게 어렵게 열린 재판의 결과는 더욱 황당했다. 팬들 못지않게 분노한 담당 판사는 정식 판결문에 대놓고 '아니, 어렸을 땐 다 그런 거지 이게 재판까지 올 일이냐'고 분노하며 "나라도 그렇게 했겠다"(이 문장이 진짜 판결문 원문에 포함되어 있다)라고 무죄 판결을 내렸다.

필리스가 욕은 욕대로 먹고 본전도 못 찾는 과정을 보며 다른 구단주들도 '아, 이거 잘못하면 우리도 큰일 나겠는데…….'라고 움찔거리는 찰나, 사태에 쐐기를 박는 또 다른 사건이 발생했다. 1921년 뉴욕 자이언츠의 경기를 관람하던 루벤 버만(Reuben Berman)은 자신에게 날아온 파울볼을 잡았는데 '공 회수 요원'이 득달같이 달려와서 공을 내놓으라고 하자 괘씸하게 생각했는지 공을 다른 관중들 쪽으로 던져버렸다. 다른 관중들이 다 보는 앞에서 무시당한 관계자는 루벤을 구단 사무실로 끌고 가서 욕을 퍼붓고 체포할 수도 있다고 협박한 끝에 경기장 밖으로 내쫓았다.

하지만 루벤은 만만한 사람이 아니었다. 주식거래인으로 법적 지식과 재력도 가지고 있던 루벤은 절치부심한 끝에 몇 달 후 뉴욕 자이언츠 구단을 대상으로 모욕, 명예훼손, 불법감금 등의 혐의로 2만 달러의 손해배상을 요구하는 소송을 걸었다. 사태가 대단히 심각해진 것이다.

이 재판이 1년 넘게 걸렸고 그사이에 앞서 말한 코터의 사건이 벌어졌기 때문에 여론은 더욱 나빠졌다. 결국 이 재판에서도 루벤이 승소했다. 배상 액수는 처음 요구액보다는 훨씬 적은 100달러였지만, 이미 액수가 문제가 아닌 상황이었기 때문에 자이언츠 구단은 자세를 납작 낮춰서 관중들이 잡은 볼은 무조건 가져갈 수 있도록 구장 운영규칙을 바꾸고 여기에 '루벤의 규칙(Reuben's Rule)'이라는 이름까지 붙였다.

따라서 야구공을 관중에게 주는 것은 원칙이라기보다는 관행적 팬서비스에 가깝다. 실제로 일본 프로야구(NPB)의 경우 파울볼을 돌려받고 대신 기념품을 주고 있다고 한다. 결국 '공의 소유권이 누구에게 있는가'라는 원칙적인 문제보다 더욱 중요한 것은 '스포츠에서 관객과 구단의 관계를 어떻게 설정할 것인가'의 문제인 것이다.

야구의 경우 공이 너무 자주, 너무 멀리 날아가서 이것을 돌려받기 위해 강제적인 수단이 개입되는 것이 관객들에게 불쾌감을 주게 되었다는 점이 다른 스포츠와 근본적으로 다른 포인트였다. 그럼에도 관객과 구단의 관계에 대한 본질적인 고민은 배구와 야구, 모든 스포츠 종목을 가리지 않을 것이다. 가끔 스포츠가 단지 이기기만 하면 되는 것이라고 생각하는 이들을 보게 되는데 프로스포츠의 경우 근본적으로는 '엔터테인먼트'라는 점을 잊어선 안 된다. 배구를 좋아하는 이들 중 배구 선수들의 팬서비스와 스킨십이 다른 스포츠보다 더 많고 세심해서 좋다는 의견이 많다는 점은 이제 막 인기 상승 곡선을 타기 시작한 배구계에서 꼭 기억해둘 필요가 있다.

사족이지만 야구공과 거의 같은 크기에 야구 못지않게 관중석으로 공이 들어가는 일이 잦은, 게다가 가격은 훨씬 싸 보이는 테니스공은 관중석으로 들어간 공을 반드시 코트 안으로 돌려줘야 한다. 이는 테니스의 특성 때문인데, 테니스공은 기본적으로 두 개의 반구형 고무컵을 붙여서 만들기 때문에 경기 중 강하게 스트로크를 가하면 점점 공기압이 줄어들고 표면의 펠트천도 손상된다. 테니스 선수들이 서브를 넣기 전에 볼퍼슨(ball person)에게 공을 여러 개 받아서 상태를 확인한 후 공 두 개를 골라잡는 장면이 자주 나오는 이유가 여기에 있다.

그래서 정해진 세트가 지나면 모든 공을 교체하도록 되어 있는데 그사이에 헌 공과 새 공이 섞여서도 안 되고, 특정 선수에게 불리한 상황이 되지 않도록 정해진 개수의 공이 코트 안에서만 돌아다니며 사용되도록 하고 있다. 따라서 관중석으로 공이 넘어간 것을 그대로 두면 공이 모자라는 상황이 될 수 있으므로 공의 가격과 관계없이 반드시 돌려받는 것이다.

우리 프로배구의 경우에도 각 팀들이 경기 전 혹은 세트 사이의 휴식 시간을 이용해 관중들에게 공을 던져주는 이벤트를 팬서비스 차원에서 종종 한다. 하지만 경기감독관의 확인을 거친 공인구 5개만으로 그날 경기를 소화해야 하므로, 경기 도중에는 관중석에 날아간 공을 반드시 돌려받고 있다.

3장

# 경기장의 풍경

## 네트의 마법

자, 이제 본격적으로 배구의 경기장을 한번 둘러보도록 하자. 배구에 관한 책들은 배구를 '하는 법'에 관한 지도서인 경우가 많지만, 앞서 이야기했다시피 일반인들이 현실적으로 배구를 하기 힘든 여건상 이러한 책들은 다소 멀게 느껴지기 쉽다. 배구를 '보는 법'에 집중해서 배구가 얼마나 매력적인 스포츠인지 알면, 배구를 직접 즐기고자 하는 사람도 늘어나고 일반인들이 배구를 할 수 있는 시설과 여건들도 확충될 수 있지 않을까?

이런 관점에서, 이 책은 배구를 '보는 법'에 집중하기로 했다. 그래서 앞으로는 프로배구의 6인제 경기장에 맞추어 설명하려고 한다. 청소년 혹은 일반인들이 하는 9인제 배구의 경우 경기장 크기부터 바닥의 선, 네트 높이 등 여러 가지 부분들이 달라지는데

이는 각기 다른 상황에 맞추어 난이도를 조절하는 것으로 이해하면 된다.

배구 경기장에서 첫눈에 들어오는 것은 한가운데에 우뚝 솟아있는 네트다. 사실 '경기 시설'이라고 할 만한 것은 이것밖에 없으니 달리 눈이 갈 곳이 없기도 하다. 축구가 세계적으로 가장 많은 팬을 모으고 있는 이유 중 하나가 경기의 핵심을 직관적으로 이해하기 쉬워서라는 설명을 읽은 적이 있다. 양쪽 골대에 공을 몰고 가서 발로 차 넣는 게 목적이라는 것이 그냥 경기장만 봐도 금방 눈에 들어오기 때문이다. 야구를 처음 보는 사람들이 경기장을 보자마자 '아, 이게 뭔가요?' 하는 난감한 심정이 드는 것과 확실하게 대비가 되는 장점이다.

사실 야구를 많이 본 사람들 입장에서는 '아니, 그냥 공 딱 던지고, 배트로 딱 때리고, 후다닥 달리면 되는 건데 뭐가 어렵고 복잡하다는 거야?'라고 생각하실지 모르겠지만 그런 분들은 유튜브에서 바로 그 똑같은 방식으로 '던지고, 때리고, 달리'는 크리켓 경기를 한번 보시길 권한다. 당신이 '야알못'(야구를 알지 못하는) 친구를 데리고 야구장에 갔을 때 왜 3회도 되기 전에 집에 가면 안 되느냐고 묻는지 이해하실 수 있을 거다.

배구도 경기장이 직관적으로 이해되는 구조를 가졌다는 장점이 있다. 공중에서 세 번까지 공을 튀겨서 네트 너머 상대편 코트 안으로 공을 보내면 된다는 간단한 룰은 딱히 설명이 필요치 않을 정도다. 하지만 이 '간단함'은 네트 앞에 서는 순간 '막막함'으로 바뀐다. 네트의 높이는 남자 경기의 경우 2.43미터, 여자 경기의 경우 2.24미터다. 한국인의 신체치수를 체계적으로 수집해서 기록하고 있는 '한국인 인체치수 조사'(size korea)의 2015년 자료에 따르면, 25-29세 남자를 기준으로 평균 신장은 174cm, 어깨높이가 140cm, 한쪽 팔 길이가 60cm, 손 길이가 20cm 정도 된다. 즉, 양팔을 모두 들고 서 있으면 대략 2.2미터 정도의 높이가 된다는 뜻이다. '제자리높이뛰기'를 의미하는 '서전트 점프'의 경우 30-40cm가 일반인 평균 수준이니까 두 팔을 벌려서 한껏 뛰어오르면 네트 위로 손가락이 10센티미터 정도 올라오는 데 그친다.

배구공의 표준규격은 둘레가 65~67cm인데, 이는 공기가 들어가는 양에 따른 팽창을 고려한 유동적인 수치다. 그런데 표준이 둘레만을 규정하고 있어서 지름은 계산을 해야 한다. 배구공의 단면은 원이기 때문에 원주공식 '지름×π'를 사용해서 '2×r×3.14=65'로 식을 세워보면(문과의 비명. 아악…….) 지름이 20.7, 그러니까 대략 21cm가 나온다. 즉, 일반인들은 네트 위로 최대한 점프를 해도 배구공의 가운데를 때려서 직선으로 넘기는 게 불가능하다. TV 중계 화면을 볼 때는 선수들의 스파이크나 블로킹을 보면서 그걸 못 때리나, 그걸 못 막나 싶지만 실제 네트 앞에 서면 이 벽을 앞에 두고 경기가 가능한가 싶게 막막해진다.

확인해보는 김에 그럼 선수들은 일반인에 비해 얼마나 나은 운동능력을 갖고 있는지 따져보자, 배구 선수들은 서전트 점프에서부터 일반인의 두 배 수준인 80cm 정도가 일반적이고, 정말 높이 뛰는 선수(예를 들어 현대캐피탈의 전광인)의 경우 1m까지 뛴다는 기록도 있다. 배구 선수들의 평균 신장이나 평균 어깨높이 등의 자료는 없으므로 2021-2022 시즌 최장신 공격수 중 한 명인 KB손해보험의 노우모리 케이타 선수를 예로 들어 설명해보자.

케이타 선수는 일단 키가 206cm이기 때문에 제자리에 선 채로 팔만 들어 올려도 네트 위로 20-30cm가 올라온다. 여기에 점프가 더해지면 최대 공격 높이가 자그마치 372cm, 네트 위로 130cm가 더 올라오는 거니까 네트 위에 초등학생 한 명이 올라서 있는 셈이다. 케이타 같은 최장신이 아니더라도 국내 선수들도 네트 위로 팔뚝 전체가 올라와야 비로소 블로킹의 손 각도가 만들어지기 때문에 최소한 40-50cm 정도가 올라오는 건 기본이다.

그러다 보니 배구 경기 중계를 보다 보면 블로커의 머리까지 네트 위로 올라와서 선수들이 때린 스파이크를 팔이 아닌 머리로 블로킹하는 웃지 못할 일도 벌어진다. 블로킹하는 선수들이 공을 끝까지 보지 못하고 고개를 앞으로 숙이는 습관을 갖는 이유 가운데 하나다. 일반인들은 팔을 쭉 뻗어도 못 닿는 위치를 헤딩으로 찍는 셈이니 배구 선수들은 진정한 슈퍼맨이라 할 만하다.

네트의 오묘함은 단순히 높이에만 있는 것이 아니다. 앞서 테니스 네트를 높이 들어올려서 배드민턴, 여기서 셔틀콕 대신 공을 주고 받으면서 배구가 되었다는 식으로 단순하게 설명한 측면이 있다. 그래서 자칫 네트가 성의 없이 만들어진 설비처럼 보일 수도 있지만, 그런 유래와 상관없이 '두 무리의 사람들이 공을 주고받을 수 있도록 가운데를 갈라놓을 무언가'로 대체될 만한 것이 과연 뭐가 있을까?

우선 생각할 수 있는 것은 단순히 줄을 가로질러 놓는 것이다. 예전에 개성공단에서 일하던 분의 회고에 따르면 북한 직원들이 점심시간에 주차장의 작은 공간에서 가운뎃줄 하나만 쳐놓고 배구를 하는 모습을 자주 봤다고 한다. 좌우에 줄을 매어둘 포스트만 있다면 가장 간단한 설비라고 할 수 있는데, 문제는 공중에 떠 있는 줄은 눈에 잘 보이지 않기 때문에 공이 위로 지나갔는지 아래로 지나갔는지 구분하기가 어렵다는 것이다.

배구에서는 공이 네트를 건드리고 넘어가도 정상적인 플레이로 인정하기 때문에 서브, 스파이크 등 다양한 상황에서 문제가 발생할 수 있다. 더 나아가 배구에서는 공뿐 아니라 사람의 신체 일부가 가운데를 넘어가는 것도 금지되어 있으므로 줄 하나만 쳐놓을 경우 이걸 막을 방법이 없다. (현재 프로배구에서는 네트를 건드리면 '터치네트'로 반칙이 선언되지만 스파이크나 블로킹 점프를 한 후에 선을 밟거나 넘어져서 구르는 경우가 많아서 네트 아래쪽을 넘어가는 것엔 약간의 예외를 둔다. 한쪽 발 전체가 중앙선을 넘어가면 반칙이지만, 발 위쪽의 다른 신체 부위가 중앙선을 넘어가는 것은 반칙이 아니다.)

따라서 줄 아래로 일정한 공간을 막아야 한다는 결론이 나오는데 만약 딱딱한 재질로, 예를 들어 판자 같은 것으로 가운데를 막는다면 경기 중에 부딪혀서 다치는 사람들이 많이 나올 것이다. 그러니 부드러운 재질이라야 할 것이고, 그냥 부드럽기만 하다고 되는 것이 아니라 건너편 코트가 눈으로 보이는 '투명한' 재질이라야 한다.

코트에 서지 않고 경기를 관람하는 입장에서는 의외로 간과하기 쉬운 부분인데, 실제 코트에 서서 경기를 할 때는 계속해서 상대편 코트의 선수들이 어떻게 움직이고 공이 어디로 날아가는지 볼 수 있어야 한다. 배구 네트의 맨 윗부분은 네트 전체의 무게를 지탱하기 위해 약간 폭이 넓은 흰색 천으로 되어 있다. 상대편 서브가 이 부분을 지나치는 잠시의 순간 동안 공의 위치를 놓치기 때문에 네트에 바짝 붙어 들어오는 서브를 일부러 연습할 정도이니, 넓은 네트 공간 전체가 불투명하다면 아예 경기가 불가능해진다.

유연하고 넓고 투명한 재질이라……. 그렇다면 비닐을 떠올리신 분들도 있겠으나, 비닐은 야외에서 경기를 할 경우 바람에 펄럭이고 실내라 해도 내구성이 좋지 않아 공이 몇 번 걸리기만 해도 늘어지고 찢어질 것이다. 그러니 처음엔 그저 창고에 있는 고기잡이용 그물을 적당히 접어서 늘어뜨려 놓은 것으로 시작했을 '네트'야말로 배구를 위한 최고의 선택이었던 것이다.

네트의 재질로 인해 배구 경기에는 다른 양상들도 생겨난다. 앞서 말한 것처럼 네트는 건너편이 훤히 보이는 구조이기 때문에 경기할 때 양 팀 선수들이 마주 서면 바로 코앞에서 시선을 교환하게 된다. 아무리 네트가 가로막고 있다고 해도 입 모양만으로 얼마든지 시비가 벌어질 수 있는 가까운 거리이기 때문에 공격이나 수비가 성공해서 포인트를 따게 되면 반드시 네트를 등지고 세레모니를 하는 것이 불문율이다.

야구, 농구, 축구 등 다른 스포츠와 달리 배구는 신체 접촉이나 신경전이 거의 없는 신사적인 스포츠라고 하지만 양 팀이 충돌하는 거의 유일한 때는 상대편을 바라보고 점수 땄다고 철없이 자랑하는 선수가 있는 경우다. 배구에서 포인트를 얻으면 곧장 뒤돌아서서 자기 팀 선수들끼리 모여서 팔짝팔짝 뛰거나 마치 수족관의 상어들처럼 '우와왁!' 소리를 내며 코트 안을 뱅글뱅글 도는 특이한 세레모니를 하게 되는 이유가 따지고 보면 '투명한 네트'에서부터 시작된 거라고 할 수 있다.

네트가 손으로 잡기 좋은 모양이기 때문에 부상 방지에 도움이 되는 측면도 있다. 점프했다가 착지하는 선수들이 몸의 균형을 잃으면 네트를 붙들고 서서 버틸 수 있기 때문이다. 물론 실수하거나 점수를 잃으면 좌절의 세레모니로 네트를 움켜쥐는 경우도 많다. 2020 시즌 흥국생명과 GS칼텍스의 경기 승부처에서 흥국생명이 점수를 잃자 승부욕이 강한 김연경 선수가 네트를 강하게 잡아당겼고, 이에 대해 GS칼텍스의 차상현 감독이 과도한 세레모니에 대해 경고를 줘야 한다고 심판에게 강하게 항의하는 장면이 연출되기도 했다.

배구 경기 중에 선수들에게 가장 신경 쓰이는 것 중 하나가 바로 '터치 네트'다. 경기 중에 높은 위치에 있는 주심은 네트 상단, 아래쪽에 서 있는 부심은 하단의 터치 네트를 확인하는데 대개 아주 살짝 닿는 경우가 많아서 네트가 미세하게 흔들리는 것을 잡아내는 게 쉬운 일이 아니다. 선수들 입장에서는 가능한 한 네트에 가까이 붙어서 플레이를 해야 공격과 수비 모두 쉬워진다. 그러니 '닿지 않을 만큼 최대한' 붙어있는 상태에서 좌우로 이동하며 점프를 하다 보면 저도 모르게 네트를 건드리는 경우가 많아 네트가 지뢰처럼 느껴진다는 선수도 있다.

문제는 '신체'의 범위가 어디까지냐 하는 것이다. 법적으로 보자면 인간의 몸에서 서로 연결된 부위는 모두 '신체'로 본다. 그래서 손톱이나 머리카락도 잘린 상태에서는 '물건'으로 보지만 신체에 연결된 상태로는 '인체'로 본다. 잘리기 전의 손톱을 부러뜨리면 '상해', 잘린 손톱을 부러뜨리면 '재물손괴'가 되고, 잘리기 전의 머리카락은 거래 대상이 될 수 없지만 잘라놓은 머리카락은 사고팔 수 있으니 그 차이가 엄청난 셈이다.

배구에서도 블로킹하는 선수의 손톱 끝에 공이 맞으면 수비수를 맞고 나간 것으로 판정한다. 진짜 문제는 주인의 의지와 상관없이 펄럭거리는 머리카락이다. 특히 여자 선수들의 경우 뒤로 돌아서다가 질끈 묶은 머리카락이 네트를 건드리는 경우가 적지 않다. 그래서 김희진 선수나 신연경 선수처럼 여자선수들도 짧은 헤어스타일을 하는 경우가 많았다.

하지만 요즘은 이런 선수들의 어려움을 반영하여 2020 시즌부터 머리카락은 터치 네트의 예외로 인정하고 있다. 더 나아가 날아가는 공이 머리카락에 맞는 경우도 선수가 터치한 것으로 인정하지 않는다. 그러다 보니 공이 빠르게 머리를 스치고 지나가는 경우 '머리'에 맞았는지 '머리카락'에 맞았는지 판정이 어려워 고생하는 재밌는 상황도 가끔 발생한다. 배구의 매력 중 하나인 선수들의 개성을 보여주는 커다란 요소 중 하나가 헤어스타일이라는 점을 생각하면 이런 규정 변경은 긍정적인 변화라고 생각한다.

## 경계선의 문제

네트의 양쪽 끄트머리를 보면 얼룩무늬를 한 막대기가 하나씩 솟아 올라와 있다. TV 중계를 보면 캐스터가 "안테나에 맞았네요!"라고 말할 때 이 막대기를 가리키는 것이다. 이게 있어야 하는 이유는 경기장 전체를 좀 더 크게 보면 알 수 있다.

배구 경기장은 가로, 세로 9미터의 정사각형 두 개를 붙여놓은 모양이다. 그러니까 가로가 18미터, 세로가 9미터가 된다. 이것도 작지 않은 크기인데 서브를 넣는 구역인 서비스에어리어(service area)나 공이 옆으로 튀어 나갔을 때 밖에서 받아 올리는 영역까지 고려해야 하므로 이 면적을 다 합치면 가로 34미터, 세로 21미터의 거대한 공간이 된다. 앞서 배구가 생활체육으로 자리잡기 쉽지 않은 이유 중 하나로 제대로 된 경기장을 구하기 어렵다는 점을 든 것이 떠오르실 것이다.

고려해야 할 점은 또 있다. 만약 네트 높이를 넘어 상대편 코트에 공을 보내기만 하면 된다고 정할 것 같으면 이 공간도 한없이 부족해지고 경기가 엉망이 될 수도 있다는 것이다. 예를 들어 코트에서 한참 벗어난 옆 공간에서 상대편 코트의 모서리로 공을 보내는 경우를 생각해보자. 이걸 커버하려면 네트도 양옆으로 한없이 늘어나야 할 것이고, 블로킹 한번 하려면 수십 미터를 뛰어가야 하는 사태가 벌어질 것이다. 이를 막기 위해 자기 팀의 코트 내에서는 공이 바깥에 나갔다 올 수도 있지만 어쨌든 상대편 코트로 넘길 때는 바닥에 그려진 코트 너비, 그 위에 자리 잡은 네트의 사이를 통과해야만 한다는 규정이 생겼다.

문제는 하늘에 선이 있는 것도 아닌데 공이 공중에서 경계선 근처를 날아가면 그 사이를 통과했는지 아닌지 어떻게 알 것인가 하는 점이다. 특히 공격수가 스파이크를 했을 때 공이 바깥에서 들어왔네, 선에 걸쳤네 등등 논란이 많아서 공격이 이루어질 만한 높이만큼 안테나를 세워둔 것이다. 그래서 공이나 손이 이 안테나를 건드리게 되면 '안테나 터치' 반칙이 선언된다. 얼룩무늬는 터치가 아주 미세하게 이루어졌을 경우 이 안테나가 흔들렸는지 아닌지를 눈으로 더 잘 파악하기 위한 장치다.

그럼 안테나보다 더 높은 위치에서 공이 넘어가면 어떻게 판정하나? 빙고, 그게 지금도 문제다. 미래에는 안테나 위에 레이저라도 달아서 경기장 천정까지 위치를 표시할지 모르겠으나 현재까지는 이런 애매한 상황이 벌어지면 여러 각도에서 찍은 비디오를 돌려서 눈으로 판독하는 방법밖에 없다. 그래서 이런 상황이 승부가 첨예한 상황에서 벌어지면 선수들과 감독의 목소리가 높아지는 일도 있다. 다행인지 모르겠으나 정규 경기장도 좌우 폭이 그리 넓지 않고 여기에 각 팀의 벤치, 심판, 기록 요원들이 빽빽하게 모여있어서 판정이 애매할 정도의 높은 각으로 공이 넘어가는 경우는 그리 흔치 않다.

이보다 흔하게 보는 건 우리 편에서 공이 튀어서 상대편 코트 바깥쪽으로 날아가는 경우다. 중계 화면을 보면 선수가 재빨리 네트 아래를 통과해서 공을 쫓아가려고 하는 장면을 보게 된다. 그럼 저 공은 상대편으로 넘어간 건데 받아도 되나 싶으실 것이다. 이 챕터 마지막에 제시한 배구 경기장 그림에서 알 수 있듯이 코트 바깥쪽은 모두 '프리존(Free zone)'이라서 상대편 코트의 프리존까지 쫓아가서 받는 것은 괜찮다.

문제는 앞서 설명한 안테나 규칙 때문에 안테나 사이, 즉 코트 위를 가로질러서 곧장 우리 코트로 공을 보내면 안 된다는 것이다. 도로 규칙으로 치면 '역주행'이라고 해야 하려나. 그래서 안테나 바깥쪽으로 공을 돌려서 우리 코트로 공을 가져온 후 다시 안테나 사이로 상대편 코트에 돌려보내야 한다. 이걸 세 번 안에 해야 하니까 사실 쉬운 일은 아니라서 한 경기에 이런 장면을 한 번 볼까 말까 하지만, 승부욕이 강한 선수들은 되든 안 되든 일단 코트를 넘어서 공을 쫓아가는 투지 넘치는 모습을 보이기도 한다.

어, 그럼 안테나 네트 옆쪽의 자투리 공간은? 기둥에서 안테나까지의 자투리 공간은 그럼 경기 구역이 아닌 건가요? 아, 날카로운 독자들……. 규칙을 찬찬히 따라가다 보면 바로 그런 결론이 나오기 때문에 이 공간은 네트를 건드려도 '터치 네트' 반칙이 아니다. 그래서 스파이크를 강하게 하고 나서 몸의 중심이 흐트러진 선수들이 안간힘을 써서 몸을 틀어 이 바깥쪽 네트를 붙들고 서거나 기둥에 매달리는 경우가 많아서 기둥에도 보호 스펀지가 두툼하게 붙어있다.

### 배구 코트, 그리고 코트 주위에는

자, 이제 선수들이 뛰고 구르는 코트를 살펴보자. 배구 경기에서 선수들은 네트를 바라본 위치에서 세 명씩 두 줄로 선다. 한 명이 좌우로 3미터 정도 되는 공간을 지키는 셈이다. 그러니 앞뒤로는 4.5미터씩을 커버해야 맞겠지만 주로 네트에 바짝 붙어서 플레이가 이루어지기 때문에 앞에서부터 3미터에 어택라인을 그어 통상 앞줄 선수들이 어택라인 안쪽을, 뒷줄 선수들이 그 뒤의 6미터 범위를 커버한다. 이 어택라인은 뒤에 설명하게 될 로테이션 시스템에 따라 뒷줄에 배치된 선수들이 앞으로 나와서 공격하지 못하도록 막는 역할을 한다.

어라, 그러면 그 선 뒤에서 뛰어올라서 공격하는 건 괜찮겠네? 그렇게 해서 등장한 공격이 바로 선 뒤에서 하는 공격인 '백어택(Back Attack)'이다. 당연히 앞줄 선수들이 공격하려니 예상하고 그쪽에 시선을 고정하고 있는데 난데없이 뒷줄에서 미사일처럼 솟아올라서 내리꽂는 백어택은 배구에서 가장 멋진 공격 기술이고 상당한 점프력과 신장, 테크닉이 필요하기 때문에 아무나 할 수 있는 기술도 아니다. 만약 점프할 때 어택라인을 밟으면 '어택라인 침범' 반칙이 선언된다.

문제는 이렇게 높게 뛰어오르려면 도움닫기를 할 공간이 필요하다는 점이다. 가운데에서 이루어지는 공격이라면 코트 내에서 도움닫기를 하면 될 텐데 좌우 사이드에서 공격을 할 땐 코트 밖에서부터 도움닫기를 해서 점프를 하는 경우가 많다. 아니, 그게 왜 문제인가 싶겠지만, 코트 밖에서 뛰어오르면 마지막 디딤발이 어택라인을 침범했는지 침범하지 않았는지 판정하기가 어려워지는 것이다. 그래서 코트를 자세히 보면 어택라인 바깥쪽까지 점선으로 연장선이 그어져있는 것을 확인할 수 있다.

코트 한쪽에 높은 위치에서 잘 볼 수 있도록 주심이 올라서는 심판대가 설치되어 있고, 그 반대편에 양 팀 선수와 코칭스태프들이 앉는 벤치가 있다. 이 배치를 보면 주심이 판정을 내릴 때마다 양 팀 관계자들, 특히 벌떡 일어서있는 감독들과 정면으로 눈을 마주치는 위치라서 얼마나 부담이 될까 싶다. '벌떡' 얘기가 나왔으니 감독들의 위치 얘기도 하자면 예전엔 감독이 코트에 다가올 수 없도록 따로 경계선이 그어져 있었으나 현재는 코트 안에 들어가지만 않으면 얼마든지 가까이 갈 수 있도록 되어있다. 그래서 마음이 급한 감독들이 코트에 최대한 가까이 붙어있다가 상대편에서 날아오는 공을 맞고 넘어지는 재밌는 장면도 종종 나온다.

이 두 가지 요소, 그러니까 코트를 사이에 두고 주심 반대편에 있는 감독, 하지만 감독은 코트에 들어갈 수 없다는 규정이 결합되면 감독이 주심에게 육성으로 직접 항의하기 어려운 상황이 벌어진다. 그래서 경기 중 항의는 코트에 있는 주장 선수를 통해서만 할 수 있게 되어 있다. 가끔 어떤 선수가 주심에게 이런저런 이야기를 하면 주장 자격으로, 대개는 감독의 이야기를 전하고 반대로 주심에게 들은 이야기를 감독에게 전하는 역할을 하는 것이

**- 배구 코트 -**

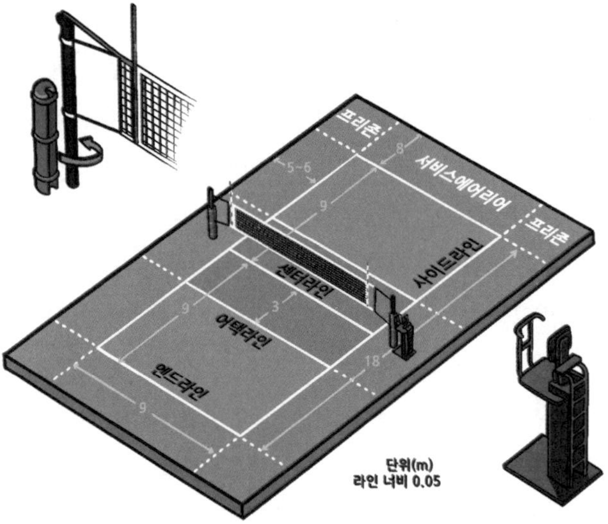


다. 그래서 답답해진 감독은 주심의 건너편, 그러니까 자기 바로 옆에 있는 애꿎은 부심을 붙들고 항의하는 장면이 자주 나온다.

그리고 또 뭐가 남았나……. 아, 감독 뒤편에 있는 코칭스태프 벤치를 보면서 왜 저렇게 초라한가 싶은 생각을 하신 분도 있을 듯하다. 병원 대기실에 있을 것 같은 등받이 없는 의자에 피난 보따리 같은 짐을 바리바리 바닥에 널어놓은 모양새를 보면 프리미어리그의 스포츠카 시트나 에어컨에 냉장고까지 갖추어두고 있는 야구의 더그아웃(dugout)까지는 아니더라도 좀 편한 의자라도 줘야 하는 것 아닌가 싶을 텐데, 여기에도 나름의 이유가 있다.

일단 경기 규칙상 세트마다 두 팀의 코트가 서로 바뀌게 되어 있으므로 우리가 잠시 광고를 보는 그 짧은 시간에 코칭스태프들은 짐을 싸들고 좌우로 움직이느라 분주하다. 한 경기에 최소 두 번, 많으면 네 번까지 이사해야 하는데 등받이가 있으면 오히려 대단히 걸리적거릴 것이다. 게다가 배구에서는 공이 코트 바깥으로 튀어서 벤치 쪽으로 날아오는 일이 매우 잦으며, 선수들은 아랑곳하지 않고 공을 쫓아오다가 벤치와 부딪치는 경우가 많다. 이때 앉아있는 사람은 재빨리 피한다 해도 달려든 선수가 의자와 부딪치면 큰 부상을 입을 수 있어 가능하면 벤치 자체가 가벼운 것이 좋다. 해외 리그를 보면 아예 접이식 의자를 깔아놓아서 피하는 사람이 의자를 들고 공간을 비워줄 수 있도록 하는 경우도 있다.

예전엔 경기에 투입을 대기하는 예비 선수들이 코칭스태프 벤치의 뒷자리에 앉아있기도 했다. 하지만 이렇게 앉아있으면 몸이 굳어서 투입 시 제대로 활약할 수 없고, 그렇다고 거기서 좌우로 뛰어다니고 펄쩍펄쩍 뛰면서 몸을 풀면 코트에서 플레이하는 선수들에게 영향을 줄 수 있다. 그래서 상대편 시야에서 가장 멀리 떨어져 있는 모서리 공간, 그림에서 '프리존'으로 표시된 부분의 뒷쪽에 별도의 웜업존(warm-up zone)을 둬서 여기에서 몸을 풀며 대기하도록 했다. 네모나게 표시된 구역 안에서 벗어나면 안 되는지라 이 구역은 속칭 '닭장'이라고 불리기도 한다. 과거엔 이쪽이 정규 멤버에서 밀려난 선수들의 우울한 공간처럼 여겨지기도 했으나(팬들 사이에서는 주전선수가 부상이나 기량 저하로 웜업존을 지키는 경우 '닭장에 갇혔다'는, 다소 속된 표현을 쓰기도 했다.) 최근엔 여자배구를 중심으로 이 웜업존의 선수들이 함성을 보내고 춤을 추는 등 경기 분위기를 끌어올리는 '웜업존 응원'이 자리잡아서 배구 경기의 또 다른 볼거리가 되고 있다.

4장

# 배구장 직관기

이 책에서는 배구 경기를 주로 TV 중계를 통해 보는 분들을 염두에 두고 이야기를 펼쳐나가고 있다. 하지만 스포츠 이벤트의 진정한 맛은 아무래도 현장에서 직접 경기를 보는 '직관'에 있다고 할 수 있다. 문제는 여러 프로스포츠 중에서도 특히 배구가 연고지의 수도권 편중이 지독하게 심하다는 것이다.

남자배구는 천안의 현대캐피탈과 대전의 삼성화재를 빼고 모든 팀이 수도권에 몰려있다. 대전 라인 아래쪽으로는 프로팀이 하나도 없는 것이다. 여자배구는 조금 사정이 낫다고 하지만 작년까지는 김천의 도로공사가 남방한계선(?)이었고, 올해 페퍼저축은행이 광주에서 창단하면서 약간 상황이 나아진 편이다. 하지만 내가 사는 부산은 이 모든 구단들의 연고지에서—제주도를 제외하고— 가장 먼 곳에 위치하고 있다. 부산이 우리나라 제2의 도시라는 것도 다 허울 좋은 체면치레인가 싶다.

프로배구 연고지 중에 부산에서 가장 가까운 곳이 김천 실내 체육관인데, 차를 몰고 쉬지 않고 달려서 두 시간 반 정도 걸리는 거리다. 왕복 다섯 시간에 경기 시간을 고려하면 한 경기를 보기 위해 하루가 통으로 날아가는 셈이다. 그래도 코로나 시대 이후 2년 가까이 막혀있던 직관이 관중 50% 입장으로 완화된 시점을 놓쳐선 안 되겠다 싶기도 하고 내가 가장 좋아하는 GS칼텍스가 원정을 온다고 해서 큰맘 먹고 일정을 잡았다.

## 배구장에 들어서면 보이는 것들

경기장에 가기 전에 당연히 해야 할 일은 표를 끊는 것이다. 현장 판매도 하지만 요즘은 배구의 인기가 높아져서 표를 구하는 게 쉽지 않기 때문에 미리 예매하는 편이 좋다. 예매는 한국배구연맹(KOVO) 사이트에 통합되어 있어 이 사이트를 통해서 하는 것이 가장 간편하다. 평일, 주말에 따라 가격이 다르고(당연히 주말이 더 비싸다), 경기장에 따라, 좌석 위치에 따라서도 가격이 달라지지만 좋은 좌석을 고른다 해도 2만 원 내외라서 라이브 이벤트치고는 가격이 그리 비싸지 않은 편이다. 조금 싼 좌석을 고른다면 극장에서 영화를 보는 비용 정도로 경기장 직관이 가능한 것이다.

하지만 실내체육관 3층 좌석은 코트에서 거리가 상당하기 때문에 가능하면 2층 이하의 좌석을 추천한다. 코트 전체를 넓게 보고 싶다면 2층 중간 자리 정도가 적당하지만, 선수들을 가까이에서 보고 싶다면 조금 돈을 더 주고라도 1층 플로어 좌석을 택하길 권한다. 또 2층 중앙 좌석은 응원단이 자리하는 경우가 많아서 만약 치어리더를 보거나 응원에 참여하는 것보다 경기 자체에 집중하고 싶다면 피하는 것이 좋다. 나는 멀리까지 어렵게 가는 것이니만큼 선수들을 제대로 보고 싶었기 때문에 1층 플로어 좌석을 골랐다.

2021년 현재 V리그의 평일 경기는 직장에서 퇴근하는 사람들도 볼 수 있고 중계를 보는 사람들도 많은 황금시간대인 7시에 시작한다. 선수들은 경기 시간 두 시간 전인 5시 즈음에 경기장에 도착한다. 그래서 시간을 잘 맞춰서 경기장 진입로에 가면 출근하는 선수들을 보면서 인사를 나눌 수 있다. 배구는 팬서비스가 좋은 것으로 유명해서 사인받는 것은 경기가 끝난 후에만 가능하지만, 그 전에도 선수들이 팬들을 보면 웃으며 손을 흔들어주고 큰 소리로 인사를 주고받는 일이 많다.

관중 입장도 대략 이 시간에 시작된다. 두 시간이나 일찍 가서 뭘 하냐고 하실 분도 있을 텐데 배구 경기는 의외로 경기 전 구경거리가 많으므로 꼭 일찍 가보시기를 권한다. 일단 경기장으로 들어가는 통로에 있는 기념품 숍에 들러보자. 원래 기념품 제작과 판매는 구단별로 이루어졌지만, 팀별 마케팅 역량 차이를 완화하겠다는 뜻에서 현재는 기념품의 제작과 판매가 배구연맹 쇼핑몰로 단일화되어 있다. 상품의 구색이 다양하지 못하고 팀마다 차별되는 독특한 굿즈가 부족하다는 아쉬움이 있으나 통합 제작이라서 기념품치고는 가격대가 낮다는 장점도 있다.

현재는 팀당 3-4명의 핵심 선수를 모티브로 한 열쇠고리, 타월, 무릎담요, 스티커, 사인볼 정도가 구비되어 있는데, 배구의 인기가 높아지고 있으니 향후 팀별 굿즈 제작과 판매를 통해 다양화를 모색할 필요가 있어 보인다. 아울러 숍에서는 원정팀의 굿즈도 구입할 수 있는 것으로 알고 있는데 이날은 홈팀의 굿즈만 판매하고 있는 점도 아쉬웠다.

굿즈를 사지 않더라도 통로에서 팀 관계자가 통상 몇 가지 물품을 무료 선물로 나눠준다. 작은 로션이나 기념품인 경우도 있고 팀에 기념할 만한 일이 있으면 특별한 선물을 주는 경우도 있다. 내가 갔을 땐 코로나 상황을 고려하여 작은 소독제를 나눠줬다. 그리고 '클래퍼(clapper)'라는 두꺼운 종이를 나눠주는데 홈팀의 로고와 응원 문구가 인쇄된 이 종이를 부채처럼 접어서 손바닥에 두드리면 큰 박수 소리가 나기 때문에 '클래퍼'라는 이름이 붙었다. 야구장에서는 바람을 불어넣어서 서로 마주치면 큰 소리가 나는 비닐 봉을 주는데 실내경기장이라서 그 정도 음량까지는 필요치 않고 다른 관객의 시야를 가릴까 봐 클래퍼로 대신하는 모양이다.

통로를 지나 경기장 안으로 들어서는 경험은 정말 황홀하다. 좁은 곳에 있다가 갑자기 넓은 곳에 들어서기 때문에 그렇기도 하지만, 경기를 위해 생각보다 대단히 강한 조명이 코트에 쏟아져내리고 있기 때문이다. 마치 무대가 관중석 한가운데에 설치된 콘서트장에 들어온 느낌이다. 관중 입장이 시작된 시점부터 계속 음악을 틀어주고 여기저기 볼거리가 많기 때문에 실제로 콘서트장처럼 보이기도 한다.

사실 이 조명 때문에 문제가 되는 일도 있다. 코트 바닥의 색깔은 정해져 있는 것이 아니라서 최근엔 경기장마다 개성을 살리려고 새로 래핑하는 경우가 늘어나고 있다. 지난 시즌에 한국전력과 현대건설팀에서 많은 돈을 들여 수원 홈구장의 코트를 밝은 연두색으로 바꿨다. 산뜻하고 밝은 색이라서 관중들의 반응도 좋았는데, 문제는 이걸 TV 중계 카메라로 잡으니 강한 조명이 반사되면서 형광색처럼 보이는 문제가 발생했다. 그래서 눈이 시려 보기 어렵다는 불만이 제기된 것이다. 그렇다고 이왕 비싼 돈을 들여 바꾼 것을 다시 교체할 수도 없어서 조명을 약간 어둡게 하는 것으로 타협을 보았다. 이 때문에 수원에서 열리는 경기 중계 화면은 그림자가 진 것처럼 다른 경기장보다 어둡게 보인다.

바깥 날씨는 꽤 쌀쌀했는데 안에 들어오니 상당히 따뜻해서 외투를 벗어야 할 정도였다. 게다가 둥그런 체육관에 많은 사람들이 모여 앉아있고 사방으로 조명이 있어서 대낮처럼 밝다 보니 아주 아늑한 느낌도 든다. 겨울에 경기를 하기 힘든 야구와 축구를 대신하는 '실내 스포츠'의 위력을 새삼 느낄 수 있었다. 야구에서도 돔구장 건설을 주장하는 분들이 많긴 하지만 비용과 관리상의 문제 때문에 현재 한 개뿐인 고척돔 외에 돔구장이 많이 늘어나기는 쉽지 않을 것으로 보인다.

경기장 안에는 광고판이 꽤 많다. TV 중계로 보이는 것은 코트 주변의 몇 개뿐이지만 직관에 와서 보면 코트를 빙 둘러가며 상당히 많은 광고들이 있다. 많은 광고를 수용하기 위해 코트 아래쪽은 물론이고 기록석 뒤편으로도 좌우로 긴 LED 광고판이 달려 있고, 여러 개의 광고가 쉼 없이 바뀌고 있다. 배구의 인기가 높아지고 있다는 것을 느끼게 해주는 부분이다. 특히 스포츠브랜드와 구단의 스폰서십 사례가 늘어나고 있는데 2020년부터 이어지고 있는 GS칼텍스와 프로스펙스의 협력, 2021년 상반기에 OK저축은행과 푸마가 맺은 스폰서 협약이 대표적이다. 도로공사팀의 경우 KELME가 스폰서를 하고 있는지 여기저기 이 브랜드의 광고판이 많이 보이고 선수들의 유니폼도 모두 KELME 제품이다.

경기가 시작되려면 한참 남았지만 이미 경기장 안은 시끌벅적하다. 최근 들어 볼 수 있는 새로운 풍경은 경기 시작 전의 이 타이밍에 코트 안에 카메라를 들고 돌아다니는 사람들이 많다는 것이다. 온라인 플랫폼 시대를 맞아서 각 구단마다 홈페이지, 유튜브 계정 등을 만들어서 운영하고 있고, KOVO 자원에서도 자체적으로 영상을 만들어 계속 업로드하고 있다 보니 그 화면을 찍기 위한 영상 작업자들이 많은 것이다. 특히 유튜브 생방송을 하는 구단 유튜버는 셀피봉을 들고 쉴 새 없이 여기저기 다니며 사람들에게 말을 걸고 문제를 내고 선물도 주면서 아주 열정적으로 활동하고 있었다.

체육관 2층에는 응원하면서 경기를 보는 일반 관객이 많고, 3층은 저렴한 가격에 여유롭게 경기를 보려는 사람들이 많다면, 내가 앉은 1층에는 카메라를 든 사람들이 많았다. 렌즈와 카메라 장비가 어마어마해서 처음엔 기자나 구단 관계자인 줄 알았는데 기자석은 코트 뒤쪽에 따로 마련되어 있었고, 무엇보다도 내 옆에 카메라를 들고 있는 사람들이 너무 많았다. 즉, 이분들은 취미로 스포츠 사진을 찍는 분들인 것이다.

생각해보니 스포츠 사진을 찍기에 이만한 환경이 또 있겠나 싶다. 선수들은 손에 잡힐 듯이 가까이에 있고, 조명도 충분하고, 경기는 엄청나게 역동적이고, 게다가 웬만한 스포츠에서 이런 플로어 좌석은 일반인이 접근하기도 쉽지 않은데 배구는 가격마저 저렴하니……. 취미로 사진을 하시는 분들에겐 배구 경기장이야말로 사진찍기의 재미를 만끽할 수 있는 곳이 아닐까.

1층에 자리 잡는 또 다른 부류는 '광팬'이다. 내 앞자리에 있던 분은 자리에 앉자마자 일단 배낭에서 문정원 선수 이름이 박힌 유니폼을 꺼내서 입고 도로공사 타월을 꺼내 목에 두르고 머리에 선수 사진이 들어간 헤드밴드를 착용했다. 거기다 큰 쇼핑백 가득 선수별 응원 문구가 담긴 손팻말을 발밑에 가지런히 정렬해놓는 것을 보고 깜짝 놀랐다. 아, 중계 화면에 자주 잡히는 저 손팻말이 구단에서 주는 게 아니고 각자 만들어 오는 거였구나.

그런데 진짜 놀란 것은 이분이 뒤를 돌아본 순간, 그가 40대 후반쯤 되어 보이는 아저씨였다는 것을 알아챘을 때였다. 정말 배구를 좋아하시는 분인가 보다 싶긴 했는데 나중에 경기 내내 플레이 하나하나에 계속 혼잣말을 하면서 기뻐하다가 좌절하다가를 반복하셔서 약간 걱정이 되기도 했다. 이분 말고도 1층에는 손팻말이나 응원 도구를 가져오신 분들이 많았다. 혹시 방송 카메라에 잡히면 곤란한 분들은 1층에 자리 잡는 게 부담스러우실 수도 있겠다.

이렇게 여기저기 재밌게 구경하다보면 1시간쯤 전부터 선수들이 양쪽 코트에 나와 몸을 풀기 시작한다. 그런데 한두 명이 나오는 것도 아니고 모든 선수가 다 쏟아져나오고, 스트레칭 정도에 그치는 게 아니라 루틴에 따라 계속 공을 때리고 받고 소리를 지르며 뛰어다니기 때문에 벌써부터 코트가 가득 찬다. 게다가 선수들은 경기 중일 때처럼 빠르게 움직이는 게 아니어서 좋아하는 선수들의 모습을 자세히 볼 수 있는 절호의 기회다. 1층 카메라 부대가 제일 바빠지는 것도 이 타이밍이다. 오늘 경기에 나서지 않는 선수를 포함해서 모든 선수를 가까이에서 볼 수 있고, 선수들이 관중들과 눈도 맞추고 인사도 하면서 손을 흔들어주기도 해서 어찌 보면 거대한 팬서비스 포토타임 같은 느낌도 든다.

계속 깔깔거리고 웃으면서 몸을 푸는 선수들의 모습은 직관에 가서만 볼 수 있는 즐거운 장면이기 때문에 경기장에 좀 일찍 가서 워밍업 장면은 꼭 보시길 권한다. 이 타이밍에 작은 망원경을 하나 가지고 가면 여기저기 흩어져 있는 선수들의 얼굴을 더욱 잘 볼 수 있다. 방송 카메라에는 사람들이 생각보다 키가 작고 통통하게 나온다고 하던데 확실히 직접 보니 선수들이 다들 얼마나 훤칠하고 호리호리하던지 마치 연예인들을 보는 느낌이었다. 내 앞에서는 GS칼텍스의 유서연 선수가 리시브 연습을 했는데 공이 여러 번 내 쪽으로 튀어 와서 공을 넘겨주며 짧게 인사를 나누기도 했다.

## TV 중계와 비교할 수 없는 현장감

방송 화면에서는 거리감과 비율만 달라지는 것이 아니라 색감도 달라 보인다. 앞서 수원체육관의 바닥 문제를 잠시 얘기하기도 했지만, 카메라로 잡는 하얀색은 우리가 실제 눈으로 보는 하얀색과 달라 방송 전에 하얀색 판을 가지고 코트 여기저기를 돌아다니는 사람들이 있다. 방송 카메라의 화이트 밸런스를 잡기 위한 것이다. 이렇게 조정해도 실제 색감과는 차이가 있으므로 직관을 가서 선수들의 유니폼을 보면 훨씬 생동감이 있고 예뻐 보인다.

예를 들어 이번 시즌 GS칼텍스는 유니폼의 디자인과 색깔을 바꾸었다. 화면으로 보기에는 파란색에 가까운 듯해 GS의 팀 컬러인 민트색과 달라져 실망했었다. 그런데 워밍업 나온 선수들의 유니폼을 보니 세련된 민트색이었다. 예전 유니폼의 민트색이 너무 밝아서 약간 메탈릭한 민트색으로 바꿨더니 방송 화면에는 색감이 아주 다르게 잡힌 모양이다.

이 시간쯤에 경기 운영위원들은 줄자를 들고 다니면서 여기저기 재고, 체크하느라 바쁘다. 진행 요원, 기자, 기록원 등이 다들 웅성거리는 가운데 선수들은 몸을 풀면서 체육관이 쩌렁쩌렁 울리도록 "어이! 어이!" 하고 함성을 올리기 때문에 완전히 축제 분위기다. 문득 아, 살아있구나, 다들 살아있는 사람들이구나, 하는 생각이 들었다.

엉뚱한 생각일지 몰라도 화면으로만 경기를 보다보면 선수들이 마치 게임 안에서 움직이는 픽셀이나 캐릭터처럼 느껴져서 누구, 누구라고 이름을 마구 부르면서 잘하느니 못하느니 함부로 말하게 되는 경우가 있다. 그런데 이렇게 직접 눈앞에서 살아 움직이는 선수들을 보면 당연하게도 그들 모두가 별개의 인격체이고 나와 동등하게 존중받아 마땅한 사람들이라는 것을 깨닫게 된다. 함부로 말하고 평가하지 않도록 조심해야겠다는 생각이 절로 든다.

가만히 지켜보면 양 팀의 워밍업 방식도 좀 다르다. 팀의 컬러가 느껴진다고 해야 할까. 도로공사가 달리기부터 시작하는 전통적인 방식에 가깝다면 GS칼텍스는 좀 더 특이한 동작이나 짜인 흐름을 가지고 있는 것으로 보였다. 워밍업은 코치진과 트레이너가 도와주는데, 공이 자꾸 코트 밖으로 튀어 나가기 때문에 공을 주워다 주는 스태프들도 있었다. 사실 경기를 볼 때마다 구석의 의자에 앉아있다가 코트에 나와서 땀을 닦고 공을 주워서 이리저리 굴리는 스태프들이 어느 팀 소속인 건가 궁금했다. 마침 경기 전에 "00대학 배구팀 선수들이 경기 진행을 돕겠습니다"라며 인사를 시키는 것을 보니 대학 배구팀 선수들 중에서 모집하는 아르바이트인 듯했다.

이렇게 볼거리가 많다 보니 지루할 틈도 없이 워밍업 시간이 지나가고 어느덧 경기 시작 시간. 관계자들이 소개되고 난 후 원정팀은 그냥 선수와 감독이 호명되는 것으로 소개가 마무리되지만, 홈팀은 조명이 꺼지고 대형 전광판에 한 명 한 명 영상과 선수 맞춤 응원가가 크게 울려 퍼지면서 UFC 선수를 소개하듯이 소개된다. 홈 어드밴티지라고나 할까.

일단 경기가 시작되면 중계 화면과 가장 다르게 느껴지는 부분은 경기 진행이 대단히 빠르게 느껴진다는 것이다. 이는 배구뿐 아니라 다른 대부분의 스포츠 이벤트에서 비슷하게 나타나는 현상이다. 중계 화면에서는 다양한 카메라 앵글과 느린 화면, 정지 화면을 번갈아 보여주기 때문에 상당히 많은 양의 정보가 한꺼번에 입력되어 그만큼 시간이 길어진다는 착각을 주는 것이다. 15초 혹은 30초짜리 광고를 찍을 때 최대한 컷을 분할해서 쉴 새 없이 바꾸어 넣는 것으로 긴 광고를 봤다고 생각하게 만드는 것과 비슷하다.

여기에 캐스터와 해설자가 끊임없이 말해주는 청각 정보까지 더하면 들어오는 정보의 양은 더욱 늘어난다. 그런데 현장에서는 당연히 이런 화면 전환이나 해설 없이 실시간으로 이루어지는 플레이만 보기 때문에 중계 화면을 볼 때처럼 긴장을 풀고 보면 어, 하는 순간에 한 세트가 후딱 지나간다. 그래서 어떤 분들은 집에서 보는 게 더 낫다고 말하기도 한다.

하지만 반대로 생각하면 중계 화면은 그만큼 몰입도가 떨어진다는 뜻이 될 수도 있다. 배구 경기는 대략 한 세트가 30분 내외이기 때문에 3 대 0으로 아주 짧게 끝나면 한 시간 사십 분 정도, 5

세트까지 풀로 채우면 두 시간 사십 분 정도가 된다. 통상적인 영화 상영 시간과 비슷하니 결코 짧은 시간이 아닌 것이다. 직관을 하면서 그 시간이 짧게 느껴진다는 것은 그만큼 볼거리가 많고 집중한 상태로 지켜보게 된다는 뜻이다. 심지어 중계 화면에서 흐름을 끊는 중간 광고 시간조차도 경기장에서는 웜업존에 있던 선수들이 코트로 뛰어나와서 함성을 올리며 몸을 풀고 홈 구단 응원팀에서 온갖 이벤트를 벌이기 때문에 '어라, 벌써?' 하는 순간에 다음 세트가 시작된다.

이렇게 집중도가 달라지는 또 다른 이유는 직관에서 느껴지는 다이내믹스가 다르기 때문이다. 집에서는 아무리 큰 TV로 경기를 봐도 화면 안에 압축해서 보여주기 때문에 보는 이의 시선은 그대로 고정되어 있다. 하지만 경기장에서는 공중으로 떠오르는 공의 높이가 다르고 좌우로 쉴 새 없이 움직이는 공과 선수들의 움직임들이 모두 눈에 들어오기 때문에 계속 상하좌우로 고개를 돌리며 공을 따라가다 보면 어느새 플레이가 끝나있는 경우가 많다.

통상 2층 정도의 위치에서 잡는 방송용 카메라는 경기장 전체를 넓게 잡기 위해서 사람의 시야각보다 더 넓은 범위를 한 화면에 넣을 수 있는 광각렌즈를 사용한다. 광각렌즈의 또 다른 특징은 원근감이 왜곡된다는 것이다. 즉, 사물 간의 거리가 실제보다 더 멀어 보이는 효과가 발생한다. 그래서 방송 화면으로 볼 때는 코트와 관중석 사이의 거리가 꽤 되어 보이지만 실제로 경기장에 가보면 선수들과 배구공을 거의 코앞에서 볼 수 있다. 주변이 시끄럽지만 않다면 관중석에 앉아서 선수들이 나누는 대화를 대강 알아들을 수 있을 정도다. 게다가 높은 위치에서 광각렌즈로 잡으면 공이 하늘로 솟구치는 높이도 왜곡되어 보이는데 실제로 보면 리시브한 공이나 토스가 까마득한 높이까지 올라가는 일이 많아서 경기의 박진감이 어마어마하다.

시각적인 부분 못지않게 크게 차이가 나는 부분은 청각이다. 중계 화면에서는 해설자와 캐스터의 음성을 넣어야 해서 현장음을 선택적으로 넣고 볼륨도 낮춘다. 하지만 현장에서는 선수, 스태프, 웜업존의 응원 소리, 관중들의 함성과 응원단의 마이크 소리까지 한꺼번에 와글와글 들리기 때문에 현장감이 다르다. 특히 선수들이 공을 강하게 때릴 때 나는 '뻥!' 하는 소리는 현장에서 들으면 소름이 돋을 정도로 시원하다.

그리고 요즘은 경기장에 대형 화면이 설치되어 있으므로 필요한 정보들은 직관 도중에도 충분히 얻을 수 있다. 김천 실내체육관도 대각선으로 좌우 스탠드 상단에 두 개의 거대한 화면이 설치되어 있어 고개를 조금만 돌리면 쉽게 볼 수 있었다. 예전엔 비디오 판독 시간에 흐름이 끊기는 문제가 있었는데 지금은 이 대형 화면으로 관중들이 판독관이 보는 것과 똑같은 슬로우 비디오 화면을 볼 수 있어 오히려 긴장감 넘치는 볼거리로 자리 잡았다. 비디오 판독 타이밍에는 긴장감을 높이기 위해 스릴러 영화에 나올 법한 음악들이 나오는데 이 음악이 구장마다 다른 것도 재밌는 즐길거리다.

## 참을 수 없는 직관의 매력

하지만 배구를 조금 볼 줄 알게 되었다면 직관에서 보고 즐길 거리가 훨씬 더 늘어난다. 앞서 말한 것처럼 중계 화면에서는 시청자의 흥미를 높이기 위해 다양한 앵글의 화면, 클로즈업과 슬로우 화면 등을 번갈아 보여준다. 이렇다 보니 카메라로 보여주는 부분 이외의 다른 부분들은 보기 어렵다는 문제가 있다.

예를 들어 도로공사팀의 가장 특징적인 부분은 박정아 선수의 공격력을 살리기 위해 고안된 2인 리시브 체제다. 단 두 명의 선수가 넓은 서브 리시브 공간을 다 커버하는 놀라운 모습을 보이는데, 문제는 서브를 하는 순간 카메라는 서브하는 선수를 잡는 게 상식이기 때문에 정작 서브를 받으려고 약속된 포메이션을 취하고 있는 긴장감 넘치는 도로공사팀의 모습은 확인하기 어렵다는 것이다.

나도 이번에서야 비로소 마음껏 도로공사팀의 포메이션을 확인해볼 수 있었다. 리베로 임명옥, 레프트(같은 라이트) 문정원 두 선수의 리시브 직전 긴장감은 폭발할 것처럼 팽팽해 보였다. 문정원 선수는 직접 보니 상당히 여린 느낌이었는데 저런 몸에서 어떻게 차돌처럼 단단한 수비와 다양한 플레이가 나오는지 감탄스러웠다. 직관에 와서야 처음 확인한 것은 도로공사에서 2인 리시브 시스템만 쓰는 것은 아니라는 점이었다. GS칼텍스 팀에서 서브가 강한 레티치아 모마 바소코 선수나 강소휘 선수가 서브할 때는 빠져 있던 박정아 선수도 들어와서 부분적으로 리시브에 가담하는 식의 변형을 주는 방식으로 운영하고 있었다.

팀의 포메이션이 가장 급격하게 변화하는 것도 서브 직후 로테이션에서 풀리면서 리시브 체제로 변화하는 수비팀 코트다. 역시 중계 화면에서는 자세히 볼 수 없던 그 포메이션의 변화를 이번엔 원 없이 봤다. 서버, 경기 상황, 리시브 후 작전에 따라 수없이 바뀌는 포메이션은 보고 있으면 눈이 어지러울 정도였는데 이 포메이션의 복잡도, 수행의 정확도를 보고 있으면 팀별 훈련도의 차이가 한눈에 들어왔다. 직관이 아니면 절대로 느낄 수 없는 부분이다.

웜업존 선수들의 모습을 보는 것도 또 다른 재미다. 중계 화면에서도 종종 비춰주긴 하지만 웜업존에서 선수들은 끊임없이 응원하고 춤추고 웃으며 반응을 한다. 플레이 하나하나에 두 손을 모으고 집중하다가 펄쩍펄쩍 뛰는 모습을 보면 최고의 리액션 담당이 아닌가 싶기도 하다. 중계 화면과 달리 코트와 웜업존의 거리가 실제로는 그리 멀지 않기 때문에, 코트와 웜업존을 한눈에 담고 플레이에 반응하는 웜업존 선수들의 모습을 보는 것도 아주 재밌다.

하지만 현장에서 선수들보다 더 바빠 보이는 사람들이 응원단장과 치어리더들이다. 30초, 60초 타임아웃 시간마다 다양한 볼거리를 선사하는데, 타임아웃이 끝나면 즉시 2층 관중석 여기저기로 뛰어올라가 응원을 이끌어야 해서 뛰어다니랴, 옷 갈아입으랴, 춤추고 노래하고 선수별 구호 외치랴 아주 정신이 하나도 없다. 이분들 덕분에 경기장 전체에 생기가 돈다.

오늘 경기는 홈팀 팬들에게는 아쉽게도 3 대 0 셧아웃으로 GS칼텍스가 승리를 가져갔다. 하지만 우울하거나 화를 내는 대신 팬들은 여전히 싱글벙글이다. 경기 직후에 선수들은 다시 코트에 나와 마무리 스트레칭을 하고, 그들이 경기장을 빠져나갈 때 팬들은 선수들에게 이런저런 말을 건네기도 한다. 조금 큰 소리로 말하면 다 들릴 수 있는 거리라서 선수들도 웃으면서 인사하기도 한다.

마지막으로 선수들에게 사인을 받고 싶다면 서둘러 밖으로 나가 선수단 버스가 서 있는 곳으로 가면 된다. 배구에서는 선수들이 퇴근하면서 사인을 해주거나 사진을 함께 찍어주는 것이 당연한 문화로 자리 잡고 있기 때문에, 기다리고 있다가 한 명씩 나오는 선수들에게 부탁하면 그리 어렵지 않게 사인을 받고 인증샷을 찍을 수 있다. 최근엔 팬들이 너무 몰려서 다 응하는 게 어려운 경우도 있다고 하지만, 다른 스포츠에 비해 선수와 팬의 거리가 가까운 것이 배구의 큰 매력 포인트이니만큼 선수와 팀에서 계속 신경 써주었으면 하는 부분이다.

경기장 밖으로 나오니 완전히 어둠이 내렸다. 김천 자체가 큰 도시가 아니지만 경기장은 여기에서도 외곽에 자리 잡고 있어서 다른 건물들의 불빛은 저 멀리 보이고 있었다. 그럼에도 가족 단위로 경기장을 찾은 많은 사람들이 "재밌었어? 우리 다음에 다시 올까?"라는 대화를 나누며 경기장을 나서는 모습을 보니 지방 도시에 아주 소중한 문화적 자산으로 배구가 자리 잡아가고 있다는 생각이 들었다.

차를 몰고 부산으로 향하는 길에 이런 즐거움을 더 많은 사람들이 향유할 수 있는 기회가 늘어났으면 좋겠다는 바람이 다시 한 번 들었다. 구도(球都) 부산이라, 공놀이라면 부산 사람들이 아주 화끈하게 불타오를 수 있는데 말이다.

# III

# 배구가 처음이신가요?

2부의 내용이 배구라는 스포츠를 둘러싼 주변의 이야기를 다루었다면, 이제 3부부터는 본격적으로 배구의 규칙과 포지션, 공격과 수비의 기술에 관한 이야기들을 들려드리도록 하겠습니다. 어떻게 보면 이 책의 가장 핵심적인 부분이라고 할 수도 있겠네요. 책을 쓰면서 가장 고민이 됐던 부분이기도 합니다. 너무 깊이 들어가면 복잡하고 재미가 없어지고, 너무 가볍게 다루면 배구를 이해하는 데 별로 도움이 되지 않을 테니까요. 한꺼번에 모든 걸 이해하려고 하시기보다는 평소 배구 경기를 보시면서 하나씩 내용을 확인해보시거나, 반대로 궁금한 부분이 생길 때 찾아보시면서 배구에 친숙해지는 계기를 만들어가시면 어떨까 싶습니다. 그러니 지금까지 제 손을 잡고 잘 오신 것처럼 가벼운 마음으로 한 페이지씩 계속 가보자구요.

1장

# 배구의 포지션

지금까지는 배구의 탄생과 역사를 되짚고, 경기장을 둘러싼 다양한 풍경을 제시하며 독자들을 배구의 세계로 초대해보았다. 글을 읽으시면서 여러분도 배구가 조금 더 가깝고 친근하게 느껴지셨기를 바란다. 이제부터는 배구장의 코트 위로 여섯 명의 선수를 등장시켜보자.

선수를 오른쪽 구석에 뭉쳐놓든 왼쪽 라인에 일자로 세워놓든 뒤에서 설명할 '로테이션 룰'에만 어긋나지 않는다면 별문제가 안 될 것이다. 그렇지만 앞서 보여드린 경기장의 크기를 감안하면 자연스럽게 좌우로 한두 발자국 안에 커버가 가능한 3미터 폭을 기준으로 앞줄에 세 명, 뒷줄에 세 명이 늘어서는 모양새가 된다.

이렇게 대략의 위치가 정해지고 나면 당연히 '어, 각 위치에 따라서 맡게 되는 역할이나 필요한 능력이 다르지 않을까?' 하는 생각이 들게 된다. 예를 들어 앞줄에 서는 사람은 키가 크면 좋을 것 같고, 뒷줄에서 수비하는 사람은 몸이 빠른 게 좋을 것 같다는 생각은 누구나 할 수 있지 않을까?

이런 선수들의 위치를 '포지션(position)'이라고 하는데 배구의 역사가 쌓이면서 각각의 위치에 따른 역할은 점점 더 세분화되었다. 이에 따라 현재는 대략 다섯 개 정도의 포지션이 정립되었다.

## 코트 한가운데 높이 솟은 산, 센터(Center)

여러분이 배구팀의 감독이 되었다고 생각해보자. 팀에서 가장 키가 큰 선수를 어디에 배치할까? 큰 키의 장점은 상대방의 공격을 막는 블로킹에 유리하다는 점이니까 당연히 앞줄에 배치해야 할 텐데, 상대방의 공격이 좌우 어느 쪽으로 올지 모르기 때문에 몇 걸음만 움직이면 양쪽 모두 달려가서 수비를 도울 수 있는 한가운데에 배치하는 것이 가장 상식적일 것이다.

이렇게 가운데에 배치되는 가장 키 큰 선수의 포지션을 '센터'라고 칭한다. 주로 블로킹하는 역할을 하기 때문에 '미들블로커(MB)'라고 부르기도 한다. 남자배구 선수 중에는 한국전력의 신영석 선수, 여자배구 선수로는 현대건설의 양효진 선수가 유명하다.

공격으로 한 점을 따내는 것보다 수비로 한 점을 따는 것이 훨씬 어렵고 경기의 흐름에 큰 영향을 미치기 때문에 센터는 수비수로서 큰 의미가 있다. 그럼에도 센터가 공격에 능하다면 높은 타점에서 나오는 공격을 상대방이 막기가 대단히 까다로워지고,

어느 팀이나 주공격수가 포진되어 있는 양쪽 사이드를 신경 쓰기도 바쁜데 센터에서까지 공격이 꽂히면 수비 진영이 엉망이 되는 경우가 많아 공격의 차원에서도 대단히 강력한 무기가 된다. 양효진 선수가 2021년 기준으로 7억 원의 연봉을 받아 여자배구 연봉 순위 1위를 기록하고 있는 것도 어찌 보면 당연하다고 할 수 있다.

로테이션 시스템 때문에 선수들이 자리를 옮겼을 때 앞줄에 센터가 한 명도 없으면 수비가 뻥뻥 뚫릴 것이다. 그러므로 어떻게 돌아도 앞줄에 최소한 센터 1명이 자리 잡을 수 있도록 코트 안에 센터를 2명 배치하는 게 일반적이다.

## 뭐든 다 합니다, 레프트(Left)

이렇게 네트 가운데에 우뚝 솟은 산과 같은 센터의 양옆으로 자리 잡고 있는 선수들은 주로 스파이크 공격의 역할을 맡기 때문에 날개와 같다고 해서 '윙스파이커(wing spiker)'라고 불린다. 그런데 배구가 발전하다 보니 좌측과 우측의 포지션이 각각 쓰임새가 달라지지 않겠는가 하는 생각에 이르게 되어, 통상 좌측을 윙스파이커, 우측을 아포짓 스파이커라는 명칭으로 구분해서 부르게 되었다.

이처럼 생각하게 된 결정적인 이유는 팔의 위치와 관련이 있다. 자, 일단 윙 포지션을 이해할 때 주의할 점은 명칭이 코트에 서 있는 우리 편 선수들의 시점에 따라 붙어있다는 것이다. 즉, 우리 편 코트에서 네트 쪽 시점으로 보면 오른쪽에 있는 선수가 '라이트'고 왼쪽에 있는 선수가 '레프트'다.

일상적으로 보면 왼손잡이보다는 오른손잡이가 더 많다. 우리나라의 경우 왼손잡이가 전 국민의 5% 정도로 추정되고 있고 세계적으로 보아도 12% 정도다. 열 명 중 아홉 명은 오른손잡이라는 뜻이다.

그런데 좌우 두 윙스파이커가 네트에서 스파이크를 하기 위해 오른손을 들고 있다고 생각해보자. 세터가 네트의 가운데서 좌우로 공을 토스해서 올려준다면 코트 왼쪽에 서 있는 선수는 자신에게 날아오는 공을 그대로 빠르게 공격할 수 있지만, 라이트의 선수는 자신의 왼쪽 어깨를 지나쳐 올라오는 공을 때려야 하고 네트 끄트머리에 바짝 붙게 되어 때릴 수 있는 코스도 제한되는 문제가 생긴다. 그래서 공격수들이 주로 왼쪽에서 공격을 하게 되었고, 오른쪽은 왼손잡이 선수를 배치하거나 공격을 전담하는 선수를 배치하게 되었다.

하지만 최근엔 이렇게 좌우를 구분하는 게 다 '아이고, 의미없는' 일이 되고 있다. 이 얘기 역시 뒤에 자세히 풀어볼 계획이다. 어쨌든 아무래도 오른손잡이가 많다 보니 반드시 2명이 들어가야 하는 센터, 세터 1명을 빼면 3명이 들어갈 수 있는 공격수 중에 2명이 오른손잡이, 1명이 왼손잡이가 되는 경우가 많다. 팀별로 레프트가 2명 들어가는 이유가 여기에 있다.

결국 중·고등학교 배구에서 키가 크면 볼 것 없이 센터를 맡고, 센터를 할 만큼은 아니지만 어느 정도 신체 조건이 되는 공격수는 왼손잡이가 아니라면 다 레프트로 몰린다. 그렇기 때문에 우리나라에서 에이스급 간판선수들은 레프트인 경우가 많다. 대표적으로 이미 레전드 반열에 올라 있는 김연경 선수가 레프트 포지션이다. 김연경 선수는 키도 192cm로 센터인 양효진 선수

(190cm)보다 더 크다. 이미 신체 조건에서부터 예외적인 수준이라고 할 수 있다.

그런데 레프트가 2명이니 로테이션이 돌다보면 반드시 한 명은 앞에, 한 명은 뒤에 있게 되고 뒷선으로 가면 당연히 서브 리시브를 담당해야 한다. 그래서 레프트는 공격 능력은 기본이고 리시브도 잘해야 하고 수비도 잘해야 하고 앞선으로 가면 센터와 함께 점프해서 블로킹도 잘해야 한다. 말 그대로 만능 캐릭터인 것이다. 너무 혹사를 당하다 보니 부상도 잦은 편인데 현대캐피탈의 전광인 선수의 경우 자타가 공인하는 허슬 플레이어라서 고질적인 무릎 부상으로 고생하기도 했다. 이렇게 모든 능력을 다 최상급으로 끌어올리기는 어렵다는 판단에 공격형 레프트, 수비형 레프트로 나눠서 역할을 분화하는 경우도 있다.

수비 능력은 레프트와 라이트 포지션을 떠나 한 팀 혹은 한 선수의 중요한 변수로 작동할 때가 많다. 이를테면 한국도로공사의 문정원 선수가 대표적으로 리시브가 매우 강한 수비형 선수인데, 특이하게도 그녀는 왼손잡이이기 때문에 라이트이면서 수비를 맡고 있다. 도로공사팀의 입장에서는 해외 선수 중에서도 오른손잡이 공격수를 찾는 게 훨씬 더 편하기 때문에 문정원 선수는 대단히 소중한 자원이라고 할 수 있다. 그래서 2021년 현재 도로공사의 외국인 선수는 오른손잡이인 켈시 페인 선수이며, 올림픽 국가대표팀에서도 뛰었던 박정아 선수와 켈시 선수 두 사람이 도로공사의 레프트를 맡고 있다.

김연경에 대해서도 마찬가지의 설명이 가능하다. 가끔 레프트 선수 가운데 김연경 선수 정도의 공격력을 지닌 선수가 해외선수 중에도 몇 명 있는 것 같은데, 그녀를 세계 최고 수준의 선수라고 추켜세우는 게 과하지 않냐고 말씀하시는 분들이 있다. 아마도 그분들은 배구를 볼 때 네트 주변에만 시선을 고정해서 보기 때문에 이렇게 말씀하시는 것 같다. 김연경 선수는 큰 키에도 불구하고 공에 대한 강한 집중력을 바탕으로 예외적일 만큼 수비가 좋은 공격수이기 때문에 감독들의 입장에서는 엄지를 치켜세울 수밖에 없다. 레프트 포지션의 교과서라고 할 만하다.

## 팀의 주포, 라이트(Right)

이 챕터의 제목처럼 라이트를 '팀의 주포'라고 말하는 경우가 많다. 그런데 실은 이건 프로배구, 그것도 주로 우리나라에 국한된 이야기다. 앞서 설명한 내용을 바탕으로 차근차근 풀어나가보자. 전반부에서 설명한 것처럼 앞뒤로 센터 2명, 레프트 2명을 배치하고 나면 어쩔 수 없이 대각선으로 두 자리가 남게 된다. 한 자리에 세터가 자리를 잡는다면 나머지 한 자리인 대각선 반대편에 라이트 공격수가 들어가게 되기 때문에 라이트를 '아포짓(opposit, 반대편)'이라고 부르는 경우가 많다.

굳이 세터와의 위치를 중심으로 부가적인 명칭이 붙은 이유는 따로 있다. 세터가 앞줄로 내려오게 되면 대각선 위치 때문에 필연적으로 라이트는 뒷줄로 가게 되어 있고, 그러면 세터가 앞줄에 있을 때 라이트에게 올리는 공격은 공격수가 전부 어택라인 뒤쪽에서 날아올라야 하는 백어택 공격이 되기 때문이다. 공격수의 역량이 높아야 하는 부담스러운 공격 위치일 수밖에 없다.

게다가 세터 역시 오른손잡이인 경우가 많은데, 오른손잡이는 자신의 왼쪽, 그러니까 레프트 위치로 토스하는 게 더 편하다고 한다. 스파이커의 공격에 유리하게끔 토스하려면 공이 최대한 네트 가까이 붙는 것이 좋은데, 세터가 주로 사용하는 손인 오른손으로 공의 궤적을 네트에 붙여서 컨트롤하려면 왼쪽을 바라보는 것이 더 편하기 때문으로 보인다.

자, 이런 설명들을 감안하면 라이트가 팀의 주공격수가 될 이유는 별로 없어 보인다. 실제로 중·고등학교 배구에서는 레프트가 에이스인 경우가 많다. 문제는 바로 이 지점에서 시작된다. 프로배구에서 신장과 기량을 모두 갖춘 왼손잡이 국내 선수를 찾는 것은 대단히 어렵다. 여자배구에서는 현대건설의 황연주 선수 정도가 국제적으로도 통하는 라이트 에이스의 마지막이라 할 만큼 라이트가 드물다. 그러므로 프로배구 드래프트에서 국내 선수들을 레프트 위주로 뽑고 나면 결국 팀당 1명을 뽑을 수 있는 외국인 선수는 자연스럽게 라이트를 찾게 된다. 아무래도 저변과 선택의 폭이 더 넓은 외국인 선수 가운데는 라이트 자원이 많기 때문이다.

그런데 여기서 다시 역순환이 일어난다. 딱 한 명만 뽑을 수 있는 외국인 선수는 팀의 득점 상당수를 책임져줘야 하는 에이스 공격수의 역할, 말하는 이에 따라서는 팀 전력의 50%라고 할 만큼 큰 비중의 역할을 차지한다. 그래서 외국인 라이트 선수를 뽑을 때 공격력과 수비력의 수준이 50 대 50인 멀티플레이어보다는 공격력이 극대화된 90 대 10 정도의 선수를 선호할 수밖에 없는 것이다.

이런 연유로 라이트로 뽑은 외국인 선수는 아예 서브 리시브를 면제시켜주고 공격에만 집중할 수 있게끔 '특화'하는 경우가 많다. 경기 중 수비 코트를 유심히 보면 외국인 선수가 아예 코트 바깥에 나와 있다가 공이 다른 선수에게 리시브가 된 후 코트에 뛰어들어 가는 경우가 있다. 리시브를 안 하는 외국인 선수가 코트 안에 있으면 의도적으로 그 선수를 겨냥해서 서브를 넣는 경우가 있기 때문에 아예 밖에 나와 있도록 하는 것이다. 가끔 그런 선수가 빨리 뛰어 들어오려고 코트 근처에서 어슬렁거리다가 바깥으로 나가는 서브를 피하지 못하고 몸에 맞아 점수를 내주는 재밌는 상황이 나오기도 한다.

이런 상황에서 여러분이 감독이라면 이 외국인 선수를 어떻게 활용할까? 수비까지 면제시켜주고 오로지 공격만 염두에 두고 뽑은 선수인데, 공격을 위한 토스의 상당수를 이쪽에 올리도록 하는 게 당연하지 않을까? 많은 팬들의 비판을 받는 '몰빵 배구'는 이렇게 해서 탄생하게 된다. 물론 선수 한 명의 기량에 의해 경기 전체가 좌지우지되는 게임은 단조로운 공격 패턴으로 인해 배구를 지루하게 만드는 원인이 되고 있다.

그렇지만 이는 애초에 국내 선수 자원의 한계 때문에 어쩔 수 없이 만들어진 패턴이기도 하고, 또 배구리그 전체적으로 흥미로운 구도를 유도한다는 점에서 무작정 비난할 일은 아니라고 본다. 거의 매해 바뀌는 외국인 선수의 지명권이 전 시즌 성적이 안 좋은 팀에게 우선권을 주는 방식으로 이루어져 리그 전체적으로 보면 팀 간 균형을 맞추기 때문이다. 몇 년간 하위권을 맴돌며 팬들을 안타깝게 했던 KGC인삼공사에 2019, 2020 시즌에 괴물급으로 불리는 발렌티나 디우프 선수가 가세해서 팀을 중위권으로 끌어올린 일이나, 창단 초기 어려움을 겪던 OK금융그룹 팀에 로베르틀란디 시몬 아티스 선수가 영입되면서 우승까지 거두었던 사례는 둘 다 이른바 '몰빵 배구'의 대표로 언급되지만, 크게 보자면 리그의 양극화를 막고 배구의 재미를 배가시키는 데 나름의 역할을 한 것이다.

문제는 다시 한 바퀴를 돌아 국내 선수의 측면으로 이어진다. 이렇게 프로배구에서 라이트 포지션이 외국인 선수의 전담 영역처럼 여겨지게 되자 국내 선수들 가운데 아마추어에서 라이트 포지션을 했던 선수들이 설 자리가 없어진 것이다. 왼손잡이가 아니더라도 공격력이 강한 반면 수비가 약한 선수, 특히 리시브에 약한 선수들이 라이트 주공격수를 맡는 경우가 많은데 프로에 오면 강제로 레프트로 옮겨가야 하고, 이는 안 하던 리시브를 해야 한다는 뜻이 되니 부담스러운 일이 될 수밖에 없다.

대표적인 사례가 앞에서도 계속 언급했던 한국도로공사의 레프트 박정아 선수다. 박정아 선수는 공격력은 탑클래스지만 리시브가 약해서 도로공사의 경우 이 선수까지 리시브를 면제하고 리시브를 뒷줄의 두 명, 레프트와 리베로만으로 메꾸는 '2인 리시브'라는 특이한 시스템을 운영하고 있다.

이 문제가 엉뚱하게 불똥이 튄 게 국가대표 배구팀의 라이트 기근 현상이다. 올림픽 등 국제대회에 나갈 국가대표팀은 당연히 우리나라 국적자로 구성할 수밖에 없기 때문에 늘 라이트를 맡던 외국인 선수가 빠지면 라이트 포지션을 맡을 사람이 없게 되는 것이다. 지난 도쿄올림픽 예선과 본선 과정에서 이 빈 곳을 훌륭하게 메운 선수가 기업은행의 김희진 선수였다. 팀에서는 센터로 활약하고 있었고 오른손잡이라는 한계도 있었지만, 김희진 선수는 국가대표팀에서는 라이트 포지션을 맡아서 강력한 공격력을 선보이며 우리나라의 올림픽 4강 진출에 큰 역할을 담당했다. 그러나 '주공격수'에 걸맞은 압도적인 기량은 아니었고 다음 올림픽에는 세대교체가 이루어져야 할 타이밍이기 때문에 국가대표팀 라이트의 부재는 계속 문제가 되고 있다.

하지만 최근엔 좌우 공격수를 레프트, 라이트로 나눠서 역할 구분을 하는 것이 별로 의미가 없다는 주장도 힘을 얻고 있다. 약간 불리한 면이 있긴 하지만 오른손잡이라고 라이트 포지션에서 공격을 못 하는 것도 아니고, 서브 리시브가 모든 공격의 시작점인데 아무리 공격력이 좋다고 해도 수비를 못 하는 반쪽짜리 선수는 의미가 없다는 전략, 즉 전원 수비, 전원 공격의 '토털 배구' 전략이 세계 배구의 주류로 자리를 잡아가고 있는 것이다. 외국 리그에서는 라이트, 레프트라는 명칭 대신 아웃사이드 히터(Outside Hitter, OH), 아포짓이라는 명칭을 자주 사용하는데 이런 명칭 구분 자체가 의미가 없다는 의견에 힘이 실리는 중이다.

토털 배구가 좋은 전략이라는 건 알겠는데, 결국 이는 '다 잘하는 선수가 좋은 선수'라는 뻔한 얘기이기도 하다. 우리나라처럼 선수 저변에 한계가 있는 상황에서는 배부른 희망 사항일 수 있다는 것이다. 토털 배구와 그 대안에 관해서는 이 책의 4부 5장에서 더 깊이 다루어보았다.

## 코트의 사령관, 세터(Setter)

당신이 거대한 군함을 통솔하는 선장이라고 생각해보자. 전투 중에 당신의 위치는 배에서 어디쯤이 적당할까? 흔히 영화에서 등장하는 위치는 배에서 가장 높은 위치인 '함교(bridge)'다.

왜 여기일까? 첫째는 가장 높은 위치라서 사방이 잘 보이기 때문이다. 기관실에서 엔진을 돌리는 기관병, 갑판 위에서 뛰어다니는 갑판병은 전체적인 상황을 파악하기 힘들 테니 함교에서 내려오는 명령에 따라 움직일 수밖에 없다. 둘째는 여기에서 배의 각 부분으로 명령을 내려 보낼 뿐 아니라 키를 돌려서 직접 배의 방향을 정할 수 있는 조타기(操舵機)가 이곳에 있기 때문이다. 그래서 손잡이가 여러 개 달린 바퀴 모양의 조타기는 배의 상징이자 선장의 권위를 드러내는 상징처럼 여겨지기도 한다.

배구에서 이런 역할을 하는 사람은 누구일까? 코트 바깥에는 감독이 있고 코트 안에는 선수 전체를 대표해서 주심에게 의견을 전하는 주장이 있지만, 실질적으로 어떤 플레이를 어떻게 할 것인지 결정하는 것은 세터의 권한에 속한다. 이렇게 된 데에는 우리 코트로 넘어온 공이 세 번 튕기는 동안 세터가 두 번째 토스를 하는 역할에 특화되어 있기 때문이다. 서브된 공을 맨 처음 받는 것을 '리시브(receive)'라고 하는데, 워낙 상대 팀의 서브가 강하게 혹은 빈 곳을 노리고 교묘하게 들어오기 때문에 이 공을 그대로 공격으로 연결하는 것은 쉽지 않다. 그래서 두 번째로 공을 받는 사람이 공격하기 좋은 위치로 공을 보내줘야 하는데 이렇게 공격을 위한 준비, 환경을 세팅해준다는 의미에서 '세터'라고 부른다.

일단 공이 넘어오면 이 단계가 대단히 빠르게 이어지기 때문에 매끄러운 연결을 위해서는 미리 어떻게 플레이할지 선수들 간에 약속되어야 한다. 즉, 리시브가 되면 내가 오른쪽으로 보내겠다, 왼쪽으로 보내겠다, 아니면 가운데로 올리겠다, 그러니 누구누구 준비해라, 이런 식으로 미리 정해두지 않으면 타이밍을 맞춰서 공격수가 점프하는 것이 어려운 것이다. 배구 중계를 볼 때 서

브를 준비하는 선수만 보지 말고 반대편에서 서브를 받을 준비를 하는 코트를 유심히 들여다보자. 그럼 세터가 반드시 네트 앞에서 상대편이 보이지 않고 우리 선수만 보이도록 뒤로 돌아서서 손가락으로 이런저런 사인을 보내고 서둘러 자기 위치로 뛰어 돌아가는 것을 볼 수 있다.

그런데 어디 리시브가 그렇게 마음먹은 대로 곱게 곱게 되기만 하겠나? 리시브 실수로 공이 엉뚱한 곳으로 튀거나 상대편 블로커가 우리 작전을 눈치채고 기존에 우리가 약속했던 방향으로 몰려오는 등의 돌발 상황이 발생하면, 암초를 만나 조타기를 확

꺾는 선장처럼 세터가 다른 곳으로 공을 올릴 수도 있다. 이때 공격수들은 '야, 약속하고 다르잖아?', '나한테 왜 이래?' 하고 거부할 수 있는 게 아니라서 올라오는 대로 공을 때릴 수밖에 없다.

그래서 세터는 코트의 장악력도 강해야 하고 리더십도 있어야 한다. 대표적인 일본의 배구 만화 『하이큐!!』를 보면 두 명의 주인공 중 한 명으로 세터인 카게야마가 등장하는데 극 중에서 상당히 독선적인 성격으로 '코트 위의 대왕마마', '독재자'로 동료들에게 따돌림을 당하기도 한다.

세터는 이렇게 배구 경기에서 비중이 대단히 크기 때문에, 1부에서 적었듯 야구를 '투수 놀음'이라고 하는 것처럼 배구는 '세터 놀음'이라고 말하는 이도 있다. 그만큼 세터 한 명은 팀 전체의 분위기를 바꿔놓을 수도 있고 좋은 세터는 정말 귀한 보물로 여겨지기도 한다. 우리나라 남자배구에서 각기 한 시대를 풍미했던 김호철 세터, 신영철 세터의 뒤를 이어 현재는 대한항공의 한선수 세터가 자신의 시대를 만들어가고 있고, 여자배구에서는 이도희 세터, 이효희 세터 등이 정확한 토스로 유명했다. 세터 출신 선수들이 모두 은퇴 이후에도 감독이나 코치로 활약하고 있는 것도 경기를 보는 눈이 넓고 전략적 사고에 강하다는 특징이 반영된 것이다.

## 죽어가는 공도 살리는 메딕, 리베로(Libero)

여기까지 글을 꼼꼼하게 읽으신 분들은 센터 2명에 레프트 2명, 라이트 1명, 세터 1명이면……. 6명으로 코트가 꽉 찼는데 아직 남은 포지션이 있다는 것에 당황하실지도 모르겠다. 사실 배구 역사로 보면 비교적 최근인 1997년부터 국제경기에 도입된 포지션이라서 아주 오래전에 배구를 보신 분들이라면 익숙하지 않을 수도 있는 '리베로' 포지션이다. 배구 중계를 보면 유독 팀의 선수들과 다른 튀는 색깔의 유니폼을 입은 선수가 보일 텐데 이 선수가 바로 리베로다. 이 포지션은 의외로 배구에서 매우 특이하고 매력적인 역할을 담당하고 있어서 조금 자세히 설명해보려고 한다.

뒤에 설명하게 될 로테이션 시스템에 의해 선수들이 포지션을 옮기게 되면 앞줄에서 공격할 때는 강하지만 뒷줄에서 수비할 때는 불리한 선수들이 뒤로 자리를 옮겨갈 때 팀 전체의 수비가 허술해지는 문제가 생기게 된다. 가장 대표적인 포지션이 키가 커서 자세를 낮추어 수비를 하기 어려운 센터다.

그래서 예전에는 감독이 수비를 잘하는 선수로 교체해서 수비를 강화했는데 이 경우 한 세트당 여섯 번으로 제한된 선수 교체 카드를 소비하는 것이기 때문에 수시로 하는 것은 불가능했다. 이를 보완하기 위해 뒷줄의 어떤 선수와도 자유롭게 교체가 가능한 수비 전담 선수인 '리베로(이탈리아어로 '자유인')' 제도를 도입하게 되었다. (배구에서 선수 교체는 원래 선발 멤버였던 A라는 선수가 B와 교체되었는데 A가 다시 들어가려면 반드시 B와 바꿔야 한다. 이렇게 같은 선수가 나갔다가 들어오고, 여기에 수시로 들락날락하는 리베로까지 있다 보니 엄청나게 자주 선수 교체를 하는 것으로 보이는 것이다.)

의도는 알겠는데, 언제나 주최 측의 의도를 꼼수로 돌파하는 이들이 있기 때문에 이를 막기 위해 리베로 제도의 적용은 점점 더 복잡해진다. 예를 들어 리베로라고 들어왔는데 수비 전담이 아니라 서브가 강점인 경우도 있을 수 있다. 리베로는 규정상 뒷줄의 누구와도 횟수 제한 없이 교체할 수 있으므로 악용될 경우 한 선수가 경기 내내 서브를 넣는 사태가 벌어질 수도 있다.

그러다 보니 리베로는 서브를 넣을 수 없다는 규정이 추가되었다. 앞서 뒷줄로 간 센터가 리베로로 교체되는 경우가 많다고 했지만 센터가 뒷줄로 가서 서브를 넣는 장면이 나오는 이유는 리베로가 서브를 넣을 수 없어서 일단 서브 순서가 지나가야 리베로와 교체할 수 있기 때문이다. 이걸 노려서 우리 센터가 서브를 하면 상대는 수비가 약한 그 센터 쪽으로 공격을 하려고 시도하기도 한다. 정말 장군 멍군 머리싸움이 점입가경이다.

꼼수는 끝이 없다. 일단 뒷줄 선수니까 앞줄로 나와서 블로킹하는 건 당연히 불가능하지만, 백어택을 시도할 수도 있기 때문에 리베로는 공격도 못 하도록 규정되었다. 그랬더니 '공격이란 무엇인가?'라는 근원적이고 철학적인 질문이 튀어나왔다. 이에 대해 현재 규정은 '점프한 뒤 네트 위에서 공을 치는 행위'로 보고 있다. 리베로가 바닥에 납작 달라붙다시피 움직이는 데는 다 이유가 있는 것이다.

하지만 아직도 빈틈은 있다. 서브도 안 되고 공격이나 블로킹도 못 하게 막았다면……. 그럼 세터로 쓰면 되겠네? 아, 진짜……. 이걸 또 막기 위해서는 세터가 주로 하는 오버토스를 못 하게 해야 하는데 오버토스를 완전히 금지해버리면 리베로가 높은 위치로 날아오는 공은 막을 수 없으므로 어택라인 앞쪽에서 리베로가 오버토스를 한 공은 다른 선수가 앞에 언급한 정의에 따른 '공격'을 할 수 없도록 막았다. 그러다 보니 리베로는 웬만하면 언더토스가 기본자세가 되었다.

그러나 이걸 또 깨뜨리는 경우도 있다. 위의 제한을 잘 읽어 보면 리베로가 어택라인 앞쪽에서 오버토스를 못 하도록 되어 있으니까 어택라인 안쪽에 뜬 공을 백어택을 하듯이 어택라인 뒤에서 날아올라 공중에서 오버토스 하는 건 괜찮겠네? 이런 말도 안 될 것 같은 생각을 하게 되었는데, 이 말도 안 되는 걸 현대캐피탈의 전설적인 현역 리베로 여오현 선수는 종종 한다. 규정 만드는 사람들도 지쳤는지 뭐 그렇게까지 하겠다면……. 하고 허용하고 있는 상황이다.

무제한 교체가 가능한 리베로의 특성을 활용한 꼼수 아닌 전략도 있다. 리베로를 둘 이상 두어서 서브 리시브 전담 리베로, 수비 시 디그(dig) 전담 리베로로 세분화해서 사용하는 것이다. 훈련도 초점을 맞춰서 할 수 있고 리베로의 체력도 아낄 수 있어서 현재 V리그에서도 이런 리베로 운용을 하는 팀들이 OK저축은행, GS칼텍스 등 여럿 있다.

앞서 세터가 코트 위의 선장, 사령관이라고 표현했지만 주로 공격에 한해서 하는 말이고, 수비에 있어서는 리베로가 전체 수비 진형을 지휘하는 핵심적인 역할을 맡는다. 그리고 내가 개인적으로 리베로 포지션에 가장 애정을 갖는 이유는 이 포지션이 다소 신체적 능력이 부족한 사람들에게 기회를 준다는 측면 때문이다.

대부분의 스포츠가 타고난 신체적 조건이 중요하고 특히 키가 큰 사람들이 유리하다. 네트가 있는 스포츠인 배구는 더 말할 나위도 없는데, 키라는 게 사람의 의지대로 되는 것도 아니고 예상이 가능한 것도 아니지 않은가. 김연경 선수처럼 뒤늦게 키가 쑥쑥 자라는 복 받은 예도 있지만 그 반대라면 어떨까? 초등학교 때부터 오로지 배구 선수의 꿈을 키우며 땀 흘려왔는데 고등학생,

프로에 진출할 나이가 되어서 더 이상 키가 크지 않는다면 이 사람은 인생의 진로가 완전히 뒤틀리지 않을까?

리베로는 이런 경우에 훌륭한 대안이 된다. 몸이 빨라야 하고 낮게 떨어지는 공을 잘 잡아낼 수 있도록 무게중심이 낮아야 해서 오히려 키 작은 선수가 각광을 받는 매우 드문 포지션인 것이다. 게다가 리베로는 과도한 점프를 하지 않기 때문에 신체에 무리가 덜 가서 비교적 선수 생명이 긴 편이다. 이 부분은 원래 리베로였던 선수에게도 좋은 점이지만 다른 포지션을 맡다가 나이가 들어 더 이상 점프의 높이가 예전 같지 않거나 몸에 부담이 많은 경우에도 훌륭한 대안이 된다. 나이 문제 때문은 아니었지만 지난 도쿄올림픽 여자대표팀의 주전 리베로였던 오지영 선수도 윙스파이커에서 리베로로 포지션을 바꾼 케이스다.

현재 여자배구가 남자배구보다 인기가 많은 이유로 도쿄올림픽에서의 성과를 꼽기도 하지만 실제로 경기를 관람해보면 여자배구에서 양 팀 사이에 아슬아슬하게 공이 오가는 멋진 랠리가 더 많다는 점이 매력적으로 다가온다. 배구의 수비 파트를 전반적으로 강화시킨 리베로 포지션이 없었다면 이렇게 랠리가 이어지는 것은 쉽지 않은 일이었을 것이다. 게다가 보는 이의 탄성을 불러일으키는 장면이자 배구에서 가장 화려한 장면 중 하나인 몸을 날리는 디그, 그 묘기에 가까운 수비들을 떠올려보자. 그런 수비가 대부분 리베로를 통해 나온다는 점을 생각하면 리베로 제도의 도입은 배구의 인기를 끌어올린 대단히 훌륭한 제도 변경 중 하나가 아닐까 싶다.

2장

# 로테이션 시스템

## 도대체 왜 뱅글뱅글 도는 거야?

배구라는 스포츠를 즐기는 방법을 최대한 쉽게 소개해드리려는 목적으로 나는 지금 이 책을 쓰고 있다. 그래도 여기까지 오면서 '야, 이거 너무 복잡한 거 아냐?' 하고 당황하신 분들이 계실지도 모르겠다.

문제는 지금부터 설명해드릴 '로테이션 시스템'이 배구에서 가장 어렵고 복잡한 부분이라는 점이다. 마치 축구가 룰이 간단해서 좋다는 사람을 기죽일 때 "이제 오프사이드에 대해서 이야기해볼까?"라든가 안 그래도 야구가 왜 이렇게 복잡하냐고 투덜대는 사람을 완전히 팬덤 바깥으로 밀어낼 때 "낫아웃(not out)도 모른다면 진정한 야구팬이라고 할 수 없지"라며 최종병기(?)를 꺼내드는 느낌이랄까.

하지만 이처럼 복잡한 규정들은 결국 해당 스포츠를 최대한 즐겁고 안정된 시스템으로 만들기 위해 고안된 것들이다. 특히 배구의 경우, 로테이션 시스템은 사실상 배구가 세계적인 스포츠로 발돋움할 수 있었던 디딤돌이 되었다 해도 과언이 아닐 만큼 배구의 아름다움에서 핵심적인 영역을 차지하고 있는 부분이라 이를 이해하면 배구를 보는 눈이 완전히 달라지실 거라고 장담한다. 그러니 마음 단단히 먹고 따라와주시길.

본격적으로 설명에 들어가기 전에 좀 다른 얘기를 해보자. 책의 서문에 썼듯이 나는 배구의 전문가가 아니다. 나의 실제 전공은 중·고등학교에서 사회 과목을 가르치는 사회 선생님들을 길러내는 사범대학의 법 교육 영역이다. 학생들이 2, 3학년일 때는 헌법, 형법 등 개별 법 내용들을 가르치고, 4학년부터는 실제 교실 현장에서 수업하는 것처럼 스스로 법 관련 교육 내용을 구성해서 수업을 하도록 한다. 이때 내가 조언이나 첨삭을 해주는 '연습' 과목을 진행한다.

그 연습 과목에서 거의 매번 내가 학생들에게 던지는 코멘트의 첫 질문은 "이 수업을 왜 했죠?"라는 거다. 학생들은 당연히 국가 수준 교육과정에서 가르치도록 되어 있는 내용이고 교과서에 나와 있으니 그걸 수업으로 구성했을 뿐인데 "왜?"라고 물으면 크게 당황한다. 그러면 질문을 좀 더 자세히 풀어준다. 이 수업 내용이 이전 수업 및 다음 수업과 어떤 관련이 있는가, 중·고등학교 학생들이 타이어 펑크 대처 요령이나 전구 교체 같은 실용적인 내용 대신 굳이 이 수업을 들을 이유가 무엇인가, 이 수업을 통해 교사는 어떤 가치와 목적을 전달하려 했는가…….

사실 이처럼 너무 근본적인 질문은 대부분 답하기 어려운 것들이다. 왜 사는가, 왜 먹는가, 왜 결혼하고 왜 아이를 낳는가와 같은 질문은 그 질문의 무게에 값하는 그럴듯한 답을 하는 것이 평생 어려운 것들이 아닌가. 하지만 차근차근 그 질문의 근원을 따져나가면 우리가 지금 당연하다고 생각하는 모든 일들에는 과거에 그것이 새로이 도입될 수밖에 없었던 어떤 이유가 존재하고, 계속 유지될 수밖에 없는 현재의 사정 또한 있다는 걸 알게 되기 마련이다. 무언가를 이해한다는 것은 단순히 그게 어떻게 작동되는지를 아는 것이 아니라 그게 왜 그렇게 작동하는가를 숙고하는 데서 시작되어야 한다.

또다시 농구를 소환해보기로 하자. 아주 단순화해서 이야기하자면 농구 경기의 목적은 공중에 매달려있는 바구니, 즉 림 안에 공을 넣는 것이라고 할 수 있다. 그렇다면 농구를 보다가 '가만있자, 아주 키가 큰 선수가 두 손으로 림을 막아버린다거나 날아오는 슛을 다 쳐내면 무조건 이기는 거 아냐?'라는 생각을 누구나 해보셨을 것이다. 농구 골대의 높이는 305cm이고 앞서 설명한 것처럼 선수들의 경우 제자리 점프를 해서 손을 뻗으면 3m를 넘기는 경우가 많으니 불가능한 일이 아니다. 쉽게 말하자면 덩크슛이 가능한 선수라면 누구나 할 수 있는 '완벽한 방어'가 되는 것이다.

이 방식의 문제는 말 그대로 '완벽'하게 방어가 되기 때문에 농구라는 스포츠 자체를 파괴한다는 것이다. 스포츠는 결국 불완전하고 예측불가능한 어떤 요소들을 내재하고 이 때문에 발생하는 다이내믹을 바탕으로 '재미'를 만들어내는 것이다. 경기만 하면 승리하는 너무 강한 팀이 있다면, 그 팀의 팬들은 좋을지 모르겠지만 리그 전체의 흥미는 크게 떨어진다. 마찬가지로 아예 점수를 한 점도 주지 않는 완벽한 수비 방법이 있다면 스포츠로서 농구는 끝장나게 된다.

그래서 이를 막기 위해 골대 바로 밑의 일정 구역(다른 색깔로 표시되어 있는 지역이라서 '페인트존'이라고 부름)에서 수비팀 선수가 3초 이상 머무를 수 없도록 하는 '수비자 삼초룰'이 있다. 아니, 그럼 페인트존 바깥에 서 있다가 공이 날아올 때 잠깐 뛰어들어가서 공을 쳐낼 수도 있지 않을까? 이런 문제를 막기 위해 '골텐딩(goal tending)'이라는 반칙도 있다. 포물선 궤도의 정점을 지나서 낙하하는 볼을 수비수가 건드리면 무조건 득점으로 인정하는 규정이다. 그러니까 공격수가 슛을 쏜 직후에 올라가는 공은 블로킹할 수 있지만 내려오는 볼은 막을 수 없도록 해서 골대가 원천적으로 봉쇄되는 것을 막은 것이다.

다시 한번 말하지만, 결국 이런 룰들은 스포츠가 지닌 본연의 불안정성을 유지시켜서 숨을 쉴 공간을 만들어내는 것이다. 이 공간이 너무 커지면 아이들의 놀이처럼 허술하고 긴장감이 떨어지겠지만 반대로 이 공간이 없어지면 스포츠가 죽음을 맞이하게 된다. 그 교묘한 긴장 관계를 유지하는 것이 모든 스포츠의 관건이다.

배구로 돌아와보자. 농구에서 키 큰 선수 한두 명이 경기를 완전히 재미없게 만들 수 있는 것처럼 배구에서도 비슷한 문제가 발생할 수 있다. 앞서 배구의 포지션 이야기를 길게 설명했는데 이렇게 포지션별로 역할과 능력이 특화되면서 각 포지션에서 압도적인 능력을 보여주는 선수들도 등장하게 된다. 아주 키가 큰 선수 두세 명이 네트 앞에 붙박이로 서서 모든 공격을 다 막아내는 장면을 상상해보자. 상상만으로도 숨이 막히고 지루해지지 않나?

남자배구에서 압도적 공격력을 선보이고 있는 케이타나 여자부의 최고 선수로 꼽히던 디우프가 두 시간 내내 줄창 스파이크를 때리는 배구를 보고 싶을까? 서브가 강한 것으로 유명한 문성민 선수가 모든 서브를 다 넣는 장면은……. (음, 이건 보고 싶을 수도 있다. 외모지상주의!) 아, 정신 차리자. 하여간 안 된다. 이런 경기는 정말 지루하고 재미없을 것이다. 아마 앞줄의 세 선수 빼고 뒷줄의 세 선수는 흘러나오는 공이나 수습하는 보조 선수 정도로 전락하여 전체적인 선수 풀도 대단히 빈약하게 될 것이고 작전이나 진형 같은 것도 아무 의미가 없는 단조로운 경기가 될 것이다.

그래서 배구에서는 한 선수가 한자리에만 말뚝 박고 있을 수 없도록 서브권을 가져올 때마다 한 칸씩 이동하는 시스템을 고안해냈다. 이는 여섯 명의 선수가 시계 방향으로 돌아가기 때문에 '돈다(rotate)'라는 뜻의 영어단어를 써서 '로테이션 시스템'이라고 부른다. 방금 말한 것처럼 '서브권을 가져올 때 한 칸씩' 이동하는 것이기 때문에 결국 이동의 기준은 '서브'다. 그래서 위치를 기억할 때 선수들이 서브하는 위치인 뒷줄 오른쪽이 1번이 된다고 생각하고, 시계 방향으로 돌기 때문에 서브를 할 다음 선수는 그 앞, 그러니까 네트 앞 오른쪽이 2번, 그 좌측 옆이 3번. 이렇게 된다.

의식적으로 기억하지 않으면 이 번호는 헷갈리기 쉽기 때문에 꼭 로테이션 시스템의 '이유'를 염두에 두고 기억하시길 권한다. 번호를 굳이 외우라고 권하는 것은 배구 중계를 볼 때 해설자들이 "지금 1번 자리로 서브를 넣었거든요", "공이 3번 자리로 떨어졌어요"라고 위치를 해설하는 경우가 많기 때문이다. 이 번호만 외워두어도 해설을 듣는 귀가 훨씬 업그레이드된다.

그런데 앞서 항상 '왜?'를 생각해야 한다고 했으니 예리하신 분들은 '왜 서브 위치가 오른쪽 모서리가 되었는가?'라는 의문도 가지실지 모르겠다. 이 부분 역시 일반적으로 오른손잡이가 훨씬 많기 때문에 레프트와 라이트의 역할 차이가 생겼다는 앞글의 포지션 설명과 관련이 있다. 즉, 서브를 넣는 선수 가운데 오른손잡이가 많기 때문에 이런 방향성이 생겼다.

사람은 아무래도 자신이 주로 사용하는 손과 팔 쪽 근육이 더 발달하게 마련이다. 어깨 구조상 몸 안쪽으로 휘두르는 것은 편하지만 바깥쪽으로 움직이는 것은 각도도 좁고 힘도 잘 안 붙는다. 따라서 오른손잡이 선수가 코스를 다양하게 선택하기 위해서는 오른쪽 모서리에 서서 서브를 하는 것이 더 편하므로 서브를 넣는 1번 선수의 위치를 오른쪽 모서리로 잡은 것이다.

물론 그렇다고 해서 서브 순서의 선수가 꼭 오른쪽 모서리에 서서 서브를 해야 하는 것은 아니다. 선수에 따라 가운데 위치를 선호하는 경우도 많으며, 도로공사의 문정원 선수같이 왼손잡이의 경우 앞서 오른손잡이와 반대로 힘의 방향이 작용하므로 왼쪽 모서리에서 달려나와 스파이크 서브를 넣는 독특한 모습을 보이기도 한다.

## 한없이 복잡해 보이는 변형 포지션

아직 책장을 덮고 가시면 안 된다. '야, 이제 내가 배구의 포지션과 로테이션을 완벽하게 익혔어, 다 덤벼!' 하는 뿌듯한 마음으로 TV 중계를 보시면, 일단 경기 직전 오프닝 화면까지는 깨달음의 기쁨을 맛볼 수 있다. 오프닝에서는 대개 1번부터 6번, 그리고 후위와 수시로 교대하는 리베로까지 순서대로 라인업을 설명해 주는데 왜 이런 순서이고 이게 어떻게 돌아가는지 드디어 알아볼 수 있게 되었기 때문이다.

문제는 실제 경기 장면에 들어갔을 때다. 선수들이 코트 가운데서 파이팅을 외치고 자신의 위치로 흩어져 서 있는 것을 보면 어라, 앞서 중계진이 설명한 화면처럼 예쁘게 줄을 맞춰 선 것이 아니라 제멋대로 흩어져 있다. 이게 뭐야, 이렇게 다 흩어놓을 거면 로테이션이고 뭐고 다 무슨 의미야……. 하고 화가 나시겠지만 진짜 재밌는 건 여기에서부터다.

앞서 설명한 것처럼 로테이션 시스템의 핵심은 모든 선수를 일정한 자리에 묶어두는 것이 아니고 앞줄과 뒷줄 선수들이 바뀌도록 하는 것이다. 만약 모든 선수가 제자리에 못 박혀있어야 한다면 배구가 엄청나게 경직된 스포츠가 되어버릴 것이다. 그래서 일단 플레이가 시작되면 뒷줄 선수들이 앞줄로 나와서 블로킹을 하거나 공격을 하는 것은 금지되지만, 그 외에는 당연히 선수들이 코트 전체를 누비며 자유롭게 플레이할 수 있다.

하지만 이 쉬워 보이는 전제에도 또 고민되는 부분이 있다. '플레이가 시작되면'의 기준이 언제인가 하는 점이다. 배구에서는 일단 공이 공중으로 떠올라야, 그러니까 서브가 이루어져야 그 공이 바닥에 떨어질 때까지(공이 죽는다는 뜻으로 '볼 데드Ball Dead'라고 말한다. 죽고 사는 문제라니, 왠지 절대로 공을 떨어뜨리면 안 될 것 같다는 느낌이 들지 않나?) 플레이가 이어지게 된다. 그러니 서브를 하는 시점, 그러니까 서브하는 선수가 공을 때리는 시점부터 '준비, 땅!' 하는 것처럼 플레이가 시작되는 것으로 본다. 그때부터는 선수들이 자유롭게 움직일 수 있는 것이다.

그럼 '플레이가 시작되기 전'에는? 당연히 원래 정해진 위치에 서 있어야 하고 만약 위치를 어기면 '포지션 폴트(position fault)' 반칙으로 실점하게 된다. 어디 계속 시비를 걸어볼까, '정해진 위치'가 도대체 어디란 말인가? 코트를 6등분해서 가로 3미터 세로 4.5미터 박스 안에 있어야 하나? 바닥에 아무 표시도 없는데?

그래서 포지션 폴트는 선수들 간의 상대적인 위치로 결정한다. 즉 서 있는 발의 위치를 기준으로, 정해져 있는 로테이션 위치에서 자기보다 앞의 선수보다는 뒤에, 자기 옆에 있는 선수보다는 옆에 있으면 된다. 그래서 아무렇게나 서 있는 것처럼 보이지만 자세히 보면 자신의 앞, 옆에 위치해야 할 선수들을 의식해서 상대 위치를 잘 맞춰서 서 있다는 것을 알 수 있다……. 아니다, 솔직히 말하자면 알 수 없다. 왜냐면 이게 워낙 복잡한 문제라서 관객이 눈으로 보면서 저런 포메이션을 다 읽어낸다는 것은 가히 배구의 신에 근접하는 영역의 문제가 되기 때문이다.

다행히도 이 부분은 심판들이 다 알아서 판정해 준다. 리시브를 받는 쪽의 포지션은 부심이, 서브 넣는 쪽의 포지션은 주심이 보도록 되어 있는데, 대개 리시브를 받는 쪽이 부산하게 움직이게 마련이므로 중계를 보다 보면 부심이 포지션 폴트를 지적하는 것을 자주 볼 수 있다. 부심조차도 계속 돌아가는 로테이션이 헷갈릴 수 있어서 네트 기둥에 태블릿 PC를 매달아 놓고 참고하면서 위치를 파악한다.

그러니 우리는 선수들의 플레이만 집중해서 보다가 심판이 포지션 폴트를 선언하면 아, 저게 어떤 선수가 로테이션 위치를 어긋났다는 뜻이구나, 마음이 급했거나 정신이 없었던 모양이네, 하고 알아들으면 된다. 심지어 아마 해설자가 어떤 선수가 포지션 폴트인지도 이야기해줄 것이다. 이건 선수들이 플레이를 해보지도 못하고 점수를 빼앗기는 거라서 감독들이 가장 어이없고 안타까워하는 장면이기도 하다.

그럼 도대체 왜 이렇게 선수들이 정신없이 서 있는가? 당연하게도 이런 복잡한 포메이션이 조금이라도 점수를 따기에 유리하도록 고심해서 세운 작전이기 때문이다. 로테이션 룰은 지켜야 하겠지만 팀의 포지션은 그 룰대로만 움직일 수는 없다. 예를 들어 앞에 설명했던 라이트 포지션의 외국인 선수가 리시브를 하지 않기로 약속되어 있는 경우를 생각해보자. 그가 로테이션상 상대편이 서브한 공이 날아오는 위치에 서 있다면, 상대편이 서브를 넣는 순간 재빨리 코트 바깥으로 빠졌다가 일단 공이 리시브되고 난 후에 다시 코트로 뛰어들어야 한다.

우리 어릴 적에 다 해보았던, 〈오징어 게임〉이라는 드라마로 다시금 유명해진 '무궁화꽃이 피었습니다'란 놀이를 상기한다면 쉬울 것이다. 이 놀이에선 술래가 고개를 돌리고 "무, 궁, 화, 꽃, 이, 피, 었, 습, 니"라고 말하는 동안은 마음대로 움직이다가 "-다!" 하면서 고개를 홱 돌리는 순간 얼음처럼 몸이 딱 굳어서 움직이는 사람을 잡아낸다. 서브의 로테이션 포메이션은 정확히 이 반대라고 보면 된다. 선수들이 원래 정해진 로테이션 위치에 서 있다가 상대편 서버의 손이 공에 딱 맞는 순간 후다닥 움직여서 세터가 미리 지정한 공격/리시브 위치로 이동하는 것이다.

그런데 공이 서버의 손에 맞고 우리 코트에 떨어지기까지 불과 1, 2초밖에 안 되는 시간에 이렇게 포메이션을 바꾸려니 한 걸음이라도 더 나중에 움직일 위치 쪽에 미리 가 있으려고 시도하게 된다. 그러다 보니 로테이션 룰에서 어긋나지 않는 최대한 공격/리시브 위치에 가까운 형태로 선수들의 배치가 찌그러질 수밖에 없다.

문제는 그러다 보니 선수들의 마음이 급해진다는 것이다. 한 걸음이라도 빨리 움직이지 않으면 다른 선수들의 플레이에 방해가 되거나 리시브에 구멍이 생기기 때문에 상대편이 서브를 하기도 전에 한두 걸음 움직여버리는 경우가 많고, 이를 심판이 매의 눈으로 잡아낼 경우 '포지션 폴트'가 선언되는 것이다. 그래서 중계를 보다 보면 가끔 선수들끼리 서브 전에 손을 잡고 있는 것을 볼 수 있다. 혹시라도 서브 전에 움직여서 포지션 폴트가 나올까봐 정면을 응시하고 있는 선수가 움직일 선수의 손을 잡고 있다가 서버가 공을 때리는 것을 확인하고 손을 놔주는 식으로 포지션 폴트를 방지하는 것이다.

하지만 사방으로 찌그러져 있는 변형 포지션이 로테이션 룰에 맞는지 확인하는 것도 신의, 아니 '심판의 영역'이라고 할 만큼 어려운데 공이 서버의 손에 '빵!' 하고 맞는 그 순간에 움직이는 선수들의 발끝이 포지션 폴트인지 아닌지 확인하는 것은 매번 정지사진을 찍어서 차근차근 따져보지 않는 한 쉽지 않은 일이다. 그래서 포지션 폴트의 판정은 더블 컨택이나 캐치볼 반칙처럼 심판의 재량 영역으로 되어 있다. 사실 선수가 명확하게 엉뚱한 위치에 가 있는 경우가 아닌 이상 감독들의 항의를 받기 쉽고 경기 운영도 너무 경직시킬 우려가 있어서 좀 느슨하게 적용되는 편이다.

그래서 경기 중계를 보다 보면 선수들이 서브를 넣지도 않았는데 슬금슬금 움직여서 정해진 위치를 벗어나는 것을 흔히 볼 수 있다. 어떤 심판은 이런 국내의 관행이 국제 무대에 갔을 때 큰 피해와 혼란으로 이어질 수 있다며 포지션 폴트를 엄격하게 적용해야 한다고 주장하기도 했지만, 지금까지 길게 설명한 여러 이유들 때문에 AI 자동 판독이 적용되지 않는 한 심판의 눈으로 완벽하게 판정을 하는 데는 한계가 있을 것으로 보인다.

## 감독의 역할
## : 안 그래도 복잡한 판에 작전을 끼얹어보면

이제 끝난 건가, 싶겠지만 진짜 재밌는 부분은 여기에서부터다. 좀 다른 이야기로 숨을 돌리고 이어가보자. 이 책을 읽으시는 분 가운데 혹시 클래식 음악을 좋아하시는 분이 있는지 모르겠다. 클래식 음악에는 여러 가지 연주의 형태가 있는데 그중 가장 스케일이 크고 웅장한 형태가 대규모 오케스트라에 의해 연주되는 관현악이라고 할 수 있다. 베토벤의 운명 교향곡, 차이코프스키의 비창 교향곡 같은 것을 떠올리시면 된다.

그런데 오케스트라의 연주 장면을 보면서 혹시 맨 앞에서 팔을 휘두르는 지휘자가 하는 일이 뭔가 궁금하셨던 적이 없는지? 아니, '지휘자'니까 연주자들을 '지휘'하는 거 아닌가요? 하는 당연한 답이 돌아올 수 있다. 한데 연주자들은 자기 앞에 펼쳐진 악보대로 연주하는 것이고, 프로 연주자가 박자를 못 맞춰서 지휘자의 팔을 보고 박자를 맞춰야 할 수준도 아니지 않겠는가? 그렇게 보자면 지휘자는 그냥 음악을 듣는 관객들의 입장에서 딱히 눈요깃거리가 없기 때문에 음악을 몸으로 보여주는(?) 일종의 퍼포먼스를 하는 사람인가 하는 엉뚱한 생각이 들기도 한다.

이 문제에 관해 재밌는 실험을 한 사람이 있었다. 미국을 대표하는 전설적인 지휘자 중 한 명인 레너드 번스타인이었다. 그는 오랜 세월 동안 뉴욕 필하모닉에서 지휘자를 맡았는데, 클래식이 생명력을 얻으려면 좀 더 대중들에게 가까이 다가가야 한다고 생각했다. 그래서 클래식 음악가이면서도 〈웨스트 사이드 스토리〉, 〈온 더 타운〉 같은 뮤지컬 영화의 음악을 맡기도 했는데 더 나아가 다음 세대들에게 클래식을 제대로 교육하는 프로그램을 만들 생각을 하게 된다. 그래서 CBS 방송국과 협력하여 1958년부터 1972년까지 TV 시리즈 〈청소년 음악회〉에 뉴욕 필하모닉과 함께 출연해 총 53회에 걸쳐 클래식 음악을 감상하는 법을 설명했다.

대중에게 큰 인기를 끌며 클래식 음악교육의 교과서처럼 남게 된 이 시리즈의 한 에피소드에서 번스타인은 지휘자의 역할을 알려주겠다며 한참 교향곡 지휘를 하던 중에 갑자기 지휘대(포디엄podium)에서 퇴장해버린다. 연주는 지휘자 없이도 한동안 잘 유지되는가 싶었지만, 이윽고 서로서로 조금씩 안 맞기 시작하더니 급기야 와르르 무너지면서 중단되고 말았다. 즉, 지휘는 수많은 악기와 연주자로 구성된 오케스트라 전체를 조율하면서 조화로운 연주를 만들어간다는 것을 보여준 것이다.

이 에피소드는 상당히 재미있는 실험이었고 지휘자의 역할을 보여주는 대표적인 사례로 자주 회자되지만 개인적으로는 오히려 오해를 불러일으킬 가능성도 있다고 생각한다. 관객의 입장에서는 연주가 현장에서 이루어지는 연주자들의 기량에 의해 만들어지고 지휘자의 지분 역시 당장의 연주에 어떤 도움을 주는가로 판단할 수밖에 없다. 그러나 내 생각은 다르다. 지휘자의 더 큰 역할은 관객의 눈에 보이지 않는 그 전 단계의 작업들에 있다.

클래식 음악에 익숙하지 않으신 분들은 '베토벤 5번 교향곡 운명'이라고 하면 누가 연주하든 결국은 '딴딴딴 따안!'으로 다 똑같지 않냐고 생각하실지 모르겠지만 인간의 감각이라는 게 참 묘해서 자세히 듣고, 알고 듣고, 따져서 들으면 각기 다른 미묘한 뉘앙스를 가지고 있다. 정석적인 연주를 좋아하는 카라얀이라면 '딴딴딴 따안!'으로 연주할지 모르겠으나, 진중하고 느린 연주를 좋아하는 칼 뵘 같은 지휘자라면 '따안따안따안 따아아안!'으로 연주할 것이고, 성질 급한 카를로스 파이타 같은 지휘자는 '따따따 딴!'으로, 옛날 악기를 활용한 부드러운 연주를 좋아하는 아르농쿠르라면 '다안다안다안 다아아안!'으로 연주할 수도 있는 것이다.

이렇게 지휘자가 머릿속으로 그리고 있는 '내가 원하는 연주'를 만들기 위해서는 오케스트라와 연습하는 과정에서 연주자들에게 끊임없이 자신의 요구사항을 전달해야 한다. 여기는 강하게, 저기는 좀 더 끌어서, 이 부분은 딱딱 끊어서 등등 자신의 '해석'을 전달해서 원하는 소리를 만들어내는 과정이 말 그대로 지휘, 감독(directing)의 과정이다. 지휘자를 영어로 'diligent(전달자)'라고 부르는 것은 자신이 해석한 음악을 청중들에게 전달하는 역할을 하는 사람이라는 의미이기도 한 것이다. 사실 애초에 연주자들을 선발하는 과정에서 이미 자신의 음악에 맞는 사람들을 선택할 테니 어떤 연주가 그 지휘자의 이름으로 발매되어 '지휘자의 음악'인 것처럼 표현되는 것도 당연해 보인다. 마치 영화라는 예술이 감독의 작품으로 여겨지는 것처럼.

따라서 연주회 현장에서 지휘자의 몸짓은 자신이 연습 과정에서 강조했던 해석의 포인트들을 연주자들에게 상기시키고 강조하는 작업에 가깝다. 그래서 설령 지휘자가 없다 해도 번스타인이 영상을 통해 보여주었던 것처럼 프로 연주자들이 서로 음을 못 맞춰서 연주 자체가 중단되는 일은 없을 것이다. 하지만 음악을 통해 전달하려고 하는 해석과 정서가 빠진 악보대로만 흘러가는 음악이니 연주의 가치가 크게 떨어지는 것은 분명한 사실이다. 지휘자의 역할은 단순히 눈에 보이는 것보다 훨씬 크다.

배구에서도 마찬가지다. 가끔 배구에 익숙하지 않은 분들이 작전타임 시간에 감독이 하는 말로 감독의 역량을 가늠하려고 하는 것을 본다. 30초밖에 안 되는 시간에 의사를 전달하려니, 말이 꼬이거나 표현할 말이 잘 생각나지 않아서 버벅거리는 감독들도 종종 있는데 사람들은 이 장면만 보고 무능한 감독이라거나 아무 생각이 없는 감독이라고 비난하는 것이다. 하지만 이것은 클래식 연주회에서 지휘자의 팔 동작이 예쁘지 않다며 지휘자가 별로라고 비판하는 것과 비슷하다.

사실 급박하게 돌아가는 경기 상황에서 숨이 차서 헉헉거리며 들어온 선수들에게 30초 동안 지시 사항을 하면 얼마나 할 것이고, 선수들이 키보드로 입력받는 컴퓨터도 아니고 우다다다 지시를 내린다고 해서 안 되던 플레이를 척척 해낼 리도 없지 않은가. 타임아웃 시간은 사실상 경기의 흐름을 끊고 선수들이 숨을 돌리며 잠시 생각을 정리하는 시간에 가깝기 때문에 이 시간의 디렉션은 감독 역량의 아주 작은 부분에 불과하다. 마찬가지로 공중에 살아서 공이 날아다니는 상황에서 사이드라인에 바짝 붙어 팔짱을 끼거나 두 손을 모아 지시사항을 외치는 감독의 목소리 역시 연주회에서 허공을 가르는 지휘자의 손동작 이상의 의미를 지니기는 어렵다.

클래식 연주회에서 진짜 지휘자의 역량은 최종적으로 청중들이 듣는 음악으로 판단되어야 하듯이 배구 경기에서도 선수들의 구성과 역할 배분, 움직임 등이 결국은 선수 개인의 역량인 동시에 감독의 역량이기도 하다. 이 중 감독의 역량, 그러니까 경기 전 훈련 과정에서의 작전 구성을 가장 잘 볼 수 있는 것이 바로 앞서 설명한 로테이션 시스템의 한계를 고려한 포메이션의 구성이다. 그래서 포지션 폴트까지 일일이 따지는 것은 심판에게 맡겨둔다 해도, 배구 중계를 보면서 눈으로 공만 따라다니지 말고 공과 상관없이 코트에서 선수들이 어떻게 움직이는지를 보면 배구를 보는 재미를 극대화할 수 있다.

작전을 통한 포메이션 변화를 눈으로 좇는 첫 번째 방법은 리시브 코트에서 세터가 어떻게 움직이는지를 보는 것이다. 서브가 이루어지는 순간 틀림없이 세터는 어택라인 안쪽 어딘가에 자리를 잡을 것이다. 특히 로테이션상 세터가 뒷줄에 있다면 서브가 되자마자 후다닥 네트 앞쪽으로 뛰어들어가서 자리를 잡을 텐데 그게 사전에 약속된 위치다. 중앙, 우측, 좌측 등 세터가 자리를 잡는 위치에 따라서 원래 이 팀이 어떤 공격을 하려고 했는지를 추측할 수 있다.

더 재밌는 것은 그렇게 선수들이 우르르 자기 자리를 찾아가고 나서 뒷줄에 누가 남는가의 문제다. 결국 이 선수들이 강서브를 받아 올려야 하는 리시브라인이다. 이 리시브라인은 통상 세 명으로 구성되어 있는데 공격수의 부담을 줄여주고자 할 땐 두 명이 되는 경우도 있고, 반대로 서버가 아주 강한 서브를 구사하는 선수라면 네 명까지 늘어나는 경우도 있다. 더 나아가 일반적인 세 명의 리시버가 서는 경우라도 각각의 선수들이 얼마만큼의 공간을 차지하고 있는지를 보면 재밌다. 정확히 3등분을 해서 서는 경우도 있지만 대개는 어떤 선수가 더 넓은 공간을, 다른 선수가 더 좁은 공간을 커버하도록 불균등하게 서는데 이게 결국은 수비 능력의 차이를 반영한 작전 위치다.

여기서 문제, 그럼 가장 넓은 공간을 차지하고 서 있는 선수는 누굴까? 지금까지 책을 충실히 읽어온 분들이라면 쉽게 답하실 수 있을 것이다. 당연히 수비 전담 선수인 리베로다. 어째 서브를 넣을 때마다 매번 리베로가 받는 것 같은 느낌이 드신다면 이런 이유 때문에 참으로 당연한 것이라 할 수 있다. 서브 얘기는 뒤에 다시 하기로 하자.

포메이션 변화는 여기에 그치는 것이 아니다. 일단 리시브를 받았다면 떠오르는 공을 쫓아가면서 세터가 위치를 잡을 것이고 이에 따라 공격수들은 재빨리 공격 위치로 뛰어들어가 준비를 해야 한다. 이것이 두 번째 포메이션이라고 할 수 있다. 그럼 수비수들은 노나? 아니다. 공격수가 때린 공이 블로킹에 맞고 우리 코트로 되돌아올 수도 있으므로 예상되는 위치를 막아주는 '어택 커버(attack cover)'를 해야한다. 그래서 마치 공중에서 화려하게 위치를 바꾸어 여러 가지 글자를 만들어내는 드론들처럼 리시브 상황, 세터의 토스 상황, 공격수의 공격 상황에 따라 포메이션이 계속 바뀔 수밖에 없다.

잘 훈련된 팀이라면 이 모든 포메이션들이 사전에 약속된 시스템에 따라 움직이게 된다. 진짜 감독의 능력은 이런 포메이션들을 얼마나 잘 만들어내고 선수들에게 숙련을 시켰는가에 의해 드러나는 것이다. 그러니 공이 아니라 선수들의 움직임을 자세히 관찰하면 진짜로 역량 있는 감독, 능력 있는 선수가 어떤 사람인지 구별해내는 눈을 갖게 된다. 정말 흥미진진하지 않은가.

## 배구의 꽃, 로테이션 시스템

이렇게 감독의 역량은 경기 전에 이미 대부분 반영되어 있는 것이지만 특이하게도 경기 중에 승패에 영향을 줄 만큼 감독 간의 머리싸움이 벌어지는 부분이 있다. 바로 로테이션 순서를 정하는 문제다. 로테이션은 매 세트 시작 전에 감독이 미리 순서를 짜서 심판진에게 제출하도록 되어 있다. 그래서 세트마다 순서가 바뀔 수 있고, 상대편이 이번 세트에 어떤 순서로 나올지는 세트가 시작되기 전에는 모르는 상태다.

그런데 앞서 로테이션 시스템이 서브가 바뀔 때만 한 칸씩 움직인다고 설명했다. 즉, 서브가 계속 이어진다면 위치는 고정이고 서브가 저쪽으로 넘어가면 저쪽 팀만 한 칸씩 움직이니까 결국 양 팀의 로테이션은 톱니바퀴처럼 물려서 돌아가면서 네트를 사이에 두고 한두 명의 선수를 한 세트 내내 계속 만나게 된다는 뜻이다.

물론 팀마다 예상되는 최적의 로테이션은 당연히 있다. 우리 팀 서브로 시작되는 세트라면 처음부터 점수를 내서 앞서가고 싶을 테니 서브를 제일 잘 넣는 선수가 1번, 키가 커서 블로킹에 유리한 선수가 2, 3, 4번, 그중에서도 공격력이 좋은 선수가 오랫동안 앞줄에 있는 게 좋으니까 3, 4, 5번 정도에 위치하는 게 좋을 것

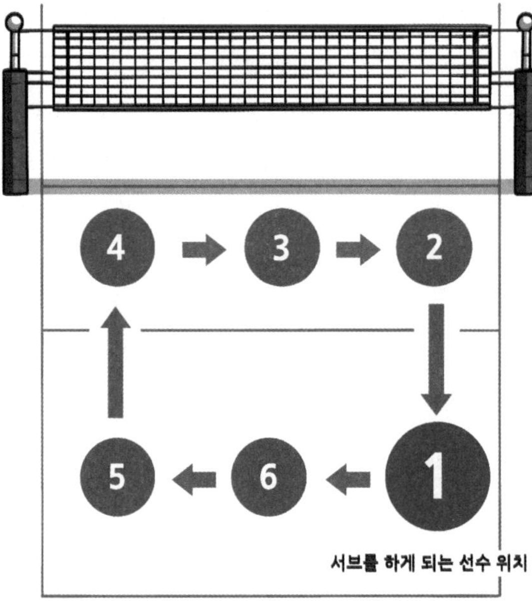


- 배구의 로테이션 시스템 -

이다. 세터가 서브가 좋다면 팀이 유리해지는 이유가 세터의 대각선에 위치한 라이트 주공격수가 4번에서 시작해서 로테이션을 세 번 도는 동안 내내 앞줄에 있을 수 있기 때문이다.

그런데 이렇게 짠다면 당연히 상대편은 공격력이 제일 좋은 선수의 앞에 블로킹이 제일 좋은 선수를 짝지어서 돌리려고 할 것이다. 감독은 공격수의 능력을 믿고 정면 승부를 볼지 아니면 블로커를 피해서 높이가 낮은 선수를 만나도록 돌릴지 고민하게 된다. 정반대로 갈 수도 있다. 상대편 선수가 공격력은 좋지만 수비력이 안 좋다면 아예 대놓고 공격수들끼리 맞붙게 로테이션을 짤 수도 있다.

이렇게 매칭이 되면 정말 속된 말로 '피 튀기는' 경기가 될 수도 있고 공격수 입장에서는 자존심의 문제가 되기도 한다. '공격 대 공격'으로 붙어? '공격 대 수비'로 정석대로 돌아가? 아냐, 상대방 공격수 한 명이 너무 잘하니까 아예 거기는 버리고 블로킹 낮은 선수를 붙인 다음에 블로킹 잘하는 선수들이 나머지 공격수들을 봉쇄하도록 해서 확률 게임으로 가? 등등 감독의 머릿속은 온통 다음 세트 로테이션 생각으로 벌들이 윙윙거린다. 중계 화면에서 일어서서 서성거리는 감독의 뒤편으로 코칭스태프가 종이 위에 뭘 열심히 적고 있는 게 자주 잡히는데, 그건 선수들의 기록을 적는 것이기도 하지만 다음번 로테이션을 위한 작전을 미리 짜고 있는 경우도 있다.

문제는 이쪽 감독만큼이나 저쪽 감독도 생각이 많다는 것이다. 저쪽 코트가 고정된 상태라면 죽이 되든 밥이 되든 일단 작전대로 가겠지만, 열심히 머리를 굴려서 우리 공격수가 블로커를 피하도록 만들어놨더니 저쪽 감독도 블로커의 위치를 움직여놨다면 말짱 헛일이 된다. 배구 경기 중계에서 세트를 시작할 때 반드시 로테이션 위치를 보여주면서, 혹은 시간이 모자랄 때는 해설자가 로테이션 변경 사항을 설명하며 시작하는 데는 이런 이유가 있다.

그래서 행간에 숨은 감독의 의도를 잘 읽어내면 '야, 이번 세트는 공격에 모든 걸 걸어보기로 했네', '아니, 정면 대결로 가겠다고?', '어, 이번엔 좀 망한 거 같은데. 작전을 다 들켰나?' 등등 여러 가지 예상을 하면서 경기를 재밌게 볼 수 있다. 그러니 로테이션 시스템은 어렵고 복잡하지만 시스템 배구의 꽃, 배구 경기를 보는 재미의 가장 높은 수준에 위치한 왕관이라고 할 수 있다.

3장

# 자, 공격이다!

배구 코트 위의 기본적인 모습과 선수들의 배치에 대해 알게 되었으니 이제 본격적으로 이 선수들이 움직여서 만들어내는 실제 플레이들에 대해 살펴보자. 플레이의 시작은 언제나 서브에서부터…….

## 서브(serve)

### 스파이크 서브

배구 경기가 시작되려면 맨 처음에 누군가는 공을 공중에 띄워서 넘겨줘야 한다. 초기 배구는 아직 다양한 기술이 발전되기 전이었기 때문에 세 번 공이 튕기는 동안 안전하게 상대편 코트로 공을 보내는 것 자체가 놀이의 핵심이었다. 즉, 상대편에서 맨 처음 넘겨주는 공은 말 그대로 공을 제공하여 도와주는(serve) '서비스'의 개념이었다. 그래서 지금도 배구 초심자나 아마추어들이 하는 배구 경기에서는 일단 공을 상대편 코트로 안전하게 보내는 것에 초점을 둔 '언더핸드 서브'를 주로 한다. 말 그대로 주먹 쥔 손을 아래로 내려서 시계추처럼 공을 때려서 넘겨주는 것이다.

그런데 기술이 좀 발전하고 보니, 어라, 우리가 넘겨주는 게 문제가 아니고 상대편에서 아예 공이 못 넘어오도록 막는 게 점수를 따는 방법이겠네, 라는 못된(?) 생각으로 발전하게 된 것이다. 그럼 애초에 공을 넘겨줄 때부터 받기 힘들게, 까다롭게 보내야 한다는 필요로 이어지게 되어 각종 서브 기술들이 등장하게 되었다.

이 뻔해 보이는 역사적 흐름을 굳이 되짚을 필요가 있는 것은 배구 경기를 보면서 관객들이 제일 어이없고 화를 내는 부분이 바로 서브 실수이기 때문이다. 현재 우리나라를 포함한 세계 배구의 흐름에서 프로의 실력을 가진 팀이라면 곱게 넘어온 공을 받아서 포인트를 내는 것은 그리 어려운 일이 아니다. 공격 측에서는 지금부터 설명할 수많은 공격 옵션 중 아무거나 골라잡아도 되는데 수비 측에서 이에 대항할 방법은 앞선의 블로커 세 명, 뒷선의 수비수 세 명이 고작이기 때문이다. 제대로 리시브된 공으로 상대편이 공격을 성공할 확률이 70-80%라면 차라리 50%의 확률, 즉 두 개 중 한 개의 서브가 실패하더라도 최대한 어렵게 서브를 넣는 것이 더 나은 선택이 될 수밖에 없는 것이다.

즉, 배구 경기에서 잦은 서브 실수가 나오는 이유는 그 선수들이 '공 넘겨주는 거 하나도 제대로 못 하는' 기본기가 안 된 선수들이라서가 아니다. 훈련한 대로 최대한 받기 어렵게 서브하지 않으면 안 되기 때문에 실패할 확률을 충분히 감안하고 시도한 결과인 것이다. 남자배구 경기에서 유난히 강한 서브를 시도하다가 네트에 걸리거나 나가는 경우가 더 많은 것도 남자 선수들이 힘자랑하고 싶은 생각이 더 강해서가 아니라, 여자부 경기보다 리시브 후 공격을 막아내기가 더 어렵기 때문이라고 역으로 생각해볼 수도 있다. 그래서 오히려 선수들이 서브 실수를 두려워해서 안전하게 서브를 넣으려고 하면 감독들이 위축되지 말고 무조건 세게 넣으라고 주문하는 모습을 흔히 볼 수 있다.

자, 그럼 어떻게 하면 상대편이 '받기 어렵게' 서브를 넣을 수 있을까? 이 부분은 야구와 연관 지어서 생각해보면 의외로 쉽게 연상해 볼 수 있다. 야구에서 타자들이 치기 힘든 공은 어떤 공일까? 첫 번째는 역시 강속구다. 사람의 반응속도보다 더 빠른, 정확하게 맞히지 않으면 배트에 맞고도 이리저리 파울이 되는 시속 150-160킬로미터의 투구는 타자는 물론이고 공을 받는 포수에게조차 본능적인 공포감을 준다. 배구에서의 서브도 우선 최대한 강하게, 빠르게 공을 보낼 수 있다면 당연히 상대편이 받기 어려울 것이다.

하지만 배구가 야구와 다른 점은 가운데에 네트가 있다는 것이다. 공에 힘이 가해질수록 당연히 일직선으로 뻗을 텐데 네트보다 낮은 위치에서 공을 때린다면 네트에 걸리거나 상대편 코트 너머로 날아가는 홈런볼이 될 것이다. 따라서 프로배구에서 서브의 기본은 공의 높이를 최대한 위로 끌어올린 오버핸드 서브다. 여기에서도 높이를 더하려면 점프를 해서 서브를 하면 된다.

그런데 앞서 '강하게' 때리는 것이 목적이라고 하지 않았나? 그럼 앞으로 달려나오면서 점프를 해서 때리면 더 높고 더 강하게 때릴 수 있겠네? 가만, 이거 그러면 네트 앞에서 하는 '스파이크' 하고 다를 게 없잖아? 코트에서의 스파이크는 세터가 올려준 공을 달려 들어와 점프해서 때리는 것이라면 서브할 때는 내가 스스로 공중으로 공을 던져 올린 다음에 달려와서 스파이크하면 되겠네? 이렇게 해서 등장한 것이 바로 '스파이크 서브'다.

아마 오래전에 배구를 보신 분들이라면 고려증권팀의 장윤창이라는 레전드 선수의 모습을 기억하실 것이고, 바다 건너 함께 비교되던 일본 배구팀의 '나카가이치'라는 선수도 떠오르실 것이다. 당시엔 이런 스파이크 서브를 구사하는 선수들이 많지 않았기 때문에 장윤창의 스파이크 서브는 엄청난 볼거리였다. 지금은 남자배구의 경우 많은 선수들이 스파이크 서브를 하고 있고, 여자배구에서도 한 팀에 몇 명씩은 스파이크 서브를 구사하는 선수들이 있다. 다 비슷해보이는 스파이크 서브라도 공을 때리는 순간 손목을 어떻게 사용하는가에 따라 공이 휘는 방향이 달라지기 때문에 선수마다 다른 공의 궤적을 감상하는 것도 배구의 재미 가운데 하나다.

### 목적타 서브

하지만 스핀에 따라 공이 휜다고 해도 기본적으로 스파이크 서브의 궤적은 일정한 라인을 그리게 되기 때문에, 위치를 잘 잡고 '일단 올려놓는' 리시브로 버틴다면 못 받을 것은 아니다. 이런 상황에서 성공률을 높인다는 것은 결국 점점 더 강하게 때린다는 뜻인데 그러면 서브 실수를 할 확률도 같이 높아진다는 모순에 빠지게 된다.

그 모순을 극복하기 위해 무조건 강한 것보다 의도를 가지고 정확한 코스로 서브를 넣는 것이 더 효과적이라는 생각을 하는 사람들도 늘어나게 되었다. 그래서 등장한 것이 이른바 '목적타 서브'(target serve)다. '목적을 가지고 때린다'라는 말은 사실 그 목적이 무엇이냐에 따라 범위가 너무 넓은 말이다. 과연 어떤 목적을 가지고, 어떤 코스로 서브를 하면 더 효과적일 수 있을까?

첫 번째는 당연히 서브 리시브가 약한 선수를 노리는 것이다. 상대편에서 수비가 가장 좋은 선수는 리베로일 것이므로 리베로를 피하는 것은 기본이고, 나머지 두 명의 뒷줄 수비수 가운데 좀 더 수비가 약하고 공격은 강한 선수를 노리는 것이 일반적이다. 수비가 약한 쪽을 향하는 건 알겠는데 공격이 강한 선수는 '왜?'라는 의문이 들 수 있다. 거기에는 이제 막 리시브를 한 선수는 곧장 공격 라인으로 뛰어 들어오기 힘들기 때문에 그렇게 해서 상대편의 공격 옵션 하나를 지우는 의미도 있고, 그래도 서둘러 받고 공격에 가담하려 조급해하다가 리시브 실수를 하는 경우도 많기 때문이다.

그래서 결국 레프트 포지션 선수에게 공이 몰릴 수밖에 없다. 앞서 포지션 설명에서 레프트가 제일 고달픈 자리라고 말한 이유가 여기에 있다. 게다가 레프트가 약간 흔들리는 모습을 보이면 그 한 선수만 노려서 집요하게 서브를 넣어 경기 자체를 흔들어버리는 경우가 많아서 이런 노림수에 한 번 걸리면 선수가 아주 혼이 나갈 정도로 호되게 당하는 경우도 종종 있다. 팬들 사이에서는 이런 경우를 "OO 선수가 터졌다"라고 표현하기도 한다.

두 번째는 선수와 선수 사이를 노리는 것이다. 리베로가 워낙 많은 자리를 커버하고 있으므로 사실 리베로를 완전히 피해서 서브하는 것은 쉽지 않다. 따라서 리베로와 옆 선수 사이 지점에 공을 떨어뜨리면 두 선수가 겹칠 수도 있고 누가 받든 한두 발 옆으로 움직이며 받아야 하므로 자세가 흐트러질 것이다. 반대로 두 선수가 서로 미루다가 공이 그냥 지나가버리는 어이없는 상황도 벌어진다. 그래서 팀마다 애매한 공을 누가 받을 것인지 미리 정해두거나 자신이 받겠다고 크게 소리 지르도록 강조하는 경우가 많다.

세 번째는 조금 복잡하다. 세터에 가까운 쪽 선수에게 보내는 것이다. 서브가 이루어지면 세터가 재빨리 네트 앞으로 달려가는데, 이때 완전히 한가운데에 서는 것이 아니라 통상 한쪽에 약간 치우쳐서 서게 된다. 예를 들어 우측 2/3 지점에 서 있다면 1번 자리와 가깝고 5번 자리와 먼 위치가 된다. 이때 서브가 5번 자리로 간다면 공이 세터에게 가는 데 좀 더 시간 여유가 생기고 세터가 공을 받아서 올리기도 편해진다. 그런데 만약 서브가 1번 자리로 간다면 바로 앞에서 공이 날아오는 셈이니 여유도 없고 공을 틀어서 토스를 올리기도 불편하다. 그래서 뒷줄 선수들의 리시브 능력이 비슷해 보인다면 이렇게 코스를 잡아서 세터를 괴롭히는 쪽으로 작전을 짜기도 한다.

네 번째는 오히려 정반대로 아주 짧은 서브를 넣는 것이다. 어느 정도가 '짧은' 것일까? 통상의 서브는 어택라인 뒤쪽 6미터 사이에 떨어지지만, 일부러 힘과 각도를 조절해서 어택라인 근처 심지어 그 안쪽으로 공을 보낼 경우 '짧다'고 표현한다. 사실 이건 모르는 사람이 보면 정말 힘없고 별것 아닌 것처럼 보이지만 수비 측에서는 가장 괴로운 서브다.

수비 측의 입장에서 생각해보자. 앞서 설명한 것처럼 상대편 서버의 손이 공에 '빵' 하고 맞는 순간 로테이션이 풀리면서 세터는 네트 앞으로, 공격수는 좌우 날개 방향으로 뛰어 들어가고 리시브 라인의 선수들은 몸을 잔뜩 웅크리고 충격에 대비한다. 즉, 앞줄과 뒷줄의 두 라인 가운데 뒷줄은 잔뜩 버티고 있고 앞줄은 앞으로 당겨 들어가는 순간, 그 사이에 공이 떨어지면 뒷줄의 리시브하는 선수들은 당황하다가 앞으로 다이빙하는 모양새가 만들어지는 것이다.

더 문제는 서브가 그보다 더 짧아서 어택라인 안쪽으로 떨어지는 경우다. 이건 마치 전선에 전투부대를 잔뜩 배치했더니 그 뒤에 있는 사령부 천막에 폭탄이 떨어지는 것과 마찬가지다. 리시브할 생각을 전혀 안 하고 있던 세터와 공격수들이 제대로 된 리시브를 하기도 어려울뿐더러 만약 세터가 공을 받으면 이단 토스를 누가 할 것인지 대혼란에 빠지게 된다. 그래서 강력한 서브의 효율이 상대적으로 낮은 여자배구에서 이런 짧은 서브를 시도하는 경우가 많다. 독자분들도 경기를 보며 아니 저렇게 살살 넣으면서도 그걸 실수하나 쯧쯧, 하면서 혀를 차신 경우가 있을 것이다. 허나 서브를 짧게 넣으려면 최대한 네트에 스치듯이 낮게 넣어야 해서 절대로 쉬운 서브가 아니라는 것, 그래서 이렇게 실패하는 경우도 생길 수밖에 없다는 것을 고려하셨으면 한다.

### 플랫 서브 flat serve

목적타 서브가 서브의 코스를 우선적으로 생각하는 것이라면, 이왕 보내는 거 코스를 생각하면서 구질도 더 받기 어렵게 보낼 수 있지 않을까 하는 생각에서 등장한 것이 플랫 서브다. 일단 코스가 중요하기 때문에 코트 끝에 바짝 붙어 서서 점프를 하지 않거나 아니면 점프를 하더라도 가볍게 몇 걸음 스텝을 밟으면서 공을 통, 밀어치는 것이다. 플랫이 '수평'이라는 뜻이니 공에 스핀을 주지 않고 손을 펴서 공의 한가운데 부분을 치는 것인데 당구를 치는 분들이라면 '밀어치기'와 '끊어치기'의 차이라고 설명드리면 금방 이해하실 것이다.

즉, 공을 짧게 끊어서 때리면 공이 힘없이 떨어지기 때문에 앞서 설명한 목적타 서브 가운데 네트 바로 앞으로 떨어지는 서브에 유리하다. 그런데 플랫 서브는 '밀어치기'로 더 큰 힘을 공에 전달하기 때문에 분명히 궤적은 낮으면서도 공이 훨씬 더 멀리 뻗는다. 리시브를 하려 준비하고 있던 선수로서는 자신의 앞에서 떨어질 것으로 예상했던 공이 가슴 높이 그대로 밀려 들어오기 때문에 당황해서 리시브를 실수하는 경우가 발생하는 것이다.

문제는 이렇게 공이 밀려서 길게 떨어지기 때문에 평범해보이는 서브가 그대로 밖으로 나가버리는 경우도 많다는 것이다. 그래서 플랫 서브를 구사하려면 최대한 네트 바로 위의 낮은 높이로 공을 보내야 한다. 스파이크 서브보다 더 쉬워보이는 플랫 서브가 네트에 걸리거나 코트 바깥으로 나가버리는 실수가 많이 나오는 이유도 여기에 있다.

여자배구 선수들 중에 플랫 서브를 구사하는 선수들이 많은데, 경기 상황이 긴장되게 흘러가면 플랫으로 공을 때리는 순간 충분히 힘을 주지 못해서 서브가 네트에 걸리는 장면이 자주 나온다. 지난 도쿄올림픽에서 우리 여자배구 대표팀이 좋은 성적을 거둘 수 있었던 이유 중 하나는 라바리니 감독이 비교적 서브가 약한 선수들에게도 무조건 강한 플랫 서브를 정확한 목적 코스를 가지고 때리도록 독려한 것이 점수로 이어지는 경우가 많았기 때문이다.

### 플로트 서브 float serve

플로트 서브는 공을 때리는 메커니즘 자체는 플랫 서브와 동일하기 때문에 둘이 혼동되는 경우가 많지만 실제 서브의 구질은 완전히 다른 별개의 서브 기술이다. 이 서브를 이해하기 위해서는 야구 경기에서 '마구'로 불리는 '너클볼'의 원리를 살펴볼 필요가 있다.

일반적으로 우리가 야구공을 던질 때 특별히 의식하지 않더라도 손가락 끝의 일정한 지점에 힘을 가해서 공을 밀어내기 때문에 많든 적든 공은 날아가는 동안 회전을 하게 된다. 이렇게 회전하는 방향에 따라 공기가 공의 주위를 따라서 흘러가기 때문에 회전을 많이 주면 공기층을 더 잘 파고든다. 그럼 공의 속도가 높아지기도 하고, 회전 방향을 조정하면 공은 위에서 아래 혹은 좌측이나 우측으로 조금씩 휘게 되기도 한다. 직구나 변화구는 모두 이렇게 공의 회전을 통해 만들어지는 것이다.

그럼 공에 아예 회전을 주지 않으면 어떻게 될까? 공의 회전에 따라 자연스럽게 공의 뒤쪽으로 넘어가던 공기의 흐름이 제대로 이루어지지 않으면서 공의 뒤쪽에는 공기가 없는 빈 공간, 즉 '에어포켓'이 생기게 되고 이에 따라 공 주변의 공기 흐름이 더욱 불안정해지면 공이 마구 흔들리게 된다.

이게 바로 '너클볼'의 원리다. 배구의 경우 공이 더 크고 부피에 비해 가볍기 때문에 에어포켓도 더 커져서 드라이브 회전이 걸려서 들어오던 일반적인 서브보다 공이 더 길게 밀려서 들어오게 된다. 이게 리시브하는 입장에서는 마치 공이 위로 떠오르는 것처럼 느껴지기 때문에 '떠오르는 서브'라는 뜻으로 '플로트 서브' 혹은 '플로터 서브'라고 부르게 되었다.

여기까지만 들으면 플랫 서브와 비슷하게 느껴질 수 있다. 그런데 플로트 서브의 핵심은 플랫 서브와 같은 방식으로, 더 강하게 때리는 것이라서 플랫 서브보다 훨씬 급격하고 큰 에어포켓이 생긴다. 따라서 너클볼처럼 배구공이 상하좌우로 마구 흔들리게 된다. 리시브하는 입장에서는 최악의 상황이 벌어지는 것이다.

문제는 이렇게 큰 에어포켓을 형성하기 위해 공을 강하게 때리면 일단 일직선상으로 공이 뻗어나가게 되기 때문에 네트에 걸릴 가능성이 높아진다는 것이다. 따라서 플로트 서브를 하기 위해서는 조금이라도 높이를 더 확보하기 위해 점프를 병행하는 것이 반드시 필요해졌다. 그래서 '점프 플로트 서브'라는 명칭이 붙게 되었다.

어라, 플로트 서브를 받기 어려운 이유의 핵심은 공의 궤적이 마구 흔들린다는 것이 아닌가? 그럼 애초에 공을 들고 다른 방향으로 뛰다가 서브를 하면 공이 더 많이 흔들리겠네? 라는 무시무시한(?) 생각에서 나온 플로트 서브의 완성형이 있다. 바로 GS칼텍스의 주전 세터인 안혜진 선수의 서브다. 안혜진 선수는 서브할 때 서비스에어리어 대각선 모서리에서 공을 들고 사선 방향으로 뛰어나와 점프하면서 강한 플로트 서브를 넣는다. 가뜩이나 플로트 서브 궤적도 혼란스러운데 사선으로 이동하는 공의 관성이 더해지고 여기에 공을 때리는 순간 손의 모양에 따라 구질이 또 한 번 바뀌기 때문에 국내 여자배구에서는 가장 받기 까다로운 서브 중 하나라고 할 수 있다.

이와 비슷하게 모서리에서 출발하는 유명한 서브가 한국도로공사의 문정원 선수의 서브다. 모서리에서 출발한다는 점은 비슷하지만 마지막 순간에는 드라이브를 걸어서 때리기 때문에 플로트 서브는 아니다. 하지만 문정원 선수가 왼손잡이라서 서브의 출발지점과 도착지점이 모두 일반적인 서브와 반대 방향이므로 받기는 훨씬 까다로워진다. 문정원 선수는 2020 시즌에 역대 최소 경기(147경기) 만에 200 서브에이스를 기록했다. 매 경기 서브에이스가 한두 개씩 있다는 뜻이니 대단한 기록이 아닐 수 없다.

GS칼텍스와 한국도로공사의 경기를 직관하면서 안혜진 선수의 서브에 대비하기 위해 도로공사팀 트레이너들이 주먹으로 강한 무회전 서브를 때려서 리시브 훈련을 시키는 모습을 정면에서 본 적이 있다. 화면으로 보던 것과 달리 정면에서 공이 확확 휘는 모습을 보니까 정말 저런 볼을 어떻게 받나, 훈련한다고 해서 나아질 수 있는 문제인가, 하는 의문이 들 정도로 무서운 서브였다.

하지만 당연히 이 서브에도 문제가 있다. 야구에서 너클볼의 문제는 공의 움직임이 불규칙하다 보니 공을 던지는 투수조차 자신이 던진 공이 어디로 갈지 모르고 그래서 당연히 포수도 공을 받는 것이 어렵다는 것이다. 배구에서는 포수의 역할을 하는 상대편 리시버가 못 받는 것은 좋은 일이지만, 정작 서브를 하는 선수도 컨트롤이 쉽지 않아서 공이 엉뚱한 곳으로 간다면 상대편 코트에 일단 공을 넣는 것이 목적인 서브에서 성공 확률이 크게 낮아질 위험이 있다. 하지만 스파이크 서브를 구사할 만한 힘과 점프력이 되지 않는 선수들에게 플로트 서브는 더 적은 힘으로 더 많은 포인트를 내는 아주 매력적인 선택지가 될 수 있다.

## 속공

배구에서 가장 대표적인 공격 방법은 역시 '스파이크'다. 스파이크(spike)가 '못'이라는 뜻임을 생각해보면 공격수가 강하게 때리는 공이 상대편 코트 바닥에 박히는 모습을 아주 멋지게 그려낸 표현이라고 할 수 있다. 그래서 어떤 배구 캐스터는 멋진 스파이크가 나오면 "바닥에 못을 박습니다!"라는 표현을 자신의 시그니처처럼 사용하기도 한다.

하지만 아무리 강한 스파이크라도 상대편의 블로킹에 막히면 모두 헛일이다. 선수들의 점프 높이가 비슷하다고 가정할 때 손을 쭉 펴서 위로 떠오르는 블로커의 높이보다 공의 가운데 부분을 강하게 때려야 하는 공격수의 높이가 더 높기는 쉽지 않기 때문이다.

그래서 세터가 블로킹을 피해서 공격할 수 있도록 공을 네트 좌우 이리저리로 토스해주는 것이 공격에서는 아주 중요한 문제가 되었다. 블로킹이 따라오지 못하도록 하는 것이 핵심이기 때문에 당연히 보내주는 공은 빠르게 쏴주는 게 기본일 수밖에 없다. 이 전략은 빠르게 이루어지는 공격이라는 뜻에서 '속공'이라고 부르며, 영어로는 '퀵(quick)'이라는 용어를 사용한다. 세터가 공을 보내는 거리에 따라 A퀵, B퀵, C퀵의 세 가지 종류로 나누어서 이야기한다.

배구 코트의 폭이 9미터이고 통상 세터가 우측에서 3미터 지점에 선다고 보면 좌우로 3미터에서 6미터 정도가 속공의 최대 거리라고 볼 수 있다. 그래서 세터가 1미터 이내의 짧은 토스를 하면 A퀵, 2미터쯤 되면 B퀵, 3미터 이상이면 C퀵이라고 부른다. 하지만 이게 '느낌적 느낌'에 가까운 표현이라서 몇 미터가 A이고 B인지 정확하게 나뉜다기보단 세터가 자신이 서 있는 곳 바로 위로 올리면 A, 약간 떨어진 곳으로 올리면 B, 아주 멀리 보내면 C로 부른다. 여기서 세터가 허리를 꺾어서 뒤쪽으로 공을 보내면 '백(back)'을 붙여서 백A속공, 백B속공이라고 부르기도 한다.

세터의 위치를 가운데로 봤을 때 A, B 속공은 결국 가운데 포지션인 센터의 공격 영역이 된다. 공이 올라가는 시간도 짧은데 팀에서 가장 키가 큰 센터가 위에서 빠르게 꽂는 공을 제때 블로킹하는 것은 대단히 어려운 일이기 때문에 비교적 손쉽고 확률 높게 점수를 얻는 공격 방법이다. 농구로 치면 키가 전봇대만 한 센터가 골 밑에서 툭툭 덩크슛해서 마구 점수를 올리는 느낌이랄까. 게다가 수비수가 이렇게 네트 가운데서 이루어지는 빠른 타이밍의 공격에 신경 쓰다 보면 좌우 사이드의 공격수들을 쫓아가는 타이밍이 그만큼 늦어지기 때문에 팀 전체 공격 성공률을 끌어올리는 데 아주 중요한 공격 방법이다.

문제는 이렇게 '빠른 공격'이 이루어지려면 센터와 세터의 호흡이 완벽해야 하고, 세터가 완전히 자리를 잡고 정확한 토스를 해줘야 해서 자연스럽게 맨 처음 리시브가 정확하게 세터에게 전달되어야 한다는 전제조건이 붙는다. 반대로 말하면 리시브가 정확하게 되지 않았을 때 센터를 이용한 속공은 시도하기가 쉽지 않다. 남자부보다 상대적으로 서브가 약한 여자부 경기에서 센터 속공이 더 많이 보이는 이유도 여기에 있다. 작전타임 때 감독이, 혹은 중계 중에 해설자가 쉴 새 없이 "리시브, 리시브!"를 외치는 이유도 세터의 안정된 토스를 통한 공격력의 극대화를 염두에 둔 것이다.

과거 배구에서는 서브가 약했기 때문에 리시브는 당연히 되는 것이었으며, 얼마나 토스를 정확히 올려주느냐에 따라 경기의 향방이 결정되기 쉬웠다. 그러므로 이른바 '컴퓨터 세터'라는 별명으로 불리는 세터 중심 배구가 일반적이었다. 하지만 앞서 설명한 것과 같은 다양한 서브 기술들이 개발되고 서브가 점점 강해지면서 과연 정확한 리시브 연결을 전제로 한 배구 전략이 유효한가에 대한 논란이 생기고 있다. 이 부분은 뒤에서 별도의 주제로 다루어보겠다.

## 오픈 공격

C 속공은 '속공'이라는 이름이 붙긴 했지만 거의 네트 끝부분까지 공을 보내는 것이기 때문에 블로커가 못 따라갈 만큼 빠르게 공을 보내는 것이 사실상 불가능하다. 그래서 공이 좀 낮고 빠르게 간다 싶으면 'C 속공'으로 기록되지만, 대놓고 공을 높고 느리게 보내서 공격수와 블로커가 정면 대결을 하도록 올리는 공격을 '오픈 공격'이라고 한다. '공격 코스와 타이밍을 대놓고 오픈해서 하는 공격' 정도의 의미라고 볼 수 있다.

이는 말 그대로 세터가 블로커를 피하도록 전혀 도와주지 않고 맞붙게끔 하는 공격이기 때문에 공격수 그리고 블로커의 개인 능력에 따라 성패가 갈리는 진검승부라고 할 수 있다. 그래서 팀에서 가장 공격력이 뛰어난 에이스에게 오픈 공격이 올라가는 경우가 많다. 국내 프로리그에서는 외국인 선수가 가장 공격력이 강한 것이 일반적이기 때문에 그 선수에게 공격이 모두 몰린다고 해서 '몰빵 배구'라고 비판을 받는 부분이기도 하다.

하지만 오픈 공격이라고 해서 기술이 없는 것은 아니다. 앞서 설명한 속공을 비롯한 모든 스파이크 공격에서는 여러 가지 개인 타격 기술들이 사용된다. 오픈 공격은 선수 개인이 동원할 수 있는 모든 기술과 능력을 총동원해서 블로킹을 뚫으려고 노력하기 때문에 자세히 들여다보면 흥미로운 부분이 많다.

블로킹을 뚫기 위해서 어떤 방법들이 가능할까? 첫째는 높은 타점에서 강하게 때리는 것이다. 가능만 하다면 이보다 좋은 것이 없다. 블로킹 위에서 빈 자리를 골라가며 강하게 때릴 수 있다면 근본적으로 이를 막을 방법이 없기 때문이다. 그래서 오픈 공격을 위한 토스는 최대한 타점을 높여서(공을 세워서) 올려주는 것이 일반적이다.

둘째는 코스를 골라서 때리는 것이다. 통상 두 명의 블로커가 쫓아온다고 하면 네 개의 팔이 올라오는 셈인데 이것만으로 모든 각도를 커버하는 것은 쉽지 않다. 공격수는 점프를 하는 순간 직선, 대각선의 양 측면에 빈 곳이 없나 순간적인 체크를 하고 길이 보이지 않는다면 블로커와 블로커 사이, 블로커의 두 팔 사이에 공이 통과할 공간을 보고 때리게 된다. 신장이 압도적이지 않은 공격수라면 이런 코스 선택 능력이 아주 중요해진다.

코스를 보고 때릴 때도 그냥 직선으로 때리는 것이 아니라 '틀어 때리기'로 확률을 높일 수 있다. 눈과 팔의 회전 방향은 대각선이지만 마지막 순간에 어깨를 바깥쪽으로 틀어 공은 직선으로 가도록 하거나, 반대로 공을 아주 안쪽 각도로 트는 앵글샷(angle shot)을 구사해서 블로킹을 피할 수도 있다. 김연경 선수가 아주 잘하는 기술인데, 키와 점프력도 겸비한 김연경 선수의 앵글샷은 상대편 어택라인 안쪽으로 들어올 정도로 각도가 깊어서 수비하기가 대단히 까다롭다.

셋째는 경기 중에 자주 볼 수 있는 '터치아웃(쳐내기)' 공격을 시도하는 것이다. 공격수의 키가 작거나 이미 타이밍이 늦어서 블로킹벽이 완벽하게 앞을 가로막았을 때 의도적으로 블로커의 손을 맞춰서 공이 코트 밖으로 나가도록 하는 기술이다. 공격수는 블로커의 팔 옆부분을 맞춰서 사이드라인으로 공을 내보내거나 블로커의 손끝을 맞춰서 공이 튕겨 나가도록 하는 경우가 많다. 키가 작은 공격수가 살아남을 수 있는 필수적인 기술이라고 할 수 있는데, 이걸 피하기 위해 블로커들은 점프 후에 손을 사이드라인 쪽에서 코트 안쪽 방향으로 빗질하듯이 쓸어 담도록 훈련한다. 즉, 손을 맞더라도 바깥으로 튕겨나가지 않고 상대 코트 안쪽으로 떨어뜨리려고 하는 것이다.

또한 상대편이 손끝을 맞힐 것으로 미리 예측한 경우, 블로킹하려고 들어 올렸던 손을 갑자기 아래로 내려서(해설자들은 '손을 뺐다'라고 표현) 터치아웃을 피하기도 한다. 상대편 손을 맞고 공이 코트 밖으로 튀도록 하려면 상당히 강하고 높은 상승 각도로 공을 때려야 하므로 손을 빼버리면 공이 엔드라인 밖으로 날아가버리는 경우가 많다. 이 역시 잘 모르고 중계를 보면 '저렇게 어이없는 홈런볼을 때리다니 공격수가 자질이 부족하군'이라고 생각하기 쉽지만, 속내를 살펴보면 치열한 장군멍군의 결과물인 것이다.

## 시간차/이동 공격

앞서 A, B 속공이 주로 센터의 공격 방법이고 제대로 구사되면 빠른 타이밍 때문에 막기 쉽지 않다고 말했다. 상황이 이렇다 보니 아무래도 블로커들은 상대가 속공을 선택한다 싶으면 마음이 급해지게 마련이다. 즉, 속공의 기미가 보이면 반사적으로 점프를 하게 되는데 이걸 역으로 이용하는 변형 공격이 '시간차 공격'이다. 대략 두 가지 방법이 있다.

첫째는 센터와 미리 약속된, 그러니까 훈련을 통해 연습된 시간차 공격이다. 센터가 위로 공을 토스하면 블로커들은 공을 보기보다는 상대편 센터가 점프하는 것을 보고 따라서 점프하게 되어 있다. 하지만 토스된 공은 통상의 속공보다 약간 더 높게 떠 있어서 센터가 헛손질을 하고 블로커와 함께 네트 아래로 내려가는 순간 뒤늦게 뛰어든 윙 공격수가 공격을 하는 것이다. 사실상 무인지경에서 공격하는 것인데, 일단 센터가 공격을 하려고 점프하는 것을 보면 블로커가 따라서 뛰지 않는 선택을 하는 것이 어렵기 때문에 성공 확률이 대단히 높다. 팀 훈련에서 약속된 플레이 메뉴 중에 꼭 포함시키는 부분이다.

둘째는 센터가 단독으로 하는 개인 시간차 공격이다. 앞서 말했듯이 블로커들은 공이 뜨는 높이와 코스, 시간을 순간적으로 계산, 예측해서 점프하는 것이 어려워 센터의 동작을 보고 따라서 움직이는 경우가 많다. 이때 센터가 공격에 능한 선수라면 움찔, 하고 뛰는 척해서 블로커들을 점프하도록 만들어 놓고 뒤늦게 점프해서 블로킹을 피해 공격하는 것이다. 남자부의 신영석 선수나 여자부의 양효진 선수 같은 유명한 센터들이 잘 쓰는 방법이다.

'배구천재'라는 별명을 갖고 있는 도로공사의 배유나 선수가 이런 별명을 얻게 된 이유 중 하나도 개인 시간차로 상대방을 속이는 모습이 매우 영리해 보였기 때문이었다.

배유나 선수가 잘하는 또 다른 플레이는 이동공격이다. 센터가 직선으로 위로 뛰지 않고 옆으로(오른손잡이가 대부분이기 때문에 통상 오른쪽으로) 한 발을 찍고 이동하면서 속공을 하는 것이라서 '외발 이동공격'이라 부르기도 한다. 블로커가 따라가면서 블로킹을 하는 것이 쉽지 않기 때문에 이 또한 성공 확률이 높다. 이런 이동공격 혹은 이동 속공은 여자부에서 많이 나오는데, 남자부에 비해 백어택을 할 수 있는 선수가 적은 단점을 메꾸기 위한 방법이기도 하다. 그래서 여자부 센터 선수들은 대부분 이동공격에 능한 편이다. 흥국생명의 이주아 선수는 거의 모든 공격을 이동공격으로 하기 때문에 '이동 주아'라는 별명을 갖고 있기도 하다.

## 연타와 페인트, 긁어넣기

'연타(軟打)'는 한자로 보면 '연하게 때린다'라는 의미이니 '강타'의 반대가 되는 말이라고 할 수 있다. 리시브에서 연결된 토스가 볼이 영 좋지 않으면 스파이크를 때리기는 하는데 약하게 때려서 일단 공이 상대편 코트로 무사히 넘어가는 것에 중점을 둘 때 '연타로 넘겼다'라는 표현을 쓴다. 하지만 이것도 의외로 점수로 이어지는 경우가 적지 않은 공격 기술이다. 약하게 때리는 것이니 만큼 좀 더 코스에 신경을 쓸 수 있어 수비 진형의 빈 곳을 노리거나 수비가 약한 선수 쪽으로 공을 보내는 것이 가능한 것이다.

혹은 반대로 생각하는 것도 가능하다. 연타는 공격이 강한 선수 쪽으로 공을 보내, 리시브를 강제하는 방식으로 그 선수가 공격에 가담하지 못하도록 막는 역할을 하기도 한다. 게다가 토스가 좋지 않아 연타가 될 것 같으면 블로킹하는 선수들도 안심하고 블로킹을 뜨지 않거나 엉성하게 뜨는 경우가 많은데, 약하게 때리더라도 스파이크는 스파이크라서 무방비 상태로 네트를 넘어온 공의 위력은 만만치 않아 그대로 당하는 경우도 벌어진다.

블로킹이 제대로 벽을 쌓았고 도저히 스파이크를 하기 어려운 상황이라면 아예 그 벽에다 대놓고 때리는 경우도 있다. 아니, 이게 웬 자살 공격인가 싶을 텐데, 블로킹을 어설프게 피해서 때리려고 하다가 아웃되느니 블로킹에 살짝 맞춰서 다시 튀어나오는 공을 받아서 다음번 공격을 노리는 편이 낫다고 생각하는 것이다. 이때는 다시 튕겨 나오도록 한다는 의미에서 '리바운드'라는 용어를 쓴다. 블로커가 이를 막기 위해 손 모양을 비스듬하게 아래로 기울인 채 뛰어오르면 손에 맞은 공이 그대로 아래로 떨어져 버리기 때문에 연타로 리바운드를 시키는 것은 상당히 어려운 기술이라 할 수 있다.

강하게 공격하기 여의찮을 때 자주 사용되는 또 다른 방법은 '페인트'다. 처음 이 용어를 들었을 때는 영어 단어 중 'paint'인 줄 알았다. 예전에 사용되던 속어 중에 사기를 쳐서 누군가를 속이는 것을 '뺑끼치다'라고 말하는 경우가 있었기 때문이다. 하지만 그건 어디까지나 우리나라에서만 사용되던 은어였고, 배구 용어로서 페인트는 사전을 찾아보니 'feint'였다. 다시 어원사전을 통해 추적해보면 프랑스어에서 연원한 표현인데, 본래는 '약하다, 느리다, 게으르다'라는 뜻이었다가 '그걸 이용해서 속이는 것', 그러니까 '강하게 때리는 척하고 약하게', '빠르게 때리는 척하고 느리게' 때리는 것을 'feint'로 부르게 되었다고 한다.

배구에서의 페인트가 정확하게 그 뜻이다. 강하게 스파이크를 할 것처럼 자세를 잡으면 블로커가 점프하고 수비수는 뒤쪽에 잔뜩 웅크리며 받을 준비를 하게 된다. 그러다 보면 둘 사이에 공간이 비게 된다. 이걸 노려서 공을 살짝 위로 띄워서 블로킹을 피해 빈 곳에 떨어뜨리는 기술이 페인트다. 그런데 빈 곳이 보이지만 공을 위로 띄워서 넘겼을 때 그 틈에 수비수가 달려들 것 같다면? 이때는 강도보다는 컨트롤에 집중해서 공을 때리지 않고 그대로 손으로 밀어서 빈 공간에 던지듯이 넣기도 한다. 이때 손바닥이 닿으면 캐치볼 반칙이 될 수 있으므로 손가락으로만 밀게 되는데 이 때문에 해설자들은 '긁어넣기'라고 표현하는 경우가 많다. 주로 여자배구에서 많이 볼 수 있는 장면이다.

세터는 직접 공격하는 경우가 드물지만, 세터만이 할 수 있는 특이한 공격 방법도 있다. 리시브되어 올라온 공을 공격수에게 토스해주는 척하고 그대로 상대편 코트로 흘려넣는 것이다. 상대편 블로커는 공격수만 쳐다보면서 하나, 둘, 셋하고 박자를 세고 있을 때 2단 토스에서 곧바로 공이 넘어오니 점프도 못 하고 멍하니 쳐다보고 있을 수밖에 없다. 수비수 또한 타이밍을 뺏긴 채 반응이 늦을 수밖에 없어 성공률이 높아 의외로 매 경기 한두 번씩은 볼 수 있는 공격이다.

이는 2단 토스 단계에서 공을 쓱, 흘리면서 속이는 공격이기 때문에 '2단 패스 페인트'라는 표현을 사용한다. 이런 패스 페인트 공격을 하려면 아무래도 키가 큰 세터가 유리하다. 그래서 한국전력의 황동일 세터나 현대캐피탈의 김명관 세터 같은 장신 세터들이 즐겨 쓰는 공격인데, 키가 작은 편인 인삼공사의 염혜선 세터나 도로공사의 이고은 세터가 아예 두 손 백토스를 상대편 코트 빈 곳으로 넣는 묘기를 가끔 보여주기도 한다. 영어로는 일반적으로 '세터 덤프(setter dump)'라는 표현을 사용한다.

### 백어택(back-attack)

하지만 아무래도 보는 사람의 입장에서는 잔기술로 상대편을 속이는 공격보다는 슈퍼맨처럼, 돌고래처럼 공중으로 날아올라 시원시원하게 공을 내리꽂는 큰 공격이 멋져 보일 수밖에 없다. 그래서 선수들이 가장 높게, 가장 멀리 점프해서 공격하는 기술인 '백어택'이 성공하면 관중들이 가장 크게 환호하곤 한다.

앞서 설명했던 로테이션 시스템의 핵심은 키가 크고 잘하는 선수가 네트 앞에 붙박이로 있지 못하도록 돌리는 것이었다. 이를 위해 네트 앞 3미터 지점에 '어택라인'을 그어놓고 로테이션상 뒷줄로 넘어간 선수는 이 라인 앞으로 와서 공격이나 블로킹을 할 수 없도록 하고 있다는 설명을 했다.

그런데 배구의 기술이 발전하다 보니 '그럼 어택라인 뒤에서 뛰어올라 공중에서 공을 때리고 나서 어택라인을 넘어서 착지하는 건 괜찮지 않아?'라는 엉뚱한 발상으로 나아가게 되었고, 이렇게 라인 뒤(back)에서 공격이 이루어진다는 의미로 '백어택(back-attack)' 혹은 '후위 공격'이라는 이름이 붙게 되었다. 배구 해설자들이 어감상의 이유로 공격 방법 자체는 '백어택'이라고 부르지만, 점프할 때 라인을 밟는 반칙을 해서 점수를 빼앗기게 되면 '후위 공격자 반칙'이라고 다른 용어를 사용해, 배구를 처음 보는 분들은 혼란스러워하기도 한다.

일반인들의 경우 그냥 3미터를 뛰라고 해도 쉽지 않은데, 백어택은 네트 위, 블로킹까지 피할 수 있는 최소 높이인 수직 1미터 높이까지 유지하면서 3미터 뒤의 어택라인에서 뛰어올라 공중으로 날아가고 있는 공을 잡아채서 때리는 기술이다. 그러니 실제로 보면 말 그대로 슈퍼맨, 원더우먼의 영역처럼 보인다.

수비하는 입장에서 생각해보자. A, B 속공을 호시탐탐 노리는 센터, C 속공과 오픈 공격을 노리는 좌우의 양쪽 윙까지 어떤 늑대가 달려들지 몰라 전전긍긍하고 있는데 갑자기 공격라인의 뒤에서 시선이 가려져서 잘 보이지도 않던 후위 선수가 붕 날아오른다면? 그 엄청난 가속력을 공에 실어서 미사일 같은 스파이크를 내리꽂는다면? 황당한 수준을 넘어서 공포스러울 수밖에 없을 것이다. 그래서 백어택이 가능한 혹은 능숙한 공격수는 로테이션이 어떻게 돌아가든 상대 팀에게 큰 위협이 된다.

문제는 아무리 배구 선수들의 신체 능력이 대단하다고 해도 어쨌든 백어택은 상당히 어려운 기술이라서 성공 확률이 낮다는 점이다. 어택라인에 조금이라도 바짝 다가가서 점프하려다가 선을 밟는 경우도 많고, 공중에서 세터와의 호흡이 맞지 않아 공을 제대로 때리지 못하는 경우도 있다. 또 일껏 박자를 맞춰서 때렸다 해도 네트 앞에서 점프하는 것보다 당연히 점프 높이가 낮아져서 블로킹에 걸리는 경우도 적지 않으며, 멀리서 온 힘을 다해 달려 들어오다보니 공격을 한 후 앞으로 나가는 힘을 못 이기고 네트를 건드려서 점수를 빼앗기는 일도 벌어진다. 즉, '할 수 있다'는 것과 '해야 한다'는 것은 다른 문제라서 백어택에 대한 체력 부담이 비교적 큰 여자부에서는 백어택을 거의 하지 않게 되었다.

그런데 앞서 말했듯이 관중들에게 가장 큰 '볼거리'인 백어택이 이렇게 줄어들면 배구가 너무 평면적이 되어서 재미가 없지 않을까? 사실 비슷한 고민이 농구에도 있었다. 어차피 이렇게 넣어도 2점, 저렇게 넣어도 2점이라면 슛을 했을 때 가장 성공 확률이 높아지는 골대 밑으로 바글바글 몰려가고, 이러다 보니 키 크고 체격 좋은 선수 한두 명이 골 밑에서 퉁, 하고 골을 넣으면 끝나는 싱거운 경기가 거듭되며 몸싸움과 신경전만 늘어났다. 어떻게든 멀리서 큰 포물선을 그리는 외곽 슛을 많이 던지도록 해서 코트도 넓게 쓰고 볼거리도 늘려야겠는데 어쩐다, 라고 하다가 그럼 '어떻게 넣어도 2점'이 아니라 '멀리서 넣으면 3점'으로 바꾸면 되잖아? 이런 아이디어로 시작된 것이 외곽의 3점슛 라인 제도였다. 이는 미국 프로농구가 세계적인 인기를 끄는 스포츠로 발돋움하게 되는 결정적인 계기가 되었다.

배구에서도 이와 비슷한 시도가 있었다. 즉, 어렵지만 멋진 공격인 백어택을 성공시키면 2점을 주는 제도를 V리그 초창기에 여자부에서 시도한 것이다. 이는 여자부의 인기가 남자부보다 높아진 지금과 달리 여자부의 관중이 너무 적어서 고민이 많던 시점에 의욕적으로 시도된 제도였지만, 선수들의 부상이 늘어나는 등 부작용이 커서 결국 얼마 가지 않아 폐지되었다. 남자부에서는 이런 인센티브 없이도 백어택이라는 공격 방식의 효용 때문에 많은 선수들이 시도하고 있지만 여자부에서는 주로 외국인 선수들이 백어택을 시도하는 중이다. 향후 국제대회에서의 경쟁력을 위해서라도 백어택을 잘 구사하는 국내 선수들이 더 늘어날 필요가 있다.

## 파이프(pipe)

자, 그럼 지금까지 말한 공격 기술들을 전부 섞어서 한꺼번에 써보면 어떨까? 뭔가 어마무시하고 무지막지하고 판타스틱한 울트라캡숑메가왕짱 공격 기술이 되지 않을까? 이 무슨 만화 같은 생각이야 싶겠지만, 이런 꿈같은 이야기를 현실 배구에서 시도한, 가장 '환상'에 가까운 공격이 바로 '파이프' 공격이다.

개념은 아주 간단하다. 앞서 여러 가지 공격 옵션을 말했는데 이 모든 공격 옵션을 동시에 발동시키면 어떻게 될까? 좌측에서 레프트윙이, 우측에서 라이트윙이, 가운데에서 센터가 동시에 점프하면 수비하는 블로커 입장에서는 이게 A퀵이야 B퀵이야 C퀵이야 우왕좌왕하는 가운데 에라 모르겠다, 하면서 한 명씩 붙잡고 세 명의 블로커가 점프할 것이다. 한데 토스된 공은 생각보다 훨씬 높이 올라가서 어어, 하는 사이에 점프한 블로커들은 땅으로 떨어지고, 뜬금없이 뒷줄에서 날아오른 후위 공격수가 네트 한가운데 텅 빈 공간으로 백어택을 꽂아 넣는 상황, 정말 환상적이지 않은가?

이 기술은 통상 좌우에서 동시에 떠오른 공격수들의 사이를 뚫고 공이 빠져나가는 모양이 파이프 사이로 쏜살같이 흘러가는 물과 같아 보인다고 해서 '파이프(pipe)'라는 이름이 붙었다. 『하이큐!!』를 보면 모든 공격수가 한꺼번에 뛰어오른다고 해서 '동시다발 싱크로 공격'이라고 부르고 있기도 하다.

많은 선수들이 동시에 뛰어올랐다가 떨어지는 사이에 폭포수처럼 백어택이 내리꽂히는 모습이 멋있기도 하고, 이런 과정이 공격수, 세터의 토스, 후위에서 뛰어 들어오는 백어택까지 톱니바퀴처럼 척척 맞아 돌아가야 하기 때문에 배구 공격 기술 가운데 가장 화려하고 멋진 기술로 손꼽히기도 한다. 그래서 배구 중계를 보다 보면 파이프 공격이 나올 때 캐스터나 해설자가 "파이프로 내려꽂습니다!"라며 흥분하는 모습을 보게 된다.

이상적으로 보자면 이렇게 모든 선수들이 한꺼번에 뛰어올라야 진정한 파이프 공격일 것이다. 그렇지만 통상 세터의 토스 자세나 코스를 보면 공이 좌우 공격수에게 날아갈지의 여부를 쉽게 예측할 수 있기 때문에 블로커가 좌우로 잘못 뛰어가는 실수를 하는 경우는 별로 없다. 그래서 보통은 상대 팀 블로커가 감으로 찍어서 보자마자 블로킹을 떠야 하는 한가운데 A 속공 코스로 토스를 했는데, 센터는 점프했다가 그냥 내려오고 그 틈에 후위에서 백어택을 하는 2단 시간차 공격도 파이프라고 부른다. 실제 배구 경기에서는 이렇게 간결하게 파이프를 구사하는 것이 대부분이다.

정말 멋진 장면이긴 하지만 앞서 설명한 것처럼 여자배구에서는 백어택 자체에 부담을 갖는 경우가 많아서 파이프 공격은 더더욱 보기 드물다. 아기자기한 랠리와 엎치락뒤치락하는 점수로 역전의 재미를 선사하는 여자배구와는 다른 측면에서 시원시원하고 강력한 힘을 보여주는 남자배구의 매력을 느끼고 싶다면, 이런 크고 화려한 공격들에 주목해보시기를 권한다.

4장

# 그래도 기본은 수비

배구에서 주목받는 것은 아무래도 화려한 공격 기술들이다. 하지만 공격 기술이 많다 보니 공격의 성공 확률도 높아지고, 이는 대개 두 팀이 사이좋게 한 점씩 주고받는 양상으로 이어지기 마련이다. 그러니 역으로 보자면, 상대편보다 한 점이라도 더 앞서가기 위해서는 '수비'에서 몇 개나 성공을 거두느냐가 승리의 관건이 되었다.

공격이 강한 만큼 두 팀 간의 점수 차이가 크게 벌어지지 않는 남자배구에서도 수비가 중요하지만, 수비를 통해 큰 점수 차이를 역전시킬 가능성이 높은 여자배구에서는 수비의 중요성이 더욱 강조되는 추세다. 공격만큼 다양한 기술이 있는 것은 아니지만 온몸을 날리는 멋진 장면을 연출해서 배구의 또 다른 볼거리가 되는 수비의 여러 모습들을 살펴보자.

## 서브 리시브

상대편이 넘겨준 공을 받는 게 뭐 그리 대단한 '기술'이라고까지 할 수 있나 생각될 수 있다. 하지만 사실 현대 배구에서 가장 문제가 되고 있는 부분이 바로 리시브다.

간단하게 생각해보자. 가끔 TV나 인터넷을 통해 자동차의 안전을 테스트하기 위해 충돌시험을 하는 것을 본 적이 있을 것이다. 실험용 더미(dummy) 인형을 실은 차가 달려가서 장애물이 부딪치면 차의 전면이나 측면이 박살나면서 다시 쓰기 어려울 만큼 파손되는 극적인 장면이 연출되는데 이때 자동차의 실험속도가 시속 30km에서 최대 시속 60km 정도다.

그런데 프로배구 경기에서 여자 선수들의 서브 속도가 대략 시속 70-80km, 남자 선수들은 시속 100km를 쉽게 넘나든다. 네트 너머에서 상대 팀 서버가 '빵' 하고 공을 때리면 수비수들이 '엇!' 하는 순간 금세 공이 넘어오는 것이다. 게다가 공이 똑바로 곱게 넘어오는 것도 아니다. 공에 전진 회전을 줘서 때리면 앞에 뚝 떨어지고, 밀어서 때리면 예상 위치보다 훨씬 길게 뒤로 날아오고, 드라이브를 줘서 때리면 공이 좌로 우로 휘곤 한다. 앞서 서브 파트에서 설명했던 무회전 서브 같은 경우는 때리는 사람조차 이 공이 어디로 갈지 예측이 힘들 정도로 마구 흔들리면서 들어오기도 한다.

따라서 서브를 받는 수비수는 서브가 이루어지는 직후에 곧바로 코스를 예측해서 몸을 움직이지 않으면 공을 제대로 받아낼 수 없다. 중계 화면을 보면 힘없이 빈자리에 떨어지는 서브를 왜 못 받는 건지 이해가 되지 않는 경우들이 발생한다. 서버가 강하게 서브를 때리는 자세를 취하면 즉시 몸의 중심을 뒤에 두고 잔뜩 웅크리며 사전에 대비하다 보니, 그 자세에서 약한 서브가 나오면 역동작에 걸려서 어이없이 공을 놓치게 되는 것이다.

그러니 리시브하는 입장에서 제일 곤란한 공은 서버가 공을 때리는 그 짧은 순간조차 잘 보이지 않는 경우다. 안 그래도 무게 중심을 낮추고 잔뜩 웅크리고 있는데 상대편 코트에는 앞줄에 키가 큰 블로커들이 줄줄이 서 있기 때문에 이 블로커들이 미리 손이라도 들고 있으면 시야가 가려져서 공을 보는 것이 더욱 어려워진다.

그래서 서브하는 코트의 블로커들은 손을 머리보다 위쪽으로 올리고 있지 못하도록 금지되어 있고 이 때문에 서브하는 순간 블로커들은 뒷짐을 지고 있거나 손을 어깨높이로 들고 있는 경우가 많다. 간혹 뒤통수에 두 손을 깍지 낀 자세로 준비하는 선수들도 있다. 혹시 우리 편에서 서브를 잘못해서 수비수의 뒤통수를 맞히는 것에 대비하기 위한 이유도 있고, 규정을 어기지 않는 한에서 가장 높은 위치로 손을 두기에 적당한 자세이기 때문이기도 하다.

서브 리시브는 단순히 공을 공중에 올린다고 해서 성공한 것이 아니다. 서브가 이루어지는 순간 이미 팀 전체가 사전에 약속한 공격 포메이션대로 진형을 이동하면서 세터가 앞줄로 뛰어 들어가 있는 상태이기 때문에, 세터가 서 있는 곳으로 정확한 위치와 높이, 속도를 유지하면서 공을 전달해야 한다. 리시브한 공이 코트 밖으로 나가면 당연히 안 되고, 세터의 위치보다 짧으면 부리나케 뛰어나온 세터가 시도할 수 있는 공격은 루트가 뻔히 읽히는 오픈 공격밖에 안 될 것이며, 그렇다고 공이 길게 연결되면 바로 상대편 코트로 넘어가 다이렉트 공격을 당할 수도 있다. 그러니 리시브하는 선수들의 긴장감은 축구에서 페널티킥을 대비하는 골키퍼의 심정과 다르지 않을 것이다.

일단 리시브가 되고 나서야 세터가 이런저런 작전을 구사한다든가 최종 공격수가 여기저기로 공을 보내는 등의 선택지가 존재할 수 있다. 하지만 진짜 문제는 서브의 기술과 속도가 점점 발전하는 반면, 리시브에서는 딱히 기술적 발전이라는 게 있기 힘들다는 것이다. 그래서 극단적으로 보아 리시브를 잘하려고 너무 애쓰기보다는 애초에 리시브가 불완전할 것이라고 전제하고 그다음 플레이를 짜야 하는 것이 아닌가 하는 의문이 고개를 들게 되었다. 이것이 뒤에 이야기하게 될 '업템포 배구'라는 새로운 흐름으로 이어지게 된다.

## 패스와 토스

배구는 공이 계속 날아다니도록('volley') 유지하는 경기이기 때문에 공을 붙잡는 것은 반칙이 된다. 따라서 공을 우리 편의 다른 선수에게 연결해줄 때도 붙잡지 않은 상태에서 공을 튕겨서 전달해줄 수밖에 없다. 이렇게 공을 넘겨주는 것을 대부분의 스포츠에서 '패스(pass)'라고 부르지만, 배구는 특별히 공을 튕겨서 넘겨준다는 의미에서 언더핸드 패스를 '범프(bump, 범퍼카를 떠올리면 된다)'라고 부르기도 한다. 앞서 설명한 '리시브'도 우리나라나 일본에서 통용되는 표현이고 영미권에서는 '범프'라고 부른다고 한다.

이렇게 패스를 하는 방법으로는 언더핸드 패스와 오버핸드 패스의 두 가지 방법이 있다. '언더핸드(under hand)' 패스는 말 그대로 두 손을 모아 막대기처럼 만들어서 허리 아래로 내려서 공을 튕겨 올리는 것이다. 이때 실제로 공이 맞는 위치는 '손'이 아니고 가지런히 모인 두 팔뚝 사이다. 비교적 크고 단단한 팔뚝 뼈를 이용해서 받는 것이기 때문에 강한 공을 받아내기에 유리하고 또 낮은 위치의 공을 받기에도 유리해서 가장 기본적인 수비 방법으로 애용된다.

하지만 공이 강하게 날아온다고 해서 어깨에 힘을 잔뜩 주고 딱딱하게 받으면 팔뚝에 맞은 공이 엉뚱한 곳으로 멀리 튕겨 나갈 수 있으므로 공이 팔에 닿는 순간 팔을 살짝 뒤로 빼면서 공의 힘을 떨어뜨릴 필요가 있다. 물론 이것이 쉬운 일은 아니다. 즉, 강한 공을 바운스 시킬 수는 있지만 정확하게 패스하는 것이 쉽지 않은 것이다. 언더핸드 패스의 또 다른 문제점은 상하좌우로 팔을 움직일 수 있는 각도가 상당히 좁다는 것이다. 지금 독자분들이 당장 두 손을 모아 쥐고 팔꿈치를 쭉 뻗은 자세에서 좌우로 팔을 흔들어 보시면 금방 알 수 있다. 아무리 애를 써도 자연스럽게 팔을 움직일 수 있는 각도는 좌우로 45도 정도밖에 안 된다.

그러니 언더핸드로 서브 리시브를 하려고 자세를 잡고 준비하고 있는데 상대편의 서브가 예상보다 높게 오면 두 손을 최대한 위로 올리기 위해 허리를 돌려서 팽이처럼 옆으로 회전할 수밖에 없다. 배구 경기에서 서브 리시브 혹은 스파이크를 받는 선수들이 손을 옆으로 홱 돌리면서 공을 받는 자세가 나오는 이유가 여기에 있다. 강하게 날아오는 공의 힘을 죽이는 동시에 리시브 위치를 높이기 위해서는 이 방법이 제일 적당한 것이다. 그런데 이렇게 팔을 휘두르면서 받는 공이 정확한 위치로 날아가는 것까지 기대하기는 더더욱 힘들 것이다. 일단 받고 나서 생각하자는 급한 상황에서 나오는 동작일 경우가 많은 것이다.

그래서 두 손을 머리 위로 올려서 공을 받는 '오버핸드 패스'가 정확도의 측면에서는 훨씬 낫다. 아무래도 팔뚝이 아닌 손가락을 이용해서 공을 컨트롤하는 것이기 때문에 훨씬 섬세하게 공을 전달하는 것이 가능한 것이다. 오버핸드 패스는 기본적으로 두 손, 열 손가락을 쫙 편 상태에서 머리 위로 삼각형을 만드는 자세로 들어올려 공을 동시에 터치하는 것이다.

그런데 앞서 두 손을 꼭 붙잡고 팔뚝으로 받는 언더핸드 패스와 달리 두 손이 벌어져 있는 자세이다 보니 공이 세게 온다면 두 손 사이로 공이 빠져나가버리는 일이 종종 벌어진다. 혹은 그 정도로 큰 실수는 아니더라도 손가락이 공의 힘을 버티지 못하고 공이 손바닥에 닿아버릴 경우 캐치볼 반칙, 또는 두 손이 각기 다른 타이밍에 공에 닿았다가 떨어지는 경우 더블 컨택 반칙이 될 수 있다. 그래서 아주 약하게 들어오는 서브가 아닌 한 서브 리시브는 언더핸드로 받는 것이 기본이다.

오버핸드 패스는 좀 더 약하게 전달되는 공을, 훨씬 더 정확하게 다른 선수에게 전달할 필요가 있을 때 주로 사용된다. 그래서 서브 리시브된 공을 받아서 최종 공격수에게 전달하는 중간 역할을 하는 세터가 공을 올릴 때 주로 오버핸드 패스를 사용한다. 이렇게 공을 위쪽으로 올리는 것이 주된 목적이라는 점에서 '토스(toss)'라는 표현을 사용하기도 한다.

세터의 토스는 정확성이 생명이기 때문에 오버핸드 토스가 기본이라는 점이 세터들의 스트레스 요인이 되기도 한다. 오버핸드 토스를 하기 위해서는 반드시 공의 아래쪽으로 들어가야 하기 때문이다. 리시브된 공이 딱 좋게 머리 위로 날아와준다면 별문제가 없겠지만 강한 서브 때문에 대부분의 공이 부정확한 위치로 떠오르는 상황을 고려한다면 공 밑으로 세터가 들어가는 것은 그리 쉬운 문제가 아니다.

일단 세터는 리시브를 하면 안 되기 때문에 리시브 라인에서 제외되어 있다가 상대편이 서브하면 곧장 네트 앞으로 뛰어 들어간다. 그런데 리시브된 공이 자신이 서 있는 곳과 다른 위치로 튀어가면, 숨 돌릴 틈도 없이 다시 그 공을 쫓아 공이 너무 낮아지기 전에 다다다 뛰어가서 공 밑으로 파고들어야 하는 것이다. 배구 경기를 보면 세터가 계속 여기저기 뛰어다니는 것처럼 보이는 이유가 여기에 있다. 심지어 공이 너무 낮은 경우 세터가 무릎을 꿇고 앉은 자세로 최대한 몸을 낮춰서라도 공 밑으로 들어가려고 안간힘을 쓰는 경우가 종종 나온다. 몸이 좀 둔하거나 체력이 약한 세터의 경우, 미처 공 밑으로 들어가지 못하고 언더핸드로 토스를 하는 경우도 나오는데 이럴 경우 감독과 팬들의 질책을 각오할 수밖에 없다.

세터가 오버핸드 토스를 해야 하는 또 다른 필요성은 다음에 이어질 공격수의 성공 가능성을 크게 높일 수 있기 때문이다. 높은 위치에서 토스가 이루어진다는 것은 세터에서 공격수에 이르는 공의 궤적이 짧아진다는 것을 의미한다. 게다가 언더핸드로 올리는 토스는 공이 정점에 이르렀다가 떨어질 때 때려야 하는데 높은 위치에서 전달하는 오버핸드 토스는 직선으로 곧장 공을 쏘아 보낼 수 있어 공 자체의 속도도 훨씬 빨라진다. 즉, 배구 공격의 가장 기본이 되는 속공을 하기 위해서는 오버핸드 토스는 필수일 수밖에 없다.

당연히 오버핸드 토스 자체가 최대한 높은 위치에서 이루어지는 것이 유리하기 때문에 세터의 키가 큰 편이 유리하고 여기에 점프까지 더해서 토스 높이를 높이려는 '점프 토스'가 많이 사용된다. 이렇게 높이가 증대될 때, 공격수들이 시간차 공격을 하는 것처럼 세터도 시간차 토스를 하는 것이 가능해진다. 세터가 곧장 토스할 것처럼 뛰어올랐다가 공과 함께 바닥으로 떨어지며 상대편 블로커가 블로킹을 떴다가 떨어지는 타이밍을 눈으로 좇는 것이다. 그러다가 뒤늦게 토스를 올리면 공격수에게 완전한 오픈 찬스를 만들어줄 수 있다.

다만 이렇게 점프해서 토스하는 경우 세터 자신의 토스도 불안정해지고 공격수도 어느 타이밍에 토스된 공이 올라올지 예상하기 어려워지는 문제가 있다. 그래서 A 속공처럼 빠르고 짧은 공격을 시도하거나, 세터가 멀리에서 토스를 밀어올릴 경우 일부러 점프하지 않고 토스하는 경우도 있다.

하지만 언더핸드든 오버핸드든 기본적으로 두 손으로 패스하는 방법인데 미처 이렇게 자세를 잡을 틈이 없거나 상대편 코트로 넘어가는 공을 급하게 토스해서 올려야 할 때도 많다. 이 경우 한 손만 뻗어서 공을 위로 올려주는 '싱글 핸드 토스'를 선택한다. 이 기술은 정확하게 공을 올리기도 어렵고 자칫하면 손바닥에 공이 닿아서 캐치볼 반칙이 되기 십상이라 아주 어려운 기술이라 할 수 있다.

또 리시브된 공이 너무 벗어나서 세터가 미처 쫓아가지 못하고 다른 선수가 공을 연결해야 하는 상황이 발생할 수도 있다. 이 경우 두 번째 연결이긴 하지만 정상적으로 세터가 연결하는 경우와 구분하기 위해 '이단 연결'이라는 용어를 사용한다. 배구 해설에서 리시브와 함께 이단 연결의 중요성을 강조하는 말을 자주 들을 수 있는데, 이는 역으로 보자면 그만큼 세터에게 정상적으로 연결되는 완벽한 리시브가 드물어지고 있다는 뜻이기도 하다. 그래서 이단 연결을 잘하는 팀이 그만큼 포인트를 내는 데 유리해지게 되는데, 여자배구 GS칼텍스팀의 경우 리베로를 맡고 있는 한수진 선수나 센터를 맡고 있는 한수지 선수 모두 전에는 세터 포지션을 맡았었기 때문에 유난히 이단 연결에 강한 면모를 보이기도 한다.

### 블로킹

블로킹은 네트 앞에서 상대편이 공격할 때 수비수가 두 손을 쭉 뻗고 뛰어올라 말 그대로 공을 막는(block) 것이다. 우리나라에서는 명사형을 써서 블로킹(blocking)이라고 부르는 경우가 많지만, 엄밀히 따지자면 '블록(block)'도 명사형으로 볼 수 있어서 그냥 '블록'이라고 말하기도 한다.

어떤 스포츠든 대개 포인트는 공격이 성공해야 획득하게 되는 것인데, 특이하게도 배구는 수비 동작인 블로킹이 곧장 포인트로 연결되는 공격의 수단이 될 수 있다. 그뿐 아니라 어찌 보면 공격으로 한 점을 얻는 것보다 경기 전체적으로는 더 큰 의미를 갖게 되기도 한다. 특히나 남자부 경기의 경우 공격을 하는 입장이 절대적으로 유리해서 한 점 한 점씩 똑같이 올라가는 경우가 많기 때문에 블로킹에 성공해서 점수가 벌어지는 것이 승리와 직결되는 경우가 많다.

앞줄에는 세 선수가 나란히 서게 되기 때문에 상대편 세터의 공이 올라가는 쪽으로 블로커들이 몰려서 함께 벽을 쌓는다. 코트 가운데로 공이 올라가면 양쪽 사이드의 블로커들이 모두 달려들어 블로킹의 폭이 최대한으로 넓어지는 '3인 블로킹'이 뜨게 될 수 있어 한가운데 공격은 속도가 대단히 빠른 A 속공이나 블로커들을 속이는 시간차 혹은 파이프 공격에 국한된다. 조금이라도 토스 타이밍이 늦어졌다 싶으면 좌우 사이드로 공을 보내서 블로커의 숫자를 최대한 줄이려고 시도할 수밖에 없다. 그래서 공격에서 좌우 공격수들의 공격 시도 횟수가 많다는 것은 그만큼 서브 리시브가 잘 되지 않았다는 뜻일 수도 있다.

왼쪽으로 상대편의 토스가 올라가면 왼쪽 블로커는 제자리에 있고, 센터블로커가 두세 걸음 움직여서 나란히 선 상태에서 함께 점프해 블로킹을 시도하게 된다. 이때 공격을 완벽하게 예상했다면 오른쪽 끝에 있는 블로커도 함께 달려와 3인 블로킹을 시도하기도 하지만, 대개는 너덧 걸음까지 뛰어오기엔 시간이 부족한 경우가 많다. 그래서 오른쪽 블로커는 늦었다 싶으면 한두 걸음 뒤로 물러나서 공격수가 공을 틀어치거나 블로커의 손을 맞고 튀어오르는 공을 건져 올리는 커버플레이에 들어가게 된다.

이렇게 두 선수가 손을 최대한 들어올리고 점프를 하게 되면 어마어마한 높이가 된다. 남자부의 경우 센터 포지션의 선수의 키가 2미터 가까이 되는데 여기에 팔을 최대한 들고 제자리 점프를 80-100cm까지 떠오르게 되면 공격수의 입장에서는 순식간에 거의 4미터에 가까운 벽이 눈앞에 솟아오르는 것이다.

문제는 팔이 네 개밖에 안 되는데 테크닉이 능란한 공격수의 경우 공격을 시도할 수 있는 각도가 거의 코트 전체에 미친다는 것이다. 그러니 모든 각도를 다 막을 수는 없고 직선과 대각선 방향 중 하나를 택할 수밖에 없다. 게다가 욕심을 부린다고 두 팔을 벌려서 넓히면 팔 사이로 공을 때릴 수도 있고 두 선수의 사이로 공이 빠질 수도 있다.

더 골치 아픈 것은 터치아웃이다. 열심히 공을 막긴 했는데 정작 손에 맞은 공이 그대로 아래로 떨어져서 오히려 수비팀 코트 안쪽에 들어온다거나 혹은 손을 맞고 바깥으로 튕겨 나가버릴 수도 있다. 그래서 제대로 블로킹을 하려면 다음과 같은 루틴을 밟아야 한다.

1. 세터의 움직임을 보고 방향을 예측한 후,
2. 재빨리 그쪽으로 달려가서 다른 블로커와 틈이 벌어지지 않게 촘촘하게 서는 동시에,
3. 공격수의 타이밍에 맞춰서 함께 뛰어올라,
4. 손에 맞은 공이 상대편 코트로 떨어지도록 손을 한껏 앞으로 내밀어 상대편 코트로 밀어 넣으면서,
5. 사이드 쪽 블로커는 공이 손을 맞고 바깥으로 튀지 않도록 코트 안쪽으로 빗질하듯이 쓸어 넣는 동작을 구사하고,
6. 블로커의 손에 맞은 공이 자신의 머리 위나 바로 옆으로 떨어질 수도 있기 때문에 떨어지면서 공의 위치를 재빨리 파악해서 공을 쳐올리는 동작까지 구사한다.

여기까지가 블로킹 시 한꺼번에 이루어지는 동작들이다. 그러니 블로킹을 성공해서 점수를 낸다는 것이 얼마나 어려운 일인가.

하지만 만약 공격수의 키가 커서 타점이 블로커의 손 위쪽이

라면 이 모든 노력이 다 의미가 없어진다. 그래서 결국은 앞줄에서는 선수들은 어찌 되었든 신체적인 조건이 먼저 갖추어져 있어야 한다. 이 부분에서 가장 약점이 바로 세터 포지션이다. 세터는 앞줄로 로테이션되어 왔다고 해서 다른 선수로 교체할 수도 없는데, 세터의 키가 작다면 상대편은 무조건 이쪽을 노리고 공격하게 될 가능성이 높기 때문이다. 키가 큰 세터가 귀하디귀한 존재인 이유를 이제 충분히 아셨을 듯하다.

키가 작은 세터들이 블로킹에 성공하는 나름의 전략도 있다. 일단 제자리 점프 높이를 최대한 높이기 위해 무릎을 깊게 굽혔다가 점프하면서 일부러 약간 늦은 타이밍에 점프하는 것이다. 공격수의 입장에서는 아무래도 상대편 코트 바닥에 강하게 꽂아 넣는 공격을 하고 싶다. 그때 한쪽 블로커는 벽이 높은 반면, 또 한 명의 블로커는 아직 점프를 하지도 않아서 거의 텅 비어 있는 모습을 보면 굳이 벽 위로 때리기보다는 네트 바로 위로 강하게 때려 넣게 마련이다.

이때 한 타이밍 늦게 점프한 세터의 손이 쑥 올라오면 블로킹에 제대로 걸리게 되는 것이다. 물론 이 경우 공격수가 아주 빠르게 공격하면 타이밍을 제대로 잡지 못하고 노마크 오픈 공격 찬스를 줄 수도 있기 때문에 쉽게 쓸 수 있는 작전은 아니다. 감독들이 작전 지시를 할 때 공격수들에게 공을 끌지 말고 올라가면 빨리빨리 때리라고 주문하는 이유도 이 타이밍 문제 때문이다.

## 디그와 팬케이크

상대편의 공격이 일단 블로킹을 통과하게 되면 이제 남은 것은 코트에 있는 다른 선수들의 몫이 된다. 1차 수비벽을 통과하고 코트 바닥으로 떨어지는 공을 받아 올리는 수비를 마치 땅에서 돌을 파내듯이 들어올린다는 의미로 '디그(dig, 파다)'라고 부른다.

사실 어감으로만 보자면 몸을 날려서 바닥에 닿을 듯 말 듯 아슬아슬한 공을 간신히 걷어 올리는 것만을 '디그'라고 불러야 맞을 것 같지만 이렇게 되면 기록원의 입장에서는 아슬아슬한 것과 그렇지 않은 것을 구분해서 표기하는 것이 곤란한지라 블로커 이외의 다른 수비수가 공을 받아올리는 것은 모두 디그로 본다.

배구 경기에서 가장 다이내믹한 볼거리는 바닥을 쪼갤 듯 강력하게 꽂히는 스파이크보다도, 이 무지막지한 공을 마치 영화 속의 슈퍼히어로처럼 온몸을 날려서 받아올리는 디그의 장면이 아닌가 싶다. 수비 전문 선수로 스포트라이트를 받을 일이 많지 않은 리베로가 가장 주목받는 부분이자 실력을 보여줄 수 있는 멋진 플레이가 바로 디그다. 특히 몸 전체를 날려서 공을 받아내는 멋진 동작을 '플라잉 디그'라고 부르고, 떼구루루 한 바퀴 구르면서 공을 걷어올리면 '롤링 디그'라고 한다.

디그 동작이 유난히 화려해보이는 데는 나름의 이유가 있다. 첫째는 선수 자신의 안전을 위해서다. 체격도 큰 선수들이 공을 건져 올리겠다고 몸을 공중으로 붕붕 날리면 바닥으로 떨어지는 과정에서 부상을 입기 쉽다. 그래서 충격을 줄이기 위해 낙법을 하다 보면 최대한 몸의 많은 부분이 바닥에 닿으면서 자연스럽게 미끄러지는 슬라이딩을 하거나 몸을 완전히 굴려서 충격을 줄이는 회전 낙법을 구사할 수밖에 없다. 이처럼 묘기 같은 동작들은 단순히 멋져 보이기 위한 행동이 아니라 배구 선수라면 스스로를 보호하기 위해 반드시 익혀야 하는 필수 기술이라고 할 수 있다.

둘째는 배구의 기본 룰이 한 사람이 두 번 공을 터치하지 못하도록 되어 있다는 점 때문이다. 즉, 내가 일단 공을 받고 나면 다음번엔 무조건 다른 사람이 공을 터치해야 하기 때문에 내가 공 아래에 서 있거나 다른 선수들의 진행 방향을 방해하는 위치에 있지 않도록 즉시 자리를 피해줘야 한다. 그래서 일단 공을 받고 나면 뒷걸음질을 치거나 아예 자세를 낮추어 바닥에 누웠다가 일어나는 편이 어설프게 중심을 잡으면서 서 있는 것보다 더 낫다. 배구 선수들이 유난히 코트 바닥에 자주 넘어진다 싶은 것은 이런 이유 때문이다. 그러다 보니 코트에 떨어진 땀에 선수들이 미끄러지지 않도록 거의 매 포인트가 끝날 때마다 보조 요원들이 코트에 뛰어 들어가서 땀을 닦아주는 모습이 연출된다.

하지만 자세를 최대한 낮춰서 언더토스를 하기에도 너무 늦어서 공이 이미 바닥에 거의 닿을 지경이 되어버렸다면 어떻게 하면 좋을까? 이 경우 손을 쫙 편 상태로 공이 떨어지는 지점의 바닥에 밀어 넣으면 공이 손등에 맞고 다시 튀어 올라서 수비를 이어나갈 수 있게 된다. 이게 가능하려면 공과 바닥 사이의 좁은 틈에 끼워 넣을 수 있도록 손을 최대한 얇게 펴서 수평하게 만들어야 하고, 이 손은 코트 바닥에 착 붙여서 손등에 맞은 공의 바운드가 죽지 않고 다시 튀어오를 수 있도록 해야 한다. 이게 꼭 우리나라로 치면 빈대떡에 해당하는 밀가루를 얇게 부쳐서 만드는 서양 음식인 '팬케이크'의 모습과 비슷하다고 해서 '팬케이크 디그'라고 부른다.

대개는 약하게 떨어지는 페인트 공격에 대한 수비 과정에서 이런 디그를 하게 되는 경우가 많아 남자부보다는 여자부 경기에서 자주 볼 수 있는 장면이다. 이때 공의 일부라도 바닥에 닿으면 수비 실패로 보기 때문에 수비 성공/실패를 놓고 비디오 판독 요청이 많이 이루어지는 플레이이기도 하다. 거의 끝난 줄 알았던 랠리가 마법처럼 되살아나는 수비이기 때문에 보는 이들의 입장에서는 손에 땀을 쥐게 하는 묘기라고 할 수 있다.

현대 배구에서는 공을 꼭 손 혹은 팔로만 처리해야 한다는 규정은 없기 때문에 신체의 다른 부위를 이용해 수비를 하는 것도 얼마든지 가능하다. 그래서 자주는 아니지만 도저히 받을 수 없는 빠르게 떨어지는 공을 발로 걷어 올려서 살리거나, 수비수가 미처 대비하기 전에 날아온 공이 머리를 맞고 튀어올라서 헤딩으로 수비에 성공하는 재밌는 장면도 나온다. 유튜브에 올라온 어떤 프로 배구팀의 훈련 장면에서는 발도 쓸 줄 알아야 한다며 코트를 낮게 내려놓고 족구를 하는 모습도 보여줬지만, 아무래도 발이나 머리를 쓰는 변형 수비가 의식적으로 훈련을 한다고 할 수 있는 일은 아니기 때문에 정식 훈련 메뉴로 포함된 것은 아닌 듯했다.

## 수비의 포메이션과 커버플레이

이제까지 설명한 여러 수비 동작들은 주로 선수 개인의 역량과 관계된 것들이었지만, 팀 경기인 배구에서는 공격과 마찬가지로 수비에서도 결국 잘 훈련된 포메이션에 의한 팀플레이가 가장 큰 위력을 발휘하는 부분이다.

예를 들어 앞서 설명했던 블로킹에서 앞줄의 선수들이 모두 키가 크고 점프가 높아서 척척 막아낼 수 있다면 더할 나위 없이 좋을 것이다. 그러나 필연적으로 높이가 낮은 선수도 있고, 키가 크다 해도 모든 방향을 다 막아낼 수 없다는 한계도 있다. 이 경우 키가 큰 선수가 직선 방향만 막고, 대각선 방향은 다른 선수들을 여럿 배치해서 디그로 막아내도록 포메이션을 짜는 것으로 대응할 수 있다. 또는 공격수가 페인트를 잘 구사하는 선수라면 블로커와 수비수 사이의 빈 공간으로 뛰어드는 선수를 전진해서 배치해놓을 수도 있고, 반대로 강하게 공을 밀어 때려서 코트 멀리 공을 내보내는 터치아웃을 자주 시도하는 선수라면 아예 리베로가 코트 바깥쪽 멀리에 자리 잡고 있다가 앞으로 공간을 좁혀 들어오면서 수비를 할 수도 있다.

게다가 이런 다양한 포메이션들은 상대편 코트의 상황을 보면서 그때그때 계속 변화시켜나가야 한다. 상대편의 리시브가 잘 안 된 것 같으면 연타에 대비하기 위해 앞쪽으로 몇 걸음 당겨 들어오는 선수들이 보인다. 그런데 리시브는 흔들렸지만 이단 연결이 잘돼서 스파이크가 강한 선수에게 공이 가면 서둘러 뒷걸음질 치기도 한다. 또 공중에 떠오른 선수의 팔 회전이 느려서 페인트를 시도하는 듯하면 후다닥 앞으로 뛰어 들어가기도 한다.

대개 배구 경기를 보다 보면 시선이 공을 따라서만 움직이기 쉬운데, 의식적으로 공이 없는 곳, 반대편 코트에서 숨을 쉬는 생물처럼 끊임없이 포메이션을 변경시키고 있는 수비수들을 보는 것도 이 스포츠의 묘미다. 동시에 이 수비수들을 속이고 타이밍을 뺏기 위해 여기저기서 쉴 새 없이 움직이고 공격 커버를 위한 위치를 계산하는 공격 진형의 나머지 선수들을 눈여겨보면 훨씬 더 깊은 배구의 재미를 느낄 수 있을 것이다.

5장

# 배구계의 융복합과 통섭?
# : 토털 배구의 시대

2021년 코로나 팬데믹 상황에서 어렵게 열린 도쿄올림픽에 출전해서 4강의 신화를 쓰며 전 국민을 열광하게 한 여자배구 대표팀의 감독 라바리니. 그는 올림픽이 끝난 후 재계약을 하지 않고 유럽 무대에 복귀하기로 결정했다. 재계약 불발이 확정된 후 언론과의 인터뷰에서 한국배구가 나아갈 길에 대한 조언을 요청하는 기자의 질문에, 라바리니 감독은 한국배구가 세계적인 트렌드에 너무 뒤처져 있으며 특히 포지션에 너무 집착하는 것이 발전을 가로막고 있다는 점을 지적했다.

지금까지 이 책을 꼼꼼히 읽어오신 분들은 이게 도대체 무슨 말인가 싶으실 것이다. 최대한의 효율과 성과를 내기 위해 여섯 명의 선수들에게 각각 역할을 부여하고, 코트의 면적을 나누고, 각각의 상황에 따라 끊임없이 변화하는 온갖 포메이션들을 만들어냈는데 이제 와서 포지션이 필요가 없다니, 그럼 지금까지 이루어진 배구의 작전들을 모두 뒤집어엎자는 말인가?

라바리니가 짧게 던진 이 말을 이해하기 위해서는 훨씬 더 깊은 배경의 이해가 필요하다. 그리고 이 부분은 국내에서는 점차 팬층이 넓어지며 인기 스포츠로 자리 잡아가고 있지만, 국제무대에서의 경쟁력에는 의문부호가 붙는 우리 배구의 발전을 위해서도 팬들이 꼭 알아두셔야 하는 세계적인 흐름이기도 하다. 나는 이 장에서 라바리니가 주장한 새로운 배구, 통상 '토털 배구'라고 불리는 미래 배구의 방향에 대해 설명해보고자 한다.

## 뒤흔들리는 '배구의 전제'

모든 문제는 '서브가 너무 세졌다'는 데서 시작된다. 앞에서 적었듯, 배구가 등장하던 초기의 서브는 말 그대로 플레이를 시작하기 위해 공을 넘겨주는 봉사활동(serve)에 가까웠다. 한때 서브를 넣을 수 있는 구역을 작은 사각형으로 그려놓고 그 안에서만 서브할 수 있게 해서 아예 강한 서브가 불가능했던 시절이 있었다. 심지어 서브로 넘어오는 공을 네트 앞에서 블로킹하거나 직접 받아칠 수 있는 규정도 있어서 서브를 낮고 빠르게 넣기보다는 앞줄의 공격수들을 피해 하늘 높이 퍼올리는 것이 상식이었던 시절도 있었다.

하지만 배구가 개인에게는 직업이자 팀에게는 산업이 되는 프로화가 진행되면서, 배구 경기가 너무 박진감이 없고 느슨하다는 비판이 커져 갔다. 그러자 서브에 대한 제한을 없애고 서브된 공을 직접 공격하는 것을 막아 강한 서브가 가능한 조건들이 만들어졌다. 여기에 점차 선수들의 신장과 기술이 높아지면서 '스파이크 서브'까지 등장했다. 그러자 거리가 좀 멀긴 하지만 아예 블로킹이 없는 상대편 코트에 코스를 골라잡아 가면서 마음껏 스파이크를 때릴 수 있는(가끔 배구 경기에서 서브 전에 서버가 상대편 코트에 자신이 타깃으로 삼은 선수가 어디에 자리 잡고 있는지 두리번거리면서 찾는 장면이 나오는데 상대편 선수 입장에서는 등골이 서늘해지는 장면일 것 같다. 니 어데 있노…….) 노마크 공격 찬스처럼 되어버린 것이다.

여기에 1999년, 배드민턴처럼 서브권을 가지고 있는 상태에서만 점수를 가져올 수 있던 시스템에서 서브권과 상관없이 공격에 성공하면 무조건 점수를 가져오는 랠리포인트 시스템으로 바뀌었던 것도 서브의 영향력이 커진 데 한몫을 했다. 상대편에게 곱게 공을 넘겨주었을 때 어차피 공격을 당해 점수를 주게 될 확률이 높다면, 서브 실패로 점수를 줄 낮은 확률을 감수하고 차라리 강력한 서브를 때리는 것이 좋겠다는 전략에 따라 점점 더 서브를 강하게, 받기 어려운 코스를 골라서 때리는 경향이 더 강해지게 되었다.

자, 이렇게 되니 배구판 전체가 뒤흔들리게 되었다. 앞서 길게 설명한 포지션, 그러니까 수비를 전담하는 리베로, 수비형 레프트, 공격형 레프트, 공격 전담 라이트, 블로킹과 속공 전문 센터, 공을 배분하는 세터라는 역할 구분은 각각 자신이 맡은 역할에만 충실하면 전체적으로 팀이 기계적으로 돌아가는 '분업'의 형태였다. 공장에서 어떤 물건을 생산할 때 효율을 극대화할 수 있는 방법으로 흔히 사용되는 '분업'은 각자가 자기가 맡은 역할에서의 전문성을 최대한으로 높일 수 있다는 장점이 있는 반면, 자신이 맡은 범위 이외의 일에 대해서는 젬병이라는 문제가 있다.

예컨대 구두를 장인이 혼자서 만들 때는 모든 일을 다 해낼 수 있는 대신 구두를 만드는 시간과 비용이 크게 증가한다. 이 업무를 가죽을 자르는 사람, 밑창을 만드는 사람, 둘을 연결해서 붙이는 사람, 광을 내서 최종 상품을 만들어내는 사람으로 나누어서 '분업화'하면 훨씬 빨리, 많은 제품들을 만들어내고 재료의 소모도 최소한으로 줄일 수 있을 거다.

그러나 밑창 만드는 사람이 다쳤다고 해서 가죽 자르는 사람이 밑창을 만들 수도 없고, 서로 속도가 안 맞아서 붙이는 사람의 속도가 느리면 앞뒤 공정들이 엉망진창이 되어 오히려 분업을 안 하느니만 못하게 되는 것이다. 따라서 분업의 핵심은 업무를 세분화해서 나누는 일 자체보다는 전체적인 공정의 속도를 조율하고 적절한 인원을 배치하는 '공장장'의 역량에 달려 있다고 할 수 있다.

배구에서 이런 '공장장' 혹은 군대로 치면 사령관의 역할을 하는 것이 세터다. 사령관(commander)이 명령(command)을 내리듯이 세터는 토스를 통해 경기를 조율한다. 그런데 이 명령이 의도대로 정확하게 전달되려면 애초에 세터에게 전달되는 공, 그러니까 서브를 맨 처음 리시브한 공이 세터에게 잘 연결되어야 한다.

그래서 우리가 머릿속으로 상상하는 가장 이상적인 배구는 1)리시브된 공이 세터의 머리 위로 정확히 배달되고, 2)세터가 손가락이나 손목을 조금 까딱거리는 것만으로도 공이 앞으로, 뒤로 혹은 가깝게, 멀리 자유자재로 전달되어, 3)공격수는 그저 자신의 예정된 공격 위치에서 점프해서 팔을 휘두르기만 하면 공이 최상의 타점에 착, 들어맞아서 상대편 코트에 꽂히는 장면이다. 『하이큐!!』에서는 아예 공격수가 점프해서 눈을 감고 팔을 휘둘러도 세터가 정확히 공을 보내서 수비수들이 절대로 예측하지 못하는 타이밍에 공격이 이루어지는 초인적인 속공이 등장하기도 했고, 우리나라에서는 이렇게 정확한 토스를 구사하는 이른바 '콤퓨타 세터'들이 각광을 받아왔다.

하지만 서브가 강력하게 들어와서 리시브 자체가 흔들리는 상황이 되면 이 모든 전제가 어그러지게 된다. 세터가 서 있는 위치에서 두세 걸음 움직이는 것까지야 어떻게든 커버가 된다고 하지만(그래서 기록상 이 위치까지 공이 가면 리시브 성공으로 본다) 그 이상으로 세터가 많이 움직이게 되면 세터의 토스가 불안해지는 것은 물론이고, 아예 세터가 아닌 다른 선수가 토스를 하는 이단 연결 상황이 되면서 눈에 뻔히 보이는 오픈 공격을 택할 수밖에 없다. 즉, 선수의 개인 돌파 능력에 의지할 수밖에 없게 되는 것이다. 이건 포지션 분업의 실패고 공격 전략의 전체적인 붕괴라고 볼 수 있다. 배구 중계를 보다 보면 해설자들이 "리시브가 중요해요. 리시브가 기본이에요. 리시브가 안 되니까 경기가 안 풀려요." 같은 얘기를 지겨울 만큼 반복하는 것을 듣게 되는 이유가 여기에 있다.

그런데 반대로 생각해보자. 해설자들이 이렇게 수없이 언급할 정도로 리시브 문제가 심각하다면 리시브가 잘되는 게 '정상'이 아니라 애초에 리시브가 정확하게 갈 수 없다는 걸 전제로 작전을 짜는 게 '정상'이라고 봐야 하지 않을까? 평화가 정상이고 전쟁이 비정상이라면 평화 시를 전제로 만들어진 정치체제를 가지고 전쟁 때만 잠시 여러 가지 예외를 허용하는 '전시비상정부'를 구성하여 운용하다가 전쟁이 끝나면 다시 원상태로 돌아가면 된다. 한데 전쟁이 끝없이 이어지고 오히려 평화가 전쟁의 사이에 예외적으로 잠시 찾아오는 상황이라면 정치 시스템 자체가 아예 전쟁 상태를 상정하고 짜여야 하듯이 말이다.

대단히 과격한 생각이지만 1990년대 중반부터 2000년대 초반에 걸쳐 이와 같은 발상의 전환에 동조하는 사람들이 늘어났다. 그리고 이를 실제 팀 운영에 적극 반영한 베르나르두 헤젠지 감독의 브라질 대표팀이 2001년부터 2007년까지 세계 배구계를 주름잡자 다른 나라에서도 변화를 시도하지 않을 수 없게 되었다.

여기에 배구공의 변화라는 변수도 등장했다. 2008년 베이징 올림픽에 맞추어 국제배구연맹(FIVB)에서 기존에 18개의 조각으로 만들어지던 배구공의 구조를 8개 조각으로 대폭 줄이면서 표면에 골프공처럼 오목하게 판 딤플을 넣은 미카사 공을 공인구로 채택하는 대대적인 변화를 단행했다. 딤플이 들어가게 되면 공이 덜 미끄러워지기도 하지만, 결정적으로 공기의 저항이 줄어들어 비거리가 늘어나고 또 공의 궤적을 컨트롤하는 것이 더 쉬워진다. 결국 안 그래도 리시브하기 버거웠던 서브의 위력이 더욱 향상되는 결과로 이어지게 된 것이다. 상황이 이렇게 되니 '리시브가 제대로 안 되는 것이 오히려 정상'이라는 전제 위에서 만들어지는 새로운 팀 전략이 세계 배구의 주류로 부상할 수밖에 없었다.

## 선수는 더 많이 뛰고, 공은 더 낮고 빠르게

자, 그럼 정확한 리시브가 안 되는 상황에서 각 선수들은 어떻게 움직여야 할까? 일단 최대한 리시브 자체를 보강하는 것이 1차적인 과제가 된다. 통상 리베로와 수비형 레프트가 주를 이루는 리시브 라인은 말도 안 되고, 레프트 2명은 물론 공격 전담 요원으로 여겨지는 라이트도 리시브에 가담해야 한다.

게다가 공격 시 자기 포지션을 찾아가겠다고 레프트, 라이트 선수들이 좌우로 움직이는 스윙 동작도 수비에 방해가 되고 빠른 플레이를 어렵게 할 것이다. 그러므로 그냥 로테이션상 선 자리에서 좌측이든 우측이든 심지어 센터 속공까지 포함해서 모든 공격이 가능해야 한다. 이렇게 되면 레프트, 라이트라는 전통적인 분업 포지션이 의미가 없어지게 된다.

또한 세터의 역할도 훨씬 더 커지게 된다. 세터는 스텝을 한두 발 옮기는 수준이 아니라 공을 쫓아서 코트를 가로질러 뛰어다녀야 한다. 더 큰 문제는 먼 거리에서 토스를 해야 하므로 눈에 뻔히 보이는 토스를 하지 않으려면 공을 더 빠르고 강하게 쏘아 보내야 한다는 점이다. 결국 실력은 기본이고 강한 체력과 빠른 발을 지닌 세터가 필요해지는 것이다.

그러나 세터가 뛰어다니는 것도 당연히 한계가 있다. 세터가 쫓아가지 못하는 범위로 튕겨 나간 공은 세터 이외의 다른 선수가 공격 토스를 올리는 이단 연결을 시도할 수밖에 없다. 예전엔 이단 연결 상황이 되면 '아, 이번 공격은 성공하면 좋고 안돼도 할 수 없네'하는 느낌으로, 자기 임무가 아닌 타 부서 업무를 대신해주는 파견 직원처럼 토스를 올리는 경우가 많았다.

하지만 어차피 이단 연결을 하는 게 정상이라고 생각하면 나머지 선수들도 모두 세터처럼 제대로 토스할 수 있는 능력을 갖춰야 한다. 여기서 '제대로'란 느리고 높게 올리는 것이 아닌 빠르고 낮은 토스를 의미한다. 특히 수비 범위가 가장 넓은 리베로가 리시브와 디그 외에 토스 능력을 갖추어 제2의 세터와 같은 역할을 할 필요가 있다.

여기까지 살펴보면 결국 새로운 배구 트렌드가 보이는 가시적인 변화는 선수들이 더 많이 뛰어다니고, 공이 더 낮고 빠르게 움직이는 것이다. 그래서 이런 배구를 '스피드 배구' 또는 '업템포 배구'라고 부르는 이들이 많다. 하지만 이는 눈으로 보이는 차이만을 말하는 것이고, 이런 변화가 이루어지는 결정적인 이유는 전통적인 분업 포지션이 모두 파괴되고 모든 선수가 수비 및 토스에 가담하는 '전원 배구'가 되었기 때문이다.

이런 의미에서 모든 선수가 수비하고 모든 선수가 공격하는 배구인 '토털 배구'라는 명칭이 보편적으로 사용된다. 라바리니 감독이 말한 '포지션에 집착하지 않는 배구'는 결국 토털 배구의 흐름을 말한 것이며, 우리나라 배구가 이런 세계적 흐름을 좇아가지 못하고 있다고 지적한 것이다.

토털 배구의 특징은 공격에서 더 극명하게 드러난다. 앞에서 설명한 로테이션 시스템은 결국 앞줄에 있는 선수는 공격과 블로킹, 뒷줄의 선수는 리시브와 디그라는 역할 구분을 만들어냈다. 그리고 이 구분이 점차 체계화되면서 포지션의 세분화가 이루어졌다고 볼 수 있다. 토털 배구에서는 불안정한 리시브 때문에 사전에 어떤 공격을 할지 미리 약속하고 플레이하는 것이 큰 의미가 없다는 것을 전제로 공격할 수 있는 인원 전체가 한꺼번에 공격에 참여하도록 한다.

그럴 때 토스를 해야 하는 세터와 공격을 할 수 없는 리베로를 제외한다면 최대 4인, 즉 좌, 우, 가운데, 그리고 어택라인 뒤에서의 백어택까지가 동원 가능한 최대의 공격 숫자가 된다. 미리 공격하기로 약속된 인원만 점프하는 것이 아니라 2단 토스 직전에 네 명의 선수 모두가 네트 앞으로 쇄도해 들어가는 것이다. 그러므로 앞줄에 서 있는 세 명의 블로커는 공격이 어디로 올지도 모르는데, 각각 한 명씩 맡는다고 해도 반드시 한 명은 놓치게 되는 난감한 상황을 맞이하게 된다.

라바리니 감독이 우리나라 여자배구 대표팀을 맡아 시도했던 변화도 정확히 이런 것이었다. 당시 라바리니를 도와 전임코치 역할을 했던 강성형 감독의 인터뷰 내용을 보면 토털 배구에 대한 목표 의식이 분명히 드러난다.

> "항상 공격수 4인(날개 3인+중앙 속공)을 준비하는 시스템이죠. 일반적으로 우리나라 여자배구는 리시브한 뒤에는 미들블로커가 속공을 잘 안 떠요. 중앙에서는 이동, 시간차를 많이 쓰죠. 라바리니 감독은 이런 배구에 불만이 있더군요. 속공, 중앙 파이프, 여기에 양 날개 C퀵 오픈을 모두 세워두고 하는 배구를 선호해요. 그런 배구를 전파하기 위해 한국에 왔다고 본인이 이야기하더군요."★

## 현대의 흐름에 뒤처진 한국배구

사실 필자와 같은 비전문가도 알고 있는 이런 트렌드를 배구인들이 모를 리 없다. 이미 오래전부터 우리나라 배구에 토털 배구를 도입하려는 시도를 많은 감독들이 해왔다.

---

★ 지민경, 「[인터뷰] 여자배구대표팀의 든든한 지원군, 강성형 전임코치」, 《더스파이크》 2019. 4. 23.

대표적인 감독이 현대캐피탈의 최태웅 감독이다. 배구광이자 해외 배구의 트렌드에도 민감해서 여러 개의 스크린을 연결한 분석실도 가지고 있고, 해외 배구 경기를 꼼꼼히 모니터링하며 공부하는 감독으로도 유명한 그는 2015년 감독직을 맡으면서 공개적으로 업템포 배구를 추구하겠다고 선언했다. 실제로 팀을 만들어가는 과정에서 지속적으로 낮고 빠른 토스, 포지션을 파괴해서 센터가 윙의 위치에 서는 등 다양한 시도를 했고 꾸준히 좋은 성적을 거두면서 우리나라 배구계에 신선한 충격을 주기도 했다.

그러나 현대캐피탈 외에 이런 시도를 적극적으로 현실화시킨 팀은 등장하지 못했으며, 현대캐피탈조차 2019 시즌 이후에는 다시 예전의 포지션 중심 배구로 돌아간 느낌이다. 왜 우리나라에서는 토털 배구가 자리를 잡지 못한 것일까?

우선 토털 배구가 요구하는 선수 개개인의 능력치가 높다는 점이 걸림돌이 된다. 공격, 수비, 블로킹 등 한두 가지 역할에 특화되는 것이 아니라 모든 능력을 고루 갖춘다는 것은 당연히 쉬운 일이 아니다. 특히 키가 큰 공격수가 자세를 낮춰 리시브와 수비를 하는 것은 매우 어렵다.

게다가 토털 배구는 체력 부담이 엄청나다. 안 그래도 2시간 넘게 점프하고 달리고 공을 때리고 받기를 반복해야 하는 경기에서 매번 모든 선수가 수비를 하고, 모든 공격 때마다 선수들이 전부 달려들어 한꺼번에 점프한다는 것은 말은 좋지만 엄청난 체력 소모를 동반하는 일이다.

가장 문제가 되는 포지션은 세터다. 더 많이 뛰고, 더 멀리에서, 더 빠르게 쏘아주기 위해서는 온몸의 관절에 부담이 가중되는데, 여기에 블로킹도 제대로 하고 수비 시에는 디그와 공격 커버에도 가담해야 한다. 게다가 다른 선수들과 달리 체력이 떨어져도 끝까지 섬세하게 볼을 컨트롤해서 토스를 올려야 하기 때문에 심리적 부담은 더욱 크다. 사실 현대캐피탈이 꾸준히 발전시켜오던 업템포 배구의 기조를 2019 시즌에 접은 것도 업템포의 핵심 축이었던 노재욱 세터가 다른 팀으로 갑자기 옮겨가게 되어 그 빈자리를 제대로 채울 수 없었기 때문이다.

하지만 중·고등학교 다닐 때 버스가 늦게 오고, 차도 막히고, 학교 언덕배기의 경사가 심해서 숨이 턱에 닿아서 늦었다고 하면 선생님들이 꼭 하시던 말씀이 있지 않은가. "야, 그럼 일찍 온 다른 애들은 다 뭐야?" 토털 배구가 체력 부담도 심하고, 이것저것 다 하는 만능 선수들이 그렇게 흔한 것도 아니고, 특히 몸도 튼튼, 마음도 튼튼, 키도 크고 토스도 끝내주게 하는 천재 세터가 매해 한 명씩 쑥쑥 뽑혀 나오는 것도 아니지만 사실 따지고 보면 그런 조건은 어느 나라든 그리 크게 다르지 않다. 서양 선수들이 키도 체격도 더 좋은 건 사실이지만 역으로 생각하면 그런 선수들이 경기 내내 뛰어다니면 체력 소모는 훨씬 클 수밖에 없다.

당장 우리와 체격 조건이 그리 다르지 않은 바로 옆 나라 일본도 토털 배구를 적극 수용하면서 2022년 1월 현재 국제배구협회 랭킹에서 여자배구의 경우 우리나라보다 다섯 계단 앞선 9위를 기록하고 있고, 중국은 1위에서 3위를 오가고 있다. 남자배구의 경우는 그 차이가 더욱 커서 우리나라는 카메룬, 칠레보다도 낮은 33위인데 중국은 22위, 일본은 11위다. 물론 인구나 선수의 저변이라는 측면에서 우리나라가 불리한 상황에 있는 것은 맞지만 그런 점들을 고려하고서도 다른 국가들보다 훨씬 순위가 낮다는 점, 특히 인구만 보면 일본의 열 배가 넘는 중국보다 일본 남자 배구의 랭킹이 훨씬 높다는 것은 우리나라 배구가 객관적 상황보다 더 큰 배구 전략상의 문제, 국제적 흐름에 뒤처지고 있다는 점을 명확히 보여주는 듯하다.

여기에는 초·중·고등학교의 유소년 배구에서 여전히 포지션 분업에 따른 배구만을 가르치고 있다는 점이 가장 큰 영향을 미치는 게 아닐까 싶다. 이미 몸에 익은 배구 기술을 성인 무대에 와서 갑자기 바꾸기 어렵다는 점이 근본적인 한계로 작용하는 것이다. 그리고 짧으면 1년, 길어야 3년의 단기 계약으로 성과를 증명해야 하는 프로배구 감독들의 입장에서는 길게 보고 팀의 체질을 개선하는 시도를 할 여유도 없이 당장 승률을 높이기 위해 해오던 대로 할 수밖에 없다는 한계도 작용하는 듯하다.

결국 이런 장기적인 체질 개선과 과감한 시도는 올림픽을 앞두고 몇 년간 조율하는 것이 가능한 국가대표팀의 몫이 될 수밖에 없다. 라바리니 감독은 바로 그 지점을 잘 캐치하고 뚝심 있게 밀어붙였기 때문에 도쿄올림픽 4강의 신화를 쓸 수 있었다. 하지만 중계 화면을 통해 함께 열광하던 우리 국민들은 브라질과의 4강전, 그리고 세르비아와의 동메달 결정전에서 너무나 높고 명확한 벽을 확인하기도 했다. 특히 브라질과의 4강전은 도대체 뭘 해도 절대로 이길 수 없을 것 같은 '차원이 다른' 배구의 절망감을 맛보게 했다. 결국 이것이 현대 배구의 흐름에 뒤처져 있는 우리 배구의 현실인 것이다.

6장

# 작전타임 암호 풀이

배구 경기 중에는 여러 차례 작전타임 시간이 있다. 한 세트에서 어느 팀이든 8점, 16점에 도달하면 60초 동안 '테크니컬 타임아웃'이 주어지고 한 팀당 두 번씩 30초짜리 타임아웃 신청이 가능하므로 총 6회, 4분간의 타임아웃이 가능한 셈이다. 이중 테크니컬 타임아웃은 광고 시간으로 활용되기 때문에 중계를 보는 입장에서는 어떤 이야기가 오가는지 알 수가 없다. 하지만 각 팀에서 신청하는 30초짜리 타임아웃은 신청한 팀 쪽으로 카메라와 마이크가 가기 때문에 우리도 감독과 선수들의 말을 들을 수 있다.

문제는 들어도 무슨 이야기를 하는지 모를 말들이 오간다는 것이다. 시간이 워낙 짧아서 간략하게 말하려다 보니 그런 것도 있고, 감독과 선수 사이에서만 쓰이는 관용적인 표현들이기 때문에 그렇기도 하다. 대개 타임아웃이 끝나고 선수들이 다시 코트로 들어가는 몇 초간의 사이에 중계 해설자가 지시내용을 요약해서 다시 말해주긴 하지만, 흔히 쓰이는 표현 몇 가지는 여행 갈 때 찾아보는 영어 회화 기본 패턴처럼 알아두면 배구를 즐기는 데 훨씬 도움이 된다. 작전타임에서 오가는 암호와 같은 말들의 의미를 알아보자.

## 모두에게

### 왜 이렇게 조용해

배구의 꽤 중요한 특성이라서 앞에서도 자주 설명했지만, 배구는 공이 살아서 날아다니는 스포츠이기 때문에 선수들의 분위기, 감정적 고조가 상당히 중요하다. 포인트를 내고 나면 선수들이 소리를 지르면서 코트를 마구 뛰어다니는 이유가 이 분위기를 살리기 위해서인데 아무래도 경기에서 밀리다 보면 표정도 굳고 서로 말도 잘 안 하게 되는 게 당연하다. 그래서 감독들이 분위기를 바꾸기 위해 무조건 소리 지르고 펄떡펄떡 뛰어다니기를 요구하는 경우가 많다. 이렇게 파이팅이 좋은 요란한 선수들은 관중의 입장에서는 '왜 저렇게 오바야?' 하는 생각이 들지 몰라도 감독 입장에서는 고마운 선수일 수밖에 없다. 비슷한 표현으로 "소리 질러", "얘기 많이 해" 등이 있다.

### 한 번만 돌리자

작전타임에서 가장 흔하게 들을 수 있는 말이다. "돌려, 돌려", "야, 한 번만 돌리면 돼" 등 여러 가지 표현이 있지만 핵심은 '돌린다'라는 말이다. 앞에서 최고 난이도의 '로테이션 시스템' 공부를 꼼꼼하게 따라오신 분들은 이제 이 말의 의미를 이해하실 수 있을 것이다.

전력의 평준화를 위해 로테이션을 돌리도록 했지만 결국 어떤 팀이든 '최적의 조합'이 있게 마련이다. 주전 센터와 양 날개 공격수들이 전위에 있고, 가장 강한 서브를 날리는 선수가 서브 순서인 타이밍이다. 특히 상대의 서브가 강할 경우 수비팀의 리시브가 흔들려서 연속 득점을 내주는 상황이 벌어지게 마련인데, 이때 감독이 타임아웃으로 끊고 나서 선수들에게 한 번만 버티면 저쪽 로테이션이 돌아가니까 괜찮아질 거라고 다독이는 말이다.

그래서 약간 다른 표현이지만 "버텨, 버텨"도 결국은 같은 의미라고 할 수 있다. 아, 추가적으로 그럼 팀마다 있는 '최적의 조합'이 어떤 것일까 궁금하실 수 있다. 처음부터 선취점을 얻어서 기선을 제압하고 싶은 게 모든 감독의 공통적인 바람이기 때문에 통상 매 세트를 시작하는 시점의 위치가 그 팀의 최적의 조합인 경우가 많다.

## 뒷줄 수비수에게

### 받아서 올려만 놔

하지만 '한 번만 돌린다'는 게 말처럼 쉬운 일이면 벌써 돌렸지, 작전타임까지 왔겠나? 해도 해도 안 돼서 작전타임을 불렀으면 감독이 비단 주머니라도 열어서 뭔가 묘수를 내줘야 하는 것 아닌가 말이다.

이때 감독이 자주 하는 말이 "일단 올려만 놔"다. 앞서 말한 것처럼 작전타임이 필요할 정도로 연속으로 실점하는 상황은 결국 상대방의 서브를 제대로 받지 못해서 에이스를 내주거나 공이 엉뚱한 방향으로 튀어 나가는 경우다. 서브가 강하게 혹은 어려운 코스를 구석구석 찔러서 들어오는데 이걸 훈련한 대로 앞줄에 있는 세터에게 정확하게 연결해주려다보니 범실이 나오게 되는 것이다.

그래서 감독이 리시브하는 선수들의 부담을 줄여주기 위해 코스는 생각하지 말고 일단 코트 위로 공을 띄워놓기만 해도 된다고 안심시키는 표현이다. 위로 띄우는 이유는 그렇게 해서 시간을 벌어야 세터가 달려 나와서 공을 연결할 수 있기 때문이다. 결과적으로 서브를 받는 선수의 부담을 세터가 일부분 나눠서 지도록 하는 것이고, 이렇게 플레이가 흐트러지면 공격 패턴도 단순해질 수밖에 없지만 일단 리시브가 돼야 2단과 3단이 있는 것이니 어쩔 수 없는 선택이라고 할 수 있다. 그리고 이것은 앞에서 설명했던 '업템포 토털 배구'의 흐름으로 연결되는 단초가 되기도 한다.

### 이단 연결 신경 쓰고

넘어온 서브를 처음 받는 것이 1단, 그다음으로 받아서 공격수가 공격하기 좋게 올려주는 것이 2단, 마지막으로 공격하는 것이 3단이다. 하지만 통상 맨 처음 공을 받는 것은 '리시브'라고 하고, 두 번째 세터가 공을 올리는 것은 '세팅' 혹은 '토스', 마지막으로 공격하는 것은 종류에 따라 '스파이크, 연타, 페인트' 등 다양한 용어로 부르기 때문에 1단, 2단 이런 용어를 쓰는 경우는 별로 없다.

그런데 앞서 말한 것처럼 '일단 받아서 올려만 놓는' 리시브를 하게 되면 공이 세터에게 정상적으로 연결되지 않고 다른 수비수가 받아서 공격수에게 연결해야 하는 상황이 벌어진다. 통상 이 경우 '이단 연결'이라는 표현을 쓴다. 즉, 제대로 리시브되지 않은 공을 공격수에게 연결하는 상황에 대비하라는 뜻이다. 최근 선수들의 서브가 점점 더 강해지면서 이단 연결의 중요성도 커지고 있다.

## 세터에게

### 볼 끝을 세워줘

작전타임 때 감독의 지시를 가장 많이 받는 포지션이 세터다. 코트 전체적으로 사령관 역할을 하는 포지션이기 때문에 그런 것도 있지만, 공격수에게 직접적으로 지적하면 기가 죽어서 오히려 더 흔들릴 가능성이 있기 때문이다.

세터에게 감독이 자주 하는 말이지만 참 애매한 표현이 '볼 끝을 세워줘'라는 말이다. 느낌상으로만 말하자면 세터가 공격수에게 밀어 보내주는 토스가 힘이 부족할 경우 마지막 순간에 공이 처지면서 타점이 낮아지는 것을 지적하는 말이다. 그런데 이게 수평 토스가 아니라 수직 토스일 경우엔 토스의 끝이 아니라 최고 도달 지점이 낮다는 것을 의미할 수도 있기 때문이다.

어느 쪽이든 세터가 좀 더 힘있게, 자신 있게 토스를 하라는 요구로 볼 수 있는데, 이게 역으로 보자면 공격수를 역성들어주는 말이기도 하다. 즉, 좀 전에 공격이 실패한 이유가 '공격수가 못해서가 아니라 세터가 공을 잘못 올려줘서'라는 뜻이 되기 때문이다. 그래서 공격수의 기를 살리겠다는 의도는 알겠지만 감독의 이런 지적이 반복될 경우 오히려 세터가 우울해하는 경우도 생긴다.

### 좌우로 찢어줘

세터가 '잘한다'라고 하는 건 결국 두 가지다. 하나는 공격수가 때리기 좋은 공을 올려주는 것이고, 다른 하나는 공격수가 블로킹을 피해서 때릴 수 있는 위치로 공을 배분하는 것이다. 블로킹을 피하는 것은 다시 수직과 수평의 두 가지 방향으로 나누어 생각할 수 있는데, 수직 점프의 타이밍을 조절하는 시간차 공격보다는 좌우 수평 방향으로 공을 나누어서 블로킹이 쫓아오지 못하도록 하는 것이 더 유리하다. 하지만 세터로서는 공을 멀리 토스하는 것에 부담을 느낄 수밖에 없어 선 자리 가까이에 있는 선수에게 공을 올리는 경우가 많다. 그래서 감독이 직접 먼 쪽에 사이드에 있는 선수들에게 토스하라고 주문하는 것이다.

## 센터블로커에게

### 손 모양 신경 쓰고

블로킹을 할 때 손을 든 자세에서 일자로 점프하면 높은 위치에서 때린 공이 블로커의 손을 맞더라도 수비팀의 코트로 그대로 떨어지는 경우가 많다. 이런 걸 통상 '안고 떨어진다'고 표현하는데 이렇게 되지 않으려면 블로킹하려고 점프하는 순간 두 손을 상대편 코트 쪽으로 깊숙이 넣어줘야 한다. 즉, 감독이 말하는 '손 모양'은 손바닥을 펼친 모양이 아니라 팔의 각도를 충분히 앞쪽으로 기울이라는 뜻이다. 그래서 비슷한 표현으로 '손 넣어주는 거 잊지 말고'라고 말하기도 한다.

### 천천히 떠

네트를 가운데 두고 하는 경기이니만큼 결국 결정적인 것은 공격과 수비의 최대 높이가 어느 쪽이 높은가 하는 문제가 된다. 그런데 공격수와 수비수는 점프의 메커니즘이 다르다. 블로커는 제자리에서 위로 뛰는 서전트 점프가 일반적이지만 공격수는 달려들어 오면서 뛰어오르는 점프라서 체공 시간이 더 긴 편이다.

블로킹을 하는 입장에서는 상대편 코트에서 토스된 공이 자기 눈앞으로 날아오면 아무래도 마음이 급해져서 먼저 점프를 하게 된다. 공격수가 더 긴 체공 시간을 이용해서 블로킹하는 손이 정점에서 내려가는 걸 기다린 뒤 공격한다면 블로킹 없이 무인지경에서 공격하는 것이 가능해지는 것이다. 따라서 수비 측의 작전 타임에서 블로커들에게 "천천히 떠"라고 주문하는 경우는 많지만 '좀 빨리 떠'라고 말하는 경우는 별로 없다. 비슷한 표현으로 "타이밍 좀 죽여", "박자 세고 뛰어" 등이 있다.

## 공격수에게

### 같이 떠줘야지

일단 이 주문은 블로커에게 할 때도 있다. 앞줄에 있는 세 명의 블로커는 좌우로 이동하면서 벽을 만들게 되는데, 한 명만 블로킹할 경우 공격수가 좌우로 공을 틀어서 때릴 수 있어 블로킹벽이 매우 허약하게 된다. 그래서 통상 좌측으로 공이 가면 좌측 블로커와 중앙에서 달려와 도움을 주는 센터블로커가 함께 점프하게 되는데, 상대편 토스가 너무 빨라서 센터블로커가 미처 따라가지 못하는 경우 블로킹벽이 낮아지거나 아예 한 명만 블로킹하다가 뚫리는 경우가 생긴다. 이 경우 빨리 쫓아가서 함께 블로킹을 하라는 주문이다.

하지만 공격수에게 이 말을 하게 되면 정반대의 의미가 된다. 방금 말한 것처럼 다른 블로커가 도우러 달려가는 것을 막으려면 이 블로커 앞에서도 마치 공격할 것처럼 공격수가 같이 점프를 해 줄 필요가 있다. 문제는 이게 이미 약속되어 있는 플레이이기 때문에 가짜로 점프하는 공격수는 굳이 힘들여서 열심히 뛰어오르지 않을 것이고, 그러면 미리 눈치를 챈 블로커가 공을 쫓아갈 가능성이 높아지게 된다는 것이다. 그래서 감독이 가짜로 점프를 하는 공격수가 더 적극적으로, 진짜 공격할 것처럼 점프해서 상대편을 속이라는 뜻으로 "같이 떠 줘"라고 주문하곤 한다.

### 니가 잘라 들어와

앞서 설명한 블로커의 움직임은 결국 세터에 의해 공이 좌우로 움직이면 좌우 블로커는 거의 자기 자리를 지키고 있는 상황에서 센터블로커만 양옆으로 쫓아가서 함께 블로킹을 뜨는 패턴이다. 통상 양 측면의 윙 공격수는 최대한 블로킹을 피하기 위해 사이드라인에 바짝 붙어서 네트 양옆 끄트머리쯤에서 점프를 하게 마련이다.

그런데 만약 윙 공격수가 대각선으로 움직여서 두 블로커 사이의 위치로 달려 들어가면 어떻게 될까? 이론적으로는 가운데와 사이드 블로커가 서로서로 조금씩만 옆으로 움직여서 점프하면 되니까 막기가 더 수월할 것 같지만 한 명은 자리를 지키고 다른 한 명만 쫓아서 들어온다는 익숙한 포메이션에 어긋나서 당황스럽기도 하고, 두 블로커가 마주 보고 이동해야 하니까 충돌할 위험 때문에 가운데에 빈 공간이 생기는 경우도 많다.

이렇게 대각선으로 이동해서 공격하는 것을 감독들이 "잘라서 들어와"라고 표현하는 경우가 많다. 결과적으로는 사이드 맨 끝까지 가야 할 토스를 중간 지점에서 잡아서 공격하는 것이기 때문이다. 이렇게 되려면 처음부터 중간 지점이 최적의 공격 높이가 되도록 약속된 토스를 해야 해서, 공격수가 독단적으로 공격 위치를 바꾸기는 어렵고 세터도 이에 맞춰서 토스를 해줘야 한다. 따라서 계속할 수 있는 공격 방식은 아니고 일종의 변칙공격이라 감독이 경기의 흐름을 바꾸기 위해 시도하는 경우가 많다.

※ 작전타임은 사실 이런 구체적인 지시 사항보다는 30초간 경기를 중단시킨다는 것 자체가 더 중요한 경우가 많다. 여러 가지 경우가 있을 수 있다. 일단 연달아 점수를 내줘서 선수들이 정신이 없을 때 한없이 기울어지는 흐름을 끊고 선수들의 마음을 추스르기 위한 방법으로 타임아웃을 부르는 경우가 가장 많다. 또한 아주 숨차고 긴 랠리가 이어져서 선수들이 지친 경우, 특히 그 결과 아쉽게 포인트를 내준 팀에서 선수들이 숨을 고르고 충격에서 회복될 시간을 주기 위해 부르기도 한다. 감독이 하는 말이 아니라 타임아웃 자체가 작전의 한 요소로 활용되는 경우는 상대편 선수의 강서브가 여러 차례 성공하는 상황이다.

배구는 매우 섬세한 스포츠이고 특히 서브의 경우 스스로 공을 높이 올리고 손으로 때리는 짧은 순간의 타이밍이 매우 중요하기 때문에 한번 타이밍이 맞아떨어지면 계속 강력한 서브가 이어질 수 있다. 이때 30초간 땀이 식고 주의를 돌릴 시간이 주어지면 미묘한 타이밍을 잊게 되어 곧바로 서브 실수를 하는 경우가 종종 있다. 특히 남자배구의 경우 많은 선수들이 강력한 점프 스파이크 서브를 구사하기 때문에 이런 흐름 끊기가 더 효과적이다. 앞으로 배구 중계를 볼 때 서브를 잘 넣던 선수가 타임아웃 이후에 과연 흔들림이 있는지 주의해서 보시면 더 재밌을 것이다.

# IV

—

# 배구장
# 안의
# 이야기

길이 18미터, 너비 9미터의 직사각형 배구 코트 안에서 벌어지는 일들에 우리가 이토록 마음을 빼앗기는 것은 단지 공이 이리로 저리로 날아다니는 모습이 신기하고 재밌기 때문만은 아닙니다. 조금 더 눈을 열고 들여다보면 그 안에서 땀을 흘리고 온몸을 던지며 뛰어다니고 있는 사람들의 눈물과 웃음, 좌절과 성공이 보입니다. 그 마음이 보이기 시작하면 여러분도 어느새 스크린 안의 선수들과 한마음이 되어 코트를 뛰고 있는 심정이 되실 겁니다. 어쩌면 그게 진정한 '팬'이 되는 첫걸음이라고 할 수도 있지 않을까요? 마지막 장에서는 중계 화면만으로는 볼 수도, 알 수도 없는, 배구 코트 뒤에 숨어있는 '사람들의 이야기'를 전해드리려고 합니다.

1장

# ‘어떻게 지는가’가 더 중요할 때도 있다 : 세 가지 장면

## 장면 1 김종민 감독

여자배구 리그 2018-2019 시즌에서 2위로 포스트시즌에 진출한 한국도로공사팀의 김종민 감독은 고민에 빠졌다. 정규시즌에서도 2위라는 준수한 성적을 거두었고 포스트시즌에서 GS칼텍스도 제압하면서 이제 시즌 전체의 대단원이라고 할 수 있는 흥국생명과의 챔피언결정전만 남긴 상황이었다. 그래서 기대와 흥분으로 두근거려야 마땅할 타이밍이었지만 그의 마음은 무겁기만 했다.

쉽게 제칠 수 있는 상대라고 생각했던 GS칼텍스가 예상외로 끈질기게 저항하며, 3판 2선승제로 이루어지는 플레이오프 경기에서 세 경기를 꽉 채워서 치러야 했던 것이다. 게다가 내용을 들여다보면 세 경기 모두 5세트까지 가는 풀세트 혈전이었다. 단기 전인 포스트시즌의 특성상 경기와 경기 사이의 간격이 하루밖에 되지 않기 때문에 매번 다섯 세트씩 하루건너 하루, 그러니까 닷새 동안 자그마치 15세트를 뛰면서 선수들의 체력이 방전 상태에 이르렀던 것이다.

그렇지 않아도 한국도로공사팀은 여자배구팀 전체에서 평균 연령이 가장 높은 베테랑들로 구성되어 있어 체력이 약하다는 점이 치명적인 약점으로 지적되고 있었다. 심지어 주전 세터 이효희 선수는 현역 최고령인 40세의 노장 선수였다. 이미 기나긴 정규시즌이 마무리되는 시점에서 선수들의 체력은 바닥을 드러내고 있었다. 그 뒤로 마치 축구 경기의 연장전처럼 벌어지는 포스트시즌에서 이렇게 쉴 새 없이 체력을 소모하는 것은 인간의 한계에 도전하는 일이기도 했다.

어찌 되었든, 악착같았던 GS칼텍스의 추격은 뿌리쳤으나 더 큰 문제는 앞으로 닥치게 될 이번 시즌 최강팀 흥국생명과의 챔피언결정전이었다. 챔피언결정전도 플레이오프처럼 하루건너 하루씩 경기가 이루어지는 살인적인 일정으로 구성되어 있는데, 심지어 경기 숫자도 5전 3선승제로 플레이오프보다 더 길다. 배구는 실내경기라 우천 연기 같은 것도 바랄 수 없는 상황을 생각해보면 현재 도로공사 선수들의 상황을 봤을 때 챔피언결정전을 정상적으로 치러내기란 사실상 불가능했다.

그래서 많은 사람들이 도로공사가 아마 첫 경기는 2진 선수들을 내보내서 '버리는 전략'을 택할 것으로 예상했다. 그러면 경기일을 포함해서 사흘 동안의 휴식 기간을 확보할 수 있기 때문이었다. 챔피언결정전이 5전 3선승제의 긴 일정이라는 점이 오히려 도움이 될 수도 있었다. 한 경기를 버려도 얼마든지 승부를 노려

볼 수 있었으니 말이다.

게다가 앞의 두 경기는 시즌 1위를 차지한 흥국생명의 홈구장인 인천 계양체육관에서 열리는 경기였다. 원정팀인 도로공사가 경기를 버린다고 해도 관중들에게 비난받을 가능성이 상대적으로 낮았다. 일단 더 큰 도약을 위해 한껏 움츠렸다가 그 뒤로 이어지는 한국도로공사의 홈구장 김천 체육관에서 벌어지는 두 경기에서 이기면 될 것 아닌가.

하지만 배구인들에게는 마음속 깊이 자리 잡고 있는 두려움 같은 것이 있다. 배구가 지금은 겨울스포츠로서는 단연 최고의 인기 종목이 되었고 더 나아가 프로야구와도 어깨를 견주는 상황이 되었지만 불과 몇 년 전까지도 배구는 비인기종목으로 외면을 받았었다. 특히 지금 각 팀의 감독을 맡은 세대들이 현역으로 활약하던 시절에는 '암흑기'라고 할 만큼 배구에 대한 세간의 관심이 낮았다.

대부분의 관중석은 텅 비어있고 간혹 중계 화면에서 잡히는 단체관람객들은 각 팀 모기업의 신입사원들이 사원 연수 차원에서 응원을 온 경우였던 것이 당연했던 시절, 일반 관중은 무료 표를 뿌려도 찾아오지 않던 시절의 좌절과 암담함……. 그래서 그 시절을 어렵게 관통해서 오늘의 배구 중흥기에 이른 배구인들은, 후배 선수들에게 단 한 명의 팬이라도 사인을 요청하면 무조건 해주고, 팬을 즐겁게 해주기 위한 일이라면 춤이든 망가지는 일이든 가리지 말아야 한다고 귀에 못이 박히도록 거듭 말한다고 한다. 예를 들어 GS칼텍스의 차상현 감독은 팀 선수들에게 입버릇처럼 팬이 없다면 너희들이 하는 것은 그저 공놀이에 불과한 것이며,

프로 선수로서 자신들이 서 있는 코트는 팬들이 있으므로 가능하다는 것을 절대로 잊지 말라고 말하곤 한다.

차상현 감독의 동갑내기 절친인 김종민 감독도 그런 시절을 함께 거쳐온 선수였고, 그래서 2019년 지금의 배구의 인기와 팬들의 관심에 무한한 감사와 뿌듯함을 느끼고 있었다. 남자배구에서 팬서비스와 연고지인 천안 지역의 팬들을 살뜰히 챙기는 것으로 유명한 현대캐피탈팀의 구단주는 최태웅 감독에게 "경기에 패하는 건 상관없으니 팬들이 즐거워할 수 있는 경기만 하시면 된다"고 늘 주문한다지 않는가. 챔피언전을 앞둔 김종민 감독은 어쩌면 지금 이런 고민을 한다는 것이 이미 부끄러운 일일 수도 있겠다는 생각이 들었다.

결국 김종민 감독은 챔피언결정전 1차전부터 한국도로공사팀의 베스트 멤버를 모두 출전시켰다. 이 이야기가 스포츠 영화의 클라이맥스였다면 '그럼에도 불구하고' 도로공사팀 선수들이 초인적인 힘을 발휘하여 마지막에 챔피언 트로피를 거머쥐는 감동적인 장면으로 마무리되었겠지만, 현실은 달랐다. 선수들이 죽을 힘을 다해 뛴 결과 겨우 한 경기를 잡긴 했지만, 결국 최종 스코어 1승 3패로 도로공사는 흥국생명에게 2018-2019시즌 챔피언 자리를 내줬다. 하지만 네 경기 모두 마지막의 마지막까지 손에 땀을 쥐게 하는 치열한 접전이었다.

마지막 네 번째 경기의 최종 세트에서 다리에 힘이 풀려서 뛰지 못하고 다리를 질질 끌며 경기를 했던 이효희 세터는 경기가 끝난 후 무릎을 짚고 한동안 숨을 몰아쉬었다. 그러다가 그녀는 승리한 흥국생명의 박미희 감독에게 뛰어가서 꾸벅 고개를 숙이며 인사했다.

“선생님, 흥국이 너무 강해서 못 이기겠더라구요. 우승 축하드려요.”

## 장면 2
## 전광인 선수

전광인 선수는 자타가 공인하는 현재 남자배구 최고의 레프트 선수다. 높은 점프를 바탕으로 한 공격도 일품이지만, 레프트 포지션의 핵심인 서브 리시브도 대단히 안정적이다. 다른 무엇보다 승리에 대한 열망과 집중력이 대단해서 팀 전체에 엄청난 에너지를 불어넣는 선수였다. 팬들이 그의 이름을 살짝 비틀어서 ‘배구에 미친 사람’이라는 별명을 지어줄 정도였다.

하지만 그의 열정에 비해 팀의 성적은 늘 아쉬웠다. 2013년 신인 드래프트에서 전체 1순위로 한국전력팀에 지명된 후 이미 한국전력에서 뛰고 있던 두 살 위의 서재덕 선수와 몸이 부서져라 뛰었지만, 원래 약체로 분류되었던 한국전력은 늘 하위권을 맴돌았다. 결국 한국전력에서 꼬박 5년간 활약한 전광인 선수는 2017-2018 시즌이 끝난 후 FA 자격을 획득했고 수많은 고민을 거듭한 끝에 한국전력을 떠나 현대캐피탈로 이적했다.

프로 선수니만큼 팀을 옮겨 다니면서 자신의 가치를 끌어올리는 것은 전혀 부끄러울 일이 아니었다. 그러나 전광인 선수에게 한국전력은 데뷔 이래 언제나 지박령(地縛靈)처럼 지켜오던 팀이었고, 또 그는 안 그래도 늘 부진에 허덕이던 한국전력의 핵심 전력으로 팬들의 믿음을 한 몸에 받고 있던 선수였다. 거기다가 서

12
12

재덕 선수와의 관계는 단순한 배구 선후배라고 말하기 어려울 만큼 끈끈한, 함께 사선을 넘나든 전우, 평생의 친구, 영혼의 단짝과 같은 특별한 사이였다. 그 때문에 그 모든 것을 뿌리치고 모든 환경이 더 유리한 현대캐피탈로 옮겨가는 것은 조금 과장해서 말하자면 몰락해가는 집안을 어렵게 지켜오던 둘째 아들이 가난을 견디다 못해 자신만 살겠다고 부잣집 데릴사위로 들어가는 느낌이었달까.

실제로 전광인이 떠나고 난 후 한국전력은 역대 최악의 시즌을 보냈다. 최하위는 당연했고 너무 연패가 길어져서 한국전력 때문에 배구리그 전체의 균형이 맞지 않는다는 우려가 공공연히 나올 정도였다. 최종 성적이 자그마치 4승 32패였고, 그 모든 경기를 온몸으로 버틴 서재덕 선수는 '소년 가장'이라는 별명을 얻을 정도였다.

그래도 떠난 전광인 선수를 탓하는 목소리는 팬들 사이에서 그리 크지 않았다. 전광인 선수도 할 만큼 하고 떠났기 때문에 차라리 고생 끝에 좋은 팀으로 갔으니 잘됐다고 축하해주는 목소리가 더 컸다. 하지만 전광인 선수로서는 그리 간단한 문제가 아니었을 것이다. 가족 같은 팀 동료들과 팬들을 뒤로하고 떠나올 만큼 우승에 간절히 목말랐기 때문에 한 선택이었고 그랬기 때문에 2018-2019 시즌은 반드시 우승하지 않으면 스스로를 용서할 수 없는 시즌이었다.

그러나 그 미안함까지 얹힌 열정이 너무 과했던 것일까? 현대캐피탈로 이적한 후 수비와 공격을 겸하며 미친 듯이 뛰어다니다 보니 전광인 선수는 시즌 후반으로 갈수록 몸이 고장 나기 시작했다. 특히 무릎 관절에 무리가 와서 통증이 심해지고 부으면서

물이 차오르기 시작했다.

하지만 부상도 그를 멈춰 세우지 못했다. 얼음찜질을 하고 진통제 주사를 맞아가면서 그는 강행군을 계속했다. 그렇게 해서 그는 현대캐피탈의 유니폼을 입고 마침내 챔피언결정전에 올랐다.

누구보다 열심히 뛴 결과 챔피언전 2차전 승리 후 MVP로 뽑힌 그에게 기자가 물었다. 몸이 엉망진창인 것을 아는데 왜 그렇게 하면서까지 경기에 나서려고 하느냐고. 그 질문을 받고는 갑자기 북받쳐오른 감정 때문에 그의 얼굴엔 눈물이 터진 듯했다. 커다란 타월을 얼굴에 뒤집어쓰고 그걸 감추려 하던 전광인 선수는 다시 고개를 들고 당당하게 말했다.

"정말로 우승하고 싶어서요!"

2승을 먼저 거두고 이제 1승만 더 거두면 마침내 챔피언이 될지도 모르는 마지막 경기 전날, 전광인 선수는 서재덕 선수에게 전화해서 경기장에 와 달라고 부탁했다. 와서 형을 배신하고서라도 그토록 들어올리고 싶어 했던 우승 트로피를 거머잡는 자신의 모습을 지켜봐달라고 부탁했다. 힘겨운 시즌을 마무리하고 군 입대를 앞두고 있던 서재덕은 "네가 그렇게 고통스럽게 뛰는 걸 어떻게 보겠냐"며, "혹시라도 패하면 그 힘들어하는 모습을 어떻게 보겠냐"며 일단 생각해보겠다고 했다.

하지만 결국 서재덕 선수는 아이를 안고 가족과 함께 경기장에 와서 전광인 선수가 정면으로 보이는 곳에 자리를 잡았다. 전광인 선수는 몸이 부서져라 달리고 점프하고 공을 때렸다. 스파이크를 하기 위해 뛰어올랐을 때는 착지할 때 무릎이 너무 아팠기 때문에 점프해서 바닥에 내려올 때 서서 착지하지 않을 정도였다. 전광인은 공을 때린 후 그대로 바닥으로 데굴데굴 굴렀다가 다시 일어서기를 반복했다. 경기 내내 공격하려고 뛰어오른 숫자만큼 그는 번번이 바닥에 굴렀다 일어서고, 또 굴렀다 일어섰다. 누군가 시킨 일이었다면 만인의 분노를 불러일으켰을 만큼 처절한 장면이었다.

## 장면 3
## 이승원 세터

전광인 선수까지 합류하면서 최고의 선수들이 모두 모인 '어벤저스 군단'으로 불리던 현대캐피탈이 시즌 내내 불안한 모습을 보이다 끝내 2018-2019 정규리그 우승을 놓친 건 이승원 세터의 부진이 가장 큰 원인이었다.

연습할 때는 최상의 모습을 보이지만 배짱이 약한 것인지 경기에만 들어가면 자신 없는 모습을 보이던 이승원 선수는 아마 시즌 내내 현대캐피탈의 팬들로부터 가장 많은 비난을 받은 선수였을 것이다. 게다가 그런 자신의 부족함을 이겨내려고 시즌 중에도 수천 번 토스 연습을 하다가 손바닥과 다리에 부상까지 입어 중요한 시합들에 결장하게 되었을 때는, 팀과 팬들에 대한 미안함으로 바닥을 파고 내려가버리고 싶은 심정이었을 것이다.

현대캐피탈과 정규리그 우승팀인 대한항공팀이 맞붙은 2018-2019 시즌 최종 챔피언전에서 대한항공의 우세를 점친 전문가들의 가장 큰 근거 역시 이승원 선수의 문제였다. 하지만 챔피언전에 들어선 이승원 선수는 이제 더 이상 물러설 곳이 없다는 사실을 깨달았다. 게다가 고통으로 몸부림치면서도 절뚝거리며 다시 코트로 들어서는 전광인 선수, 최고의 스타이면서도 주전 경쟁에서 밀려 까마득한 후배들과 일명 '닭장'이라고 불리는 후보 선수 웜업존에 밀려있는 문성민 선수가 다른 누구보다 큰 소리로 응원하는 것을 들으면 이건 질 수 없는, 져서는 안 되는 경기라는 각오를 되새기게 되었다.

모든 전문가들의 예상을 깨고 현대캐피탈이 대한항공을 이긴 1차전은 기적이라 할 만큼 극적인 역전승이었다. 하지만 2차전에서 대한항공의 반격은 더욱 거세어졌고, 경기는 현대캐피탈에게 매우 힘든 양상으로 흘러갔다.

하지만 모든 선수들이 역량을 극한까지 쏟아내 공세를 막고 또 막은 결과 경기는 마지막 5세트에 이르렀다. 5세트도 초반에는 대한항공이 앞서가서 이대로 경기가 마무리되나 싶었지만 여러 행운이 겹쳐 뒤져있던 포인트를 간신히 뒤집어 14 대 12, 경기를 마무리 지을 수 있는 15점에 딱 한 포인트만 남은 상황이 되었다. 이승원 세터는 마지막 공격을 부상으로 컨디션이 좋지 못했던 전광인 선수에게 띄워 올렸다.

죽을힘을 다해 뛰어오른 전광인 선수가 회심의 공격을 날렸으나 대한항공의 높은 블로킹벽을 의식해서 길게 때리다가 볼이 아웃되어 포인트를 내주고 말았다. 경기 내내 그랬듯이 바닥으로 굴러떨어진 전광인은 다시 일어서기도 힘들어 보였다. 이제 점수는 14 대 13, 한 점만 더 주면 듀스로 가는데 챔피언결정전에 올라오기 위한 플레이오프 경기까지 치르면서 선수들의 체력이 다해가는 현대캐피탈로서는 듀스 상황이 길게 이어질수록 불리할 수밖에 없었다.

이 절체절명의 상황에서 현대캐피탈의 최태웅 감독은 외국인 선수 크리스티안 파다르 선수를 투입했다. 일반적인 세트는 25점까지 얻어야 끝나지만 이보다 훨씬 적은 점수인 15점으로 승부가 나는, 그리고 선수들이 체력적으로 바닥에 이르는 마지막 5세트에는 이른바 '몰빵 배구'를 하는 것이 어느 팀이나 일반적이다. 아무래도 결정력이 높고 체력이 좋으며 믿을 만한 외국인 선수에게 공격을 집중시키는 게 당연하다는 뜻이다. 게다가 파다르는 벤치에서 푹 쉬어서 체력도 완전한 상태였다. 즉, 최태웅 감독은 가장 확률이 높고 안전한 파다르 선수에게 공을 올려 경기를 마무리 짓도록 이승원 세터에게 지시한 것이었다.

하지만 대한항공의 서브를 리시브해서 이어받아 공격수로 연결하는 토스를 밀어 올리는 마지막 순간, 이승원 세터는 또다시 전광인 선수에게 토스를 올렸다. 이 경기가 가장 간절한 사람은 전광인 선수였고, 그래서 혹시 지더라도 마지막 공을 때려야 할 사람 역시 '광인이 형'이었다. 그렇다, 혹시 지더라도 그게 옳은 일이고 그게 배구인 것이다. 당연히 자신에게 공이 올 줄 알았던 파다르 선수, 그리고 파다르를 투입했던 최태웅 감독은 순간적으로 얼굴이 새파랗게 질렸다.

하지만 이승원 선수 못지않게 놀라운 것은 대한항공의 블로커들이었다. 그들도 이승원 선수와 같은 마음이었기 때문에 전광인 선수에게 공이 갈 것이라고 예상했는지, 당황하지 않은 채 주저 없이 전광인 선수 쪽으로 달려가 힘껏 블로킹을 뛰어올랐다. 너덜너덜해진 몸으로 전광인 선수는 다시 한번 뛰어올라 스파이크를 때렸고 다시 한번 코트 바닥에 나뒹굴었다. 그리고 다행스럽게도 그것이 이 경기에서 그가 수없이 시도한 고통스러운 점프의 마지막이었다.

이 경기를 보기 며칠 전 프로야구 경기에서 내가 살고 있는 부산 연고의 롯데 자이언츠가 삼성 라이온즈에 23대 4라는 기록적인 스코어로 지는 장면을 중계 화면으로 지켜봤다. 아마도 아쉬움을 달래기 위해 하신 말이겠지만, 채팅창에서 어떤 팬은 100 대 0으로 져도 1패, 1 대 0으로 져도 1패이니 별로 중요하지 않은 일이라고 하셨다. 하지만 그 글을 읽고 '과연 그럴까?' 하는 생각이 들었다.

저 스코어는 분명 경기의 어느 시점에서부터 아예 손을 놓고 경기를 던져버린 스코어다. 어차피 아무리 애를 써도 이기지 못하니 무리하지 않는다는 것이 맞을 수도 있다. 그저 한 경기를 졌을 뿐이니 힘을 아껴두었다가 백 경기가 넘는 시즌 경기 가운데 언젠가 또 한 번 이기면 그만이라는 것이 분명 '합리적 선택'일 수 있다. 하지만 배구 중계를 통해 지켜본 이 세 장면에서 그들의 심정이 되어 울고 웃고 가슴 아파하면서 깨달았다. 우리가 스포츠를 통해, '사람이 하는 일'을 통해 기대하는 것은 단지 그런 '그저 한 경기'라는 메마른 숫자의 합리성이 아니라는 것을.

때로는 '어떻게 지는가'가 더 중요할 때도 있는 것이다.

## 2장

# 감독의 시간

배구 경기에서 실제로 코트 위를 뛰는 것은 선수들의 역할이다. 하지만 코트 바로 옆에서는 언제나 깔끔한 정장 차림으로, 마치 당장에라도 코트에 뛰어 들어갈 것처럼 손을 모아 지시하고, 격려하고, 화내고 때로는 심판에게 격렬하게 항의하는 감독의 모습을 볼 수 있다. 예전엔 감독이 코트 가까이에 올 수 없도록 제한하는 라인이 있었는데 지금 우리 V리그에서는 그 라인이 없어져서 감독들이 코트에 바짝 붙다 보니 날아오는 공을 피하려다 넘어지거나 심지어 공에 맞는 경우도 종종 나온다.

하지만 감독이 방송용 마이크를 착용하고 있는 것도 아니고, 플레이 중에는 카메라가 직접 감독을 잡는 일도 드물다. 그러니 경기장에 가서 직관을 하는 것이 아니라면 선수 못지않게 열심히 지시하고 뛰어다니는 감독의 모습을 시청자가 확인하기는 쉽지 않다.

하지만 경기 중에 감독이 온전히 카메라를 받으면서 어떤 이야기를 하는지 속속들이 전달되는 '감독의 시간'도 있다. 바로 작전타임 시간이다. 대개는 선수들이 신경 써야 할 부분이나 공격과 수비 루트 등 기술적인 부분을 전달하는 이야기로 30초의 작전시간이 채워지지만, 경우에 따라서는 감독이 선수들의 집중력을 높이고 기세를 올리기 위한 '명언'을 쏟아내서 보는 이들을 감탄시키는 경우도 있다. 이 글에서는 배구 경기에서 내가 봐왔던 작전타임 가운데 가장 인상적이었던 사례 세 가지를 들려드릴까 한다.

## "무조건 패!"

프로배구 남자부의 OK금융그룹 배구단은 2013년에 창단되었다. 창단 당시의 명칭은 OK저축은행 러시앤캐시 배구단이었는데, 최윤 구단주가 배구에 대한 열의가 커서 전폭적인 지원을 했고 이를 바탕으로 우수한 선수와 코칭스태프들을 영입할 수 있었다. 이때 초대 감독을 맡았던 사람이 바로 김세진 감독이었다.

김세진 감독은 우리나라 남자배구의 한 시대를 풍미한 전설적인 선수였다. 한양대학교 시절에 이미 국가대표에 발탁되고, 월드리그에서 공격 성공률 1위를 기록하며 '월드 스타'라는 별명을 얻었다. 이후 여러 프로팀의 치열한 스카우트 경쟁 끝에 입단한 삼성화재가 배구계의 절대 강자로 부상하는 데 결정적인 역할을 했다.

화려한 스타 플레이어로서의 커리어 때문에 자존심이 강하고 벽이 높아 보일 것 같았던 세간의 이미지와 달리, OK저축은행의 감독이 되고 난 이후 그가 보여준 리더십은 의외로 선수들과 매우 친밀하게 지내면서 차분하고 조곤조곤히 지시를 전달하는 쪽이었다. 신생팀인 OK저축은행은 첫 시즌 목표가 겨우 6승일 정도로 아직 객관적인 전력이 충분히 갖춰지지 못한 상태였고, 실제로 개막 이후 8연패를 당하기도 했다.

감독으로서는 여러모로 답답하고 초조해질 법한 이런 상황에서도 김세진 감독이 차분한 모습을 보여줄 수 있던 이유가 무엇일까? 아마도 그가 감독 취임 전에 꽤 오랜 시간 동안 KBS 배구 해설위원으로 활동하며 분석적인 사고와 체계적인 전달에 익숙해졌다는 점, 그리고 그가 어렸을 때부터 가져왔던 꿈이 스포츠 스타가 아니라 체육 교사였다는 점도 적지 않게 작용한 듯하다. 이른바 '형님 리더십'이라고 불리는 김세진표 '선수와 감독 간의 거리 좁히기'는 배구계에 신선한 충격을 주었다. 김세진 감독의 리더십은 이후 젊은 감독들이 줄줄이 등장하면서 현재는 배구계에서 당연한 것처럼 되어가고 있는, 그리고 젊은 세대를 배구팬으로 끌어당기는 데 적잖은 역할을 하고 있는 배구의 독특한 문화, 즉 '감독과 선수들의 친밀하고 수평적인 관계로의 전환'에 신호탄과 같은 역할을 했다.

하지만 경기에 집중하다 보면 김세진 감독도 감정이 고조되고 흥분하는 상황이 찾아오게 마련이다. 2014년 2월 9일 삼성화재와의 원정 경기가 바로 그런 상황이었다. 팀 성적이 여전히 바닥을 헤매고 있는 가운데 맞이한 당시 최강팀이자 감독 자신의 친정팀이었던 삼성화재와의 경기였으니 당연히 어떻게든 이기고 싶다는 마음이 강해질 수밖에.

그런데 그런 감독의 마음을 헤아린 것인지 선수들이 그날따라 펄펄 날아다니면서 두 세트를 먼저 따냈고, 마침내 한 세트만 더 잡으면 3 대 0 셧아웃으로 승리하는 기적적인 결과가 눈앞으로 다가왔다. 하지만 역시 삼성화재의 저력은 만만치 않았고 3세트 내내 앞서가던 OK저축은행을 무서운 기세로 추격하기 시작했다. 오늘은 뭔가 될 것 같다는 기대감에 신나게 뛰던 선수들은 '아, 역시 쉽게 이길 경기는 아니었구나, 설마 이러다가 또 다른 경기들처럼 뒤집히는 거 아냐?' 하는 불안감에 위축되었다.

마침내 매치포인트를 불과 3점 앞둔 상황에서 22 대 22로 삼성화재가 동점까지 만들자 선수들의 불안감은 폭발하기 직전에 이르렀다. 김세진 감독은 곧바로 타임아웃을 불렀다. 그리고 OK저축은행의 시그니처 컬러인 노란색 유니폼을 입고 약간 어깨를 늘어뜨린 채 모여든 선수들에게 이후 본인의 선수 생활 경력만큼이나 오랫동안 레전드로 기억될 작전 지시를 내린다.

> "자, 지금부터 들어. 마지막까지 서브 맞춰 넣지 마. 전략 서브 넣지 마. 에러 나도 내가 책임져. 무조건 때! 하나도 안 들어가도 상관없어. 무조건 때!"

평소 김세진 감독답지 않은 단호한 목소리, 한쪽 손을 허리춤에 올리고 다른 한 손은 삿대질하듯 검지를 세워 선수들의 가슴에 팍팍 꽂아 넣듯 던진 지시였다. 선수들이 실수하지 않겠다고 주눅 들고 위축되면 오히려 경기가 더 안 풀릴 수 있다는 생각을 갖고 강하게 밀어붙일 것을 주문한 것이었다. 이는 어렵고 복잡한 작전이나 조심성 따위는 다 던져버리고 그냥 전력으로 부딪쳐버리라는 뜻이었다.

이 작전 지시가 유명해지고 지금까지도 팬들 사이에서 회자

되는 이유는 "무조건 패!"라는 단순하고 명쾌한 지시, 그것이 김세진 감독의 평소 신중한 이미지와 사이에서 만들어내는 커다란 갭 때문이다. 하지만 저 작전 지시 내용을 곱씹어보면 진짜 중요한 말은 사이다의 탄산 거품처럼 탁, 터지는 "무조건 패!"라는 말이 아니라 그 앞에 있는 말, "에러 나도 내가 책임져, 하나도 안 들어가도 상관없어."였다는 점을 깨닫게 된다.

사실 리더의 가장 중요한 역할은 신묘막측한 작전을 짜내거나 세상에서 가장 현명한 결정을 내리는 것이 아닐지도 모른다. 그런 것은 각 영역에서 전문성을 가지고 모인 집단들, 군부대라면 참모진이고 스포츠팀이라면 전력분석팀이나 코치진에서 데이터와 집단지성을 통해 만들어내야 할 일이다. 리더가 해야 할 진짜 역할은 그 대안들 가운데 선택된 '결정'에 대해 자신이 최종적인 책임을 진다는 것을 분명히 하여 팀원들을 자기 역할에만 집중하도록 부담을 덜어주는 일일 것이다. 결정을 통해 책임을 분명히 하는 것이 바로 리더의 역할인 것이다.

하지만 세상엔 결정만 내리고 책임을 지지 않는 리더, 심지어 결정조차 제대로 내리지 않고 책임과 함께 현장에 떠밀어버리는 리더가 얼마나 많은가. 김세진 감독은 저 짧은 문장들을 통해 선수들이 무엇을 해야 하는지 분명하게 결정을 내려줬고, 그에 따른 책임이 감독 본인에게 있다는 점도 명확하게 확인시켜주었다. 그러면 선수들은 플레이만 하면 된다. 아니, 원래 선수들은 플레이만 하면 되는 것이었다. 이 지시는 그 단순한 사실을 선수들에게 일깨워준 것이다. 당연히 선수들은 힘이 나고 집중력이 높아지지 않았을까?

결국 이어진 플레이에서 삼성화재를 압도한 OK저축은행은 3 대 0의 완승을 거두었다. OK저축은행이 이 시즌에서 목표를 훨씬 뛰어넘은 11승을 거둔 것도, 더 나아가 바로 이듬해인 2014-2015 시즌에 삼성화재의 왕조시대를 끝내고 창단 2년 만에 우승을 차지한 것도 결코 우연이 아니었던 것이다.

## "저러다 떨어지겠지……."

현대캐피탈의 최태웅 감독은 아는 사람은 다 아는 배구광이다. '아니, 평생 배구를 하면서 살아온 사람인데 당연히 배구를 좋아하겠지'의 수준을 훨씬 뛰어넘는다. 그가 감독직을 맡은 후 수천만 원의 사비를 들여 여러 대의 컴퓨터와 화면이 연결된 데이터 분석실을 만들었다는 것, 국내외 배구 경기들을 계속 모니터링하며 자료를 축적해오고 있다는 것은 유명한 얘기다.

심지어 너무 배구에만 몰입하는 감독에게 구단 관계자가 제발 취미를 좀 가지시라고 했더니 수학 문제집을 풀고 있더란다. 데이터 배구에 대한 열정이 넘치는 최태웅 감독이 "혹시 수학을 다시 좀 해두면 데이터를 다루는 데 도움이 되지 않을까 해서" 공부하는 것이라며 머리를 긁적이더라나. 심지어 기초부터 탄탄하게 하기 위해서 중학생용 문제집부터 다시 공부하는 중이라고…….★

---

★ 이용균, 「배구덕후 현대캐피탈 최태웅 감독 가방에 수학문제집이 들어 있는 이유」, 《스포츠경향》 2016. 1. 28.

감독의 열정 못지않게 이를 뒷받침하는 구단의 지원도 든든한 편이다. 현대캐피탈은 2013년 연고지인 천안시에 '캐슬 오브 스카이워커스'라는 배구단 전용 시설을 세웠다. 팀의 공식 명칭이 '현대캐피탈 스카이워커스'이니 '스카이워커스의 성'이라는 뜻이다. 그 이름도 멋지지만 훈련, 선수 건강관리 및 회복에 필요한 최고의 시설을 갖춘 것으로 유명해서 다른 팀들의 부러움을 사고 있다. 특히 연고지 천안시와 끈끈한 관계를 유지하고 있어 지역민들의 사랑을 듬뿍 받는 인기 팀이기도 하다. 그러니 현대캐피탈팀에 걸고 있는 팬들의 기대도 크고 선수들의 자부심과 승리에 대한 열망도 강한 편이다.

2018년 1월 1일 새해 첫날부터 리그 1위를 달리고 있던 삼성화재와 그 뒤를 바짝 뒤쫓고 있는 2위 현대캐피탈의 대결이 벌어졌다. 이 한 판의 결과로 순위가 뒤바뀔 수 있었기 때문에 두 팀 다 전력을 기울이는 상황이었지만, 아무래도 더 마음이 급한 건 도전자의 입장인 현대캐피탈이었다.

그러나 안타깝게도 1세트를 먼저 가져간 것은 삼성화재팀이었다. 배구는 흐름이 아주 중요한 스포츠라서 2세트까지 밀리면 경기가 어이없이 무너질 수도 있는 상황이었다. 다행히 2세트에서는 현대캐피탈이 앞서가기 시작했다. 그런데 그렇게 안도하는 것도 잠시, 삼성화재의 외국인 선수 타이스 덜 호스트가 엄청난 높이의 타점과 파워를 앞세워 연달아 포인트를 기록하자 격차가 급격하게 줄어들기 시작했고 마침내 스코어가 역전되었다.

상황이 다급해지자 어쩔 수 없이 현대캐피탈의 최태웅 감독이 작전타임을 불렀다. 한두 포인트도 아니고 역전에 이르기까지 타이스 선수에게 수없이 연달아 공이 올라갔으니, 다음에 누가 공격할지 배구를 보고 있는 사람들이라면 아무도 모를 수가 없었다. 그럼에도 두 눈을 뜨고 연달아 점수를 내줬으니 선수들은 의기소침할 수밖에 없는 상황이었고, 중계를 보고 있던 나도 감독이 분노의 사자후를 토해내겠구나 예상하고 있었다. 그런데 터덜터덜 모여든 선수들에게 최태웅 감독은 믿을 수 없는 말을 건넸다.

> "야, 야……. 어쩔 수 없어. 점유율 55%에 성공률 60% 넘게 때리는 거는 못 잡어. 괜찮아, 괜찮아. 기다려, 기다려보자구. 뭐, 떨어지겠지. 오케이?"

스포츠 경기의 승부에는 두 가지 종류가 있다는 말을 종종 한다. 덜 못한 팀이 이기는 경기와 더 잘한 팀이 이기는 경기. 둘 다 못하는데 그래도 덜 못한 팀이 이기는 경기를 흔히 '졸전'이라고 부른다. 이런 경기는 설령 내가 응원하는 팀이 승리를 거두었다 해도 하나도 반갑지 않다. 반대로 둘다 열심히 잘했는데 상대적으로 조금 더 잘한 팀이 이기는 경기는 승패를 떠나 멋진 경기이고 우리 팀이 졌어도 충분히 칭찬해줄 수 있는 경기다. 요즘 흔히 하는 말로 '졌잘싸(졌지만 잘 싸웠다)'라고나 할까.

최태웅 감독의 무기인 데이터는 스스로 선수들과 경기의 상황을 파악하고 판단하는 데도 도움을 주지만, 반대로 선수들에게 상황을 납득시키고 소통하는 데도 도움을 준다. "경기가 안 풀린다", "선수들이 집중을 못 한다", "왜 이렇게 못 막냐" 같은 막연한 말은 감독 자신의 불안과 초조를 발산하는 데는 도움이 될지 몰라도 정작 중요한 경기 결과에는 조금도 도움이 되지 않는 지시다.

최태웅 감독은 그렇게 말하는 대신 먼저 타이스 선수의 오늘 경기 데이터를 살펴보았다. 그리고는 그가 혼자서 절반 이상의 공격을 다 담당하고 있는데 세 번 공격하면 두 번은 포인트를 기록할 만큼 말도 안 되는 컨디션을 보이는 상황이라면 뭘 어떻게 해도 못 막는 게 당연하다고 말하는 방식을 택했다. 최 감독은 '그럼 우리가 할 수 있는 일은 저런 초인적인 능력 발휘가 경기 내내 이어지진 않길 바라며 기다리는 것 말곤 없지 않겠나' 하는 합리적인 판단을 내린 것이고, 그 판단을 나름의 근거와 함께 선수들에게 전달해준 것이다.

하지만 감독의 이런 의사소통, 너희들의 잘못이 아니고 상대방이 잘하는 것이니 "어쩔 수 없다"라고 말해주는 위안, 감독이 온갖 데이터를 분석한 끝에 작전이라고 내놓을 수 있는 것이 겨우 "뭐 떨어지겠지"라고 말하는 어찌 보면 대책 없는 말이라는 점에서 그 말은 놀라운 효과를 발휘했다.

"너희들도 어쩔 수 없지만 나도 뭐 이런 상황에서는 딱히 답이 없다"라는 솔직한 대화는 오히려 일순간에 선수들의 얼어있던 마음을 풀어주었다. 잔뜩 긴장하면서 모였던 선수들은 얼굴이 부드러워졌고, 말해놓고 나서 쑥스러워 웃고 있던 감독을 따라 다들 킬킬거리며 웃기 시작했다. 그리고 다음 순간, 오로지 '뭐 언젠간 떨어지겠지'라는 대책 없는 지시로 일관한 작전타임의 끝을 알리는 벨이 울리자 선수들은 푸하하 웃으며 손을 모았다.

"하나, 둘, 셋, 우와아아. 가즈아!"

그리고 코트에 들어간 선수들은 완전히 행복한 얼굴로 펄펄 날아다녔다. 마침내 현대캐피탈은 거짓말 같은 역전승을 거두고 리그 1위의 자리에 올라섰다. 내가 평생 봐왔던 수많은 작전타임 가운데 가장 멋진 작전타임이었다.

※ 최태웅 감독의 배구 마니아 기질은 현재진행형이다. 최근 나는 동아일보 황규인 기자를 통해 최태웅 감독의 근황을 전해 들었다. 최태웅 감독의 공부하는 기질은 발전을 거듭해서, 얼마 전에는 컴퓨터 프로그래밍까지 배워 경기 중 선수들의 로테이션이 돌아가는 복잡한 시스템을 자동으로 정확하게 처리하는 코드를 짰다고 자랑하시더라나. 정말 대단한 분이다.

## "감독도 몰라"

앞선 글에서 여러 차례 이야기했지만, 배구 경기에서 세터는 실제 경기 장면에서 팀 전체의 공격을 조율하는 '코트 위의 사령관'과 같은 역할을 하게 된다. 문제는 그 사령관의 지휘를 선수들이 받아들이지 않을 때, 군대식으로 말하자면 '영(令)이 서지 않을 때'다.

선배 공격수가 왜 나한테는 토스를 안 주나, 힘들어 죽겠는데 왜 자꾸 나만 주나, 후배 선수가 '형, 방금 상황에서 거기 올리는 건 아니지' 하면서 배 놔라 감 놔라 하기 시작하면 코트 안이 난장판이 되는 건 순식간이다. 공이 기네, 짧네, 높네, 낮네, 타이밍이 느리네, 빠르네 등등 공격수가 세터를 탓할 핑계야 산을 쌓고도 남을 판이니 이렇게 세터가 신뢰를 잃게 되면 이미 토스를 어떻게 올려도 팀은 망한 상태라고나 할까.

좀 더 현실적인 이유도 있다. 공중에서 모든 동작이 이루어지는 배구의 특성상 아주 짧은 타이밍의 차이로 결과가 결정되기 때문에 세터가 공을 '잘 올린다'라는 것은 상당히 애매한 부분이 있다. 흔히 명세터, 좋은 토스는 컴퓨터처럼 머리가 팍팍 돌아가는 세터가 선수들의 특성과 상황을 감안하여 가장 때리기 좋은 위치에 올려주는 것이라고 쉽게 생각할 수 있다. 한데 세터가 공격수의 상황에 맞추는 경우와 공격수가 세터의 움직임을 예상하는 두 가지 경우가 뒤죽박죽이 되면 어쩌나? 즉, 세터는 공격수가 지쳤다고 생각해서 조금 느리게 줬는데 공격수는 오히려 평소 세터의 토스가 빠른 편이라 여기에 맞추려고 서둘러 뛰어 들어오면 앞뒤가 맞지 않는 상황이 발생한다.

그래서 세터들은 대개 성격이 독불장군인 경우가 많다. 공격 루트를 결정하고 이에 따라 선수들이 일사불란하게 움직이도록 이끌어야 할 필요도 있고, 세터가 일일이 공격수의 상황에 맞추다가 혼란이 벌어지느니 차라리 세터가 일정한 속도와 높이로 공격수의 움직임을 강제하는 편이 더 안전하고 효율적이기 때문이다. 만화 『하이큐!!』에 등장하는, "내 토스에 맞추란 말이야!"라고 소리 지르는 성격 더러운 세터는 배구계에서 절대 특이한 캐릭터가 아닌 것이다.

이런 이유로 세터들은 자신이 공을 줬다가 블로킹을 당해서 실점을 하면 다음번에 또 한 번 거기로 주는 '똥고집'을 부리는 경우가 많다. 내가 틀리지 않았다는 것을 보여주지 않으면, 스스로 틀리지 않았다고 믿지 않으면 코트 안에서 세터의 '영'이 서지 않기 때문이다. 그리고 바로 그런 이유로 게임을 망치는 경우도 꽤 있다.

2020년 10월 28일 OK금융그룹과 현대캐피탈의 경기에서도 이와 관련된 재밌는 장면이 나왔다. 세트스코어 2 대 1로 OK금융그룹이 앞서고 있는 가운데, 경기 전체의 마무리를 딱 2점 남긴 23 대 21의 상황이었다. 현대캐피탈이 서브를 넣고 OK금융그룹이 리시브할 순서가 되었다.

V리그에서 팀마다 단 한 명씩만 뽑을 수 있는 외국인 선수가 팀에서 차지하는 비중은 어마어마하게 크다. 특히 남자배구에서는 팀 전체 득점의 절반 이상을 외국인 선수 혼자 하는 무지막지한 '몰빵 배구'가 드물지 않을 만큼 어느 팀이나 외국인 선수는 부동의 에이스 역할을 맡고 있다. 따라서 중요한 고비, 특히 경기를 마무리 짓는 시점에서는 당연히 외국인 선수에게 토스가 올라가는 것이 일반적인 상식이 되었다. 이건 우리 편도 알고 상대편도 아는, 요즘 말로 '국룰'이다.

그런데 OK금융그룹의 이민규 세터는 '다들 그렇게 예상하고 있을 테니 역으로 가보자'라고 생각했는지 엉뚱하게도 잔뜩 준비하고 있던 외국인 선수 펠리페 알톤 반데로 대신 반대편의 심경섭 선수에게 토스를 올렸다. 선수들 모두 당황했고, 심지어 토스를 받은 심경섭 선수마저도 당황하게 만든 선택이었던지 제대로 타이밍이 맞지 않은 느슨한 스파이크가 이뤄졌다. 이 공은 상대 팀의 블로킹에 제대로 걸려 손써볼 틈도 없이 수직으로 코트에 떨어지는, 이른바 '떡블락'을 당했다. '떡블락'은 완벽하게 막혔다는 뜻이니, 공격팀 쪽에서는 상당히 수치스러운 상황이었다.

이렇게 해서 23 대 22로 점수 차이가 한 점까지 좁혀지자 OK금융그룹은 마음이 급해졌다. 다시 한번 현대캐피탈이 때린 강서브는 다행히 잘 리시브되어 이민규 세터에게 깔끔하게 연결되었

고, '이번에야말로 펠리페에게…….'라고 생각했으나 이민규 세터가 누군가? 2018 시즌에 무릎이 너덜너덜해져서 제대로 걷지도 못하는 상황에서도 절뚝절뚝 한쪽 발을 끌고 다니며 기어이 토스를 올리던 쇠고집이 아니었던가. 사령관의 위엄을 보여주겠다는 강한 의지로 이민규 선수는 심경섭 선수에게 다시 한번 공을 올렸고, 그리고 마치 컴퓨터에서 복사-붙여넣기를 한 것처럼 조금 전과 똑같은 모양새로 '떡블락'을 당했다.

OK금융그룹의 진영은 일순 얼음장처럼 싸늘하게 굳었고, 도저히 그냥 넘어갈 수 없는 상황이라고 본 석진욱 감독은 작전타임을 불렀다. 감독의 질책을 예상한 이민규 세터는 미안한 마음을 불만에 찬 표정으로 감춘 굳은 얼굴로 뚜벅뚜벅 걸어 나왔다. 아니나 다를까, 석진욱 감독은 모여든 선수 가운데 곧바로 이민규 선수에게로 가서 한 손으로 어깨를 잡고 "야!"라고 외치더니 다시 몸을 돌려 선수들에게 말하기를…….

> "야, 얘가 누구한테 올릴지는 나도 몰라. 감독도 모른다고. 민규 혼자 알아. 그러니까 니들 다 공격 준비해. 누구한테 갈지 모르니까. 알았어?"

일순간, 굳었던 선수들은 모두 푸하하하 웃었고, 그대로 파이팅을 외치며 다시 코트로 들어갔다.

감독의 숨은 메시지는 결국 코트의 사령관에 대한 전폭적인 신뢰였다. 너 왜 그래? 쓸데없는 고집 부리지 말고 펠리페한테 올리란 말야, 니가 게임 다 망치고 있잖아……. 이런 말을 했다면 혹시 공격 한두 번은 성공했을지 몰라도, 그 한 게임은 잡았을지 몰라도 세터로서 이민규의 권위와 역할은 완전히 주저앉았을 것이다. 석진욱 감독은 일단 감정적인 분노와 지도자로서 가르치고 지시하고 싶은 마음을 모두 꿀꺽 삼켰다. 그리고 코트 위에서 최종적인 결정권을 가진 사람은 감독인 자신이 아닌 이민규 세터라는 점을 분명히 하고, 다른 모든 선수에게 의문을 제기하지 말고 무조건 따를 것을 지시한 것이다.

천천히 코트에 들어가 다시 네트 앞에 서서 약속된 공격플레이를 손가락으로 지시하기 위해 선수들 쪽으로 돌아선 이민규 세터. 그는 손을 멈추고 무언가를 잠시 생각하는 듯하더니 피식, 웃음을 피워올렸다. 그제야 자기 자신도 경기의 기본적인 운영원칙을 잊고, 승리를 위해 가장 확률 높고 효율적인 플레이를 추구해야 한다는 당연한 상식을 뒤로 밀어놓고 '세터의 권위'라는 허상에 묶여있었다는 것을 깨달은 것이다.

주심의 휘슬이 울리고 현대캐피탈의 서브가 다시 동료 선수의 리시브를 거쳐 이민규 선수에게 올라오자 그는 이번엔 조금도 주저하지 않고 펠리페 쪽으로 깔끔한 토스를 올렸다. 이 경기의 결과는 따로 서술하지 않아도 여러분 모두 충분히 예상하실 수 있을 것이다.

※ 이날 OK금융그룹은 세트스코어 3-1로 승리했다. 4세트의 최종 스코어는 25 대 23이었다.

3장

# 펭귄들의 승리 : 불완전한 이들의 완벽한 시즌

## 이상한 일이었다

GS칼텍스가 2020-2021 시즌 여자배구 정규리그 정상에 올랐다. 이상한 일이었다. 이야기를 이렇게 시작하는 것은 최고의 팀에 대한 예의가 아닐지도 모른다. GS칼텍스의 팬으로서, 가장 좋아하는 팀에 대한 자세는 더더욱 아닐 것 같다. 하지만 차분하게 따져보면 절로 그런 말이 나온다.

냉정하게 말하자면 GS칼텍스는 최고의 선수들이 모인 팀은 아니었다. 외국인 선수 메레타 러츠는 206cm의 국내 최장신을 자랑하지만 프로 경력이 이탈리아 2부리그 1년에 불과하고, 몸이 둔하다는 이유로 2018년 트라이아웃*에서 어떤 팀의 선택도 받지 못했다가 2019년 재도전 끝에 선발된 선수다. 세터 안혜진은 들쑥날쑥한 토스로 안정감이 떨어진다는 평가를 받았고, 주장 이소영은 역량에는 의심의 여지가 없지만 잦은 부상으로 고생했다. 센터 한수지, 권민지도 잇따른 부상으로 시즌 후반부에는 거의 출장하지 못했다. 리베로 한수진은 여러 차례 포지션을 변경한 끝에 이번 시즌에 들어서야 처음으로 리베로 포지션에 자리를 잡았다.

게다가 전체적으로 선수들의 평균 연령이 낮아서 분위기에 따라 경기력이 롤러코스터를 타는 경우가 많았다. 그런데도 GS칼텍스는 최강의 멤버들, 최고의 외국인 선수가 모였다는 쟁쟁한 팀들을 제치고 당당히 정상에 올랐다.

지난 5년간 GS칼텍스의 순위도 참 이상했다. 차상현 감독이 처음 팀을 맡았던 2016-2017 시즌, GS칼텍스는 여섯 개의 팀 가운데 최하위권인 5위로 시작했다. 그리고 이 팀은 이듬해 4위, 그다음 해 3위, 2019-2020년엔 시즌 2위까지 마치 계단을 오르듯 뚜벅뚜벅 순위를 올리더니 2020-2021 시즌에는 마침내 1위에 올랐다. 더 빨리 뛰어오르지도 않고 그렇다고 뒤로 물러서지도 않으며 마치 오래전부터 정해져 있던 길처럼 그렇게 한 단씩 차근차근 올라 마침내 정점에 섰다.

하나씩 배워나가는 아이, 하지만 한번 배운 것은 절대로 잊지 않고 성장하는 아이를 지켜보는 느낌이다. 시간이 갈수록 점점 더 단단해지고 점점 더 크게 자라나는 나무를 보는 느낌이다. 정말이지, 참 이상한 일이었다.

---

★ 스포츠에서 행하는 선수 선발 테스트이자 입단 테스트. 연습 경기를 통해 선수의 기량을 확인하고 영입을 결정하기 위한 제도.

### 허들링(huddling)

황제펭귄들이 서식하는 남극은 생물이 살아가기에 정말 극악한 환경이다. 펭귄들은 바다표범, 범고래 같은 포식자들의 위협에도 시달리지만 가장 힘든 것은 역시 추위다. 특히 4개월간 이어지는 겨울엔 영하 40-50도, 최대 영하 88도까지 내려가고 여기에 시속 140km의 눈 폭풍까지 휘몰아친다. 펭귄이 포식자들에 맞설 강한 이빨과 근육이 있었다면 이 추운 계절을 더 따뜻한 곳으로 이동해서 보낼 수 있겠지만, 움직임도 둔하고 힘도 약한 펭귄들은 오히려 천적을 피해 가장 추운 곳을 찾아간다.

이렇게 얼어붙은 대지에서 황제펭귄이 살아남는 방법은 서로서로 꼭 붙어 서는 것이다. 마치 한 덩어리로 묶인 장작처럼 펭귄들은 촘촘하게 몸을 밀착시켜서 체온을 유지한다. 하지만 이 상태가 유지되면 바깥쪽의 펭귄들은 추위와 눈 폭풍에 지쳐 쓰러지게 될 것이다. 그래서 일정한 시간이 지나면 바깥쪽의 펭귄들이 조금씩 안쪽으로 들어오고, 대신 몸이 데워진 안쪽의 펭귄들이 바깥으로 나서서 추위를 막는다.

이렇게 뭉쳐서 추위를 이겨내는 전략을 '허들링(huddling)'이라고 한다. 겨울이 지나가기만을 기다리며 이들은 4개월 동안 끊임없이 안과 밖을 오가며 버틴다.

꽤 현명해 보이는 이 전략이 실제로 적용되는 데는 중요한 두 가지 전제가 있어야 한다. 하나는 '신뢰'다. 바깥쪽에서 추위에 떨고 있는 펭귄들이 버티기 위해서는 나도 언젠가 저 따뜻한 안쪽으로 들어갈 수 있다는 믿음이 있어야 한다. 친구들이 내 추위를 외면하지 않고 기억해줄 거라는 확신이 있어야 한다. 확신이 아니어서는 곤란하다. 이건 목숨을 건 선택이기 때문이다.

그래서 두 번째 전제는 더 어렵다. 이미 안쪽에 들어와 있는 펭귄들이 과연 바깥으로 나가려 할 것인가의 문제다. 그게 집단의 생존전략이라 할지라도 딱히 강제할 방법이 없는 상황에서, 엄청난 고통과 생존의 불안에 시달려야 하는 바깥쪽으로 향하는 마음에 필요한 것은 '연민'이다. 고통에 대한 공감이다. 바깥에 있는 이들이 얼마나 힘들 것인가 헤아리고, 그 고통이 나 자신의 감각기관에 고통으로 전달되는 공감각이 있을 때 비로소 펭귄들은 당연하다는 듯이 추위와 눈보라가 기다리는 바깥쪽으로 주저 없이 걸어 나갈 수 있게 된다.

그렇다. 그들은 신뢰와 연민을 가지고 있던 것이었다.

## 두 개의 장면, 두 개의 눈물

개인적으로 이 시즌의 여러 경기 가운데 GS칼텍스팀 최고의 순간으로 꼽고 싶은 두 개의 장면이 있다.

첫 번째는 센터 김유리 선수가 데뷔 이후 처음으로 경기 수훈 선수에 선정되어 단독 인터뷰를 하던 장면이다. 김유리 선수는 2010년 신인 드래프트 1라운드 전체 2순위로 흥국생명에 선발된 유망주였다. 하지만 그때만 해도 선후배 사이의 위계와 별 의미도 없는 괴롭힘의 악습이 체육계에 남아있었다. 김유리 선수도 집중적인 괴롭힘을 당한 끝에 겨우 2년 만에 배구 선수 커리어를 접고

은퇴하는 극단적인 결정을 내리게 된다.

이후 편의점에서 아르바이트를 하던 김유리 선수는 배구에 대한 미련을 버리지 못하고 실업팀에서 뛰다가 IBK기업은행팀으로 프로에 복귀했고, 다시 현대건설로 트레이드되고, 뜬금없이 그 다음 날 GS칼텍스로 재트레이드된다.

차상현 감독이 부임하던 시점에 김유리 선수는 어느덧 GS칼텍스에서 고참급의 클럽하우스 리더 역할을 맡게 된다. 김유리 선수는 자신이 신인 때 받았던 고통을 떠올리며 한참 후배들에게 항상 먼저 친구처럼 다가가고 격의 없이 장난을 쳤다. 웜업존에 있는 후보 선수들과 함께 응원하는 문화도 앞장서서 만들었다. GS칼텍스는 가장 젊고 가장 분위기 좋은 팀으로 변모해갔다.

하지만 프로의 세계에서 '사람이 좋다'는 말은 어쩌면 칭찬이 아닐 수도 있다. 센터로서 김유리 선수의 입지는 점점 좁아져갔다. 블로킹 능력은 새로 영입된 최고참 선수인 한수지 선수가 앞섰고, 공격력은 열 살 후배인 권민지 선수의 힘에 밀렸다. 이번 시즌을 맞아 어떻게든 새로운 전기를 마련하려고 자그마치 10킬로그램이나 감량했지만 돌아온 것은 오히려 우울증뿐이었다.

그런데 시즌 중반 이 두 센터가 연달아 부상을 당하면서 김유리 선수에게도 출장 기회가 찾아왔다. 그리고 운명의 2021년 2월 5일, 최강의 상대인 흥국생명을 맞아 김유리 선수는 속공 8득점을 포함해서 총 9득점을 만드는 눈부신 활약을 보이며 GS칼텍스에 3 대 0 셧아웃 승리를 가져왔다. 자신을 은퇴의 나락으로 밀어 넣었던 흥국생명팀을 상대로 한 승리였기에 김유리 선수에겐 더욱 의미가 컸을 것이다. 그리고 경기 후 수훈선수로 김유리 선수가 선정되어 방송사와 단독 인터뷰를 하게 되었다. 김유리 선수가 프로에 들어온 이후, 그러니까 평생 처음 해보는 수훈선수 인터뷰였다.

일반적으로 경기가 끝난 직후인 이 시간은 수훈선수만 따로 인터뷰 판넬 앞으로 가고 나머지 선수들은 코트 여기저기에 흩어져 마무리 스트레칭을 하며 신발과 복장, 장비를 정리하는 시간이다. 하지만 큰언니, '율대장'의 평생 첫 인터뷰를 응원하기 위해 선수들도, 감독도, 코칭스태프와 통역사도 모두 모두 김유리 선수의 앞에 옹기종기 모여앉았다. 방송사에서 하는 수훈선수 인터뷰 사상 처음 있는 일이었다.

모든 선수들이 마치 허들링을 하는 펭귄들처럼, 김유리 선수를 둘러싸고 원을 그렸다. 그리고 그 원의 한가운데에 처음 서서 따뜻함을 맛본 김유리 선수는, 그만 눈물을 흘렸다. 함께 살을 맞대고 살아온 같은 팀의 선수들도 함께 하염없이 눈물을 흘렸다.

두 번째 장면에도 눈물이 등장한다. GS칼텍스가 흥국생명과 한창 엎치락뒤치락 선두다툼을 하던 2021년 3월 5일 현대건설팀과의 경기였다. 현대건설팀은 시즌 후반 들어 센터 양효진 선수를 비롯한 막강한 센터진이 엄청난 위력을 드러내고 있었기 때문에 센터진이 약한 GS와는 아주 상성이 좋지 못한 대결이었다. 아니나 다를까, 리그 1위의 위엄도 무색하게 첫 세트부터 GS칼텍스는 밀리기 시작했고, 팽팽한 줄다리기 끝에 1세트를 내주자 2세트부터는 리시브라인, 2단 연결, 오픈 공격 등이 전부 무너지면서 마치 난파선처럼 걷잡을 수 없이 가라앉기 시작했다.

이 혼란스러운 상황을 수습한 것은 GS칼텍스의 주장 이소영 선수였다. 일단 자신에게 오는 볼은 죽이 되든 밥이 되든 무조건

처리하고, 팀원들이 어떤 실수를 저질러도 탓하지 않고 끊임없이 파이팅을 외쳤다. 현대건설 쪽으로 거의 넘어간 것 같았던 3, 4세트의 고비마다 끝까지 공을 향해 죽어라 달려드는 이소영의 모습에 다른 팀원들은 힘들어도 힘든 티를 내기가 미안할 지경이었다. 부상을 당하고 지쳐서 그냥 주저앉으려는 소대원들의 멱살을 쥐고, 등에 둘러업고 계속 고지를 오르는 소대장의 모습이랄까.

마지막 5세트는 기적적인 드라마의 절정이었다. 15점으로 짧게 끝나는 5세트에서 9 대 4까지 점수가 뒤져서 거의 희망이 없다고 생각한 순간, 새로 투입된 유서연 선수의 서브 순서에서 기적적인 7점 연속 득점이 이뤄지며 경기가 11 대 9로 뒤집혔다. 이 과정에서 가장 눈부시게 빛났던 것도 역시 이소영 선수였다. 이소영 선수는 5세트에만 6득점을 몰아치는데, 혼을 실어서 무아지경으로 내리꽂는 스파이크에서 불꽃이 튀는 느낌이 들 지경이었다.

기적의 역전승을 거두고 난 후, 이소영 선수는 당연히 수훈선수에 선정되어 인터뷰를 하게 되었다. 그런데 인터뷰 전에 이소영 선수는 한동안 코트 바닥에 푹 주저앉아 있더니 겨우 일어나 눈물을 흘리며 인터뷰에 응했다. 기자가 울고 있는 이유를 물었다. "너무 힘들었어요."라고 말할 줄 알았다. 당연하지 않나? 그저 조그만 중계 화면을 통해 구경하고 있던 나조차 이렇게 힘들 지경이었으니. 하지만 이소영 선수의 대답은 달랐다.

"처음부터 제가 잘했으면 쉽게 갈 수 있었을 텐데 미안했고, 그래도 잘 버텨준 팀원들에게 고마워서 울었어요."

아마 이 경기를 다 본 사람들이라면 이소영 선수의 말이 하나도 공감되지 않았을 것이다. 이소영 선수는 처음부터 끝까지 잘했고, 이소영 선수가 미안해할 만한 팀원은 단 한 명도 없었다. 팀원들이 잘 버텨줬는지도 모르겠고 뭐가 고마운지도 잘 모르겠다. 그런데 이소영 선수가 그렇게 말하는 것을 들으니 그럴 수 있겠다 싶었다. 그런 것이 되어버렸다.

멱살을 잡고 끌고 가도 일단은 끌려서라도 오는 팀원들이 있어야 전투가 되고 경기가 되는 것이다. 죽어라 계속해서 때리려고 해도, 죽이든 밥이든 받아주고 올려주는 팀원들이 있어야 할 수 있는 일이다. 지적하고 타박하는 것은 감독과 코칭스태프의 일이고, 주장의 일은 동료들과 함께 가는 것이다. 안되는 거 커버해주고 잘되는 거 고마워하고, 그래서 만든 결과를 '함께' 짊어지는 것이 '팀'이다.

## 사막을 건너는 법

바깥은 지옥이라고들 한다. 살아가는 게 왜 이리 힘드냐고도 묻는다. 부동산 문제, 취업 문제, 저출산과 고령화에 여성에 대한 부당한 대우와 지워지지 않는 학교폭력의 상처까지, 안 그래도 고통이 많은 세상에 코로나19 팬데믹이라는 검은 장막까지 드리워졌다. 세상은 부글부글 열사가 작열하는 뜨겁고 메마른 사막 같은 곳이고, 삶은 그 끝없는 사막을 건너는 일이다. 어떻게 해야 할까. 어떻게 살아가야 할까?

생텍쥐페리의 어린 왕자는 사막이 아름다운 이유가 어딘가에 우물이 숨어있기 때문이라고 했다. 하지만 우물은 사막이 아름다운 이유일지는 몰라도 사막을 건너게 해줄 수는 없다. 사막을 건너게 하는 힘은 어쩌다 행운처럼 등장하는 오아시스가 아니다. 느려도 포기하지 않고 걷는 낙타들, 그리고 그 낙타들을 믿고 죽음의 땅으로 과감하게 발을 들여놓는 사람과의 교감이다. 다시 한번, 신뢰와 연민.

좋은 팀이란 어떤 팀일까? 현재 우리가 사는 집은 대부분 철근콘크리트로 만들어져 있다. 가장 단단한 벽과 천정을 만들기 위한 고심의 결과물이다. 단단한 벽은 크고 단단한 돌들을 잔뜩 모아 쌓는다고 만들어지는 것이 아니다. 자갈도 들어가고 모래도 들어가고, 꺾이고 당길 때를 대비해서 철근도 들어가고, 그렇게 불균질한 것들의 조화와 융합을 통해 '철근콘크리트'의 거대한 건물이 지어진다.

그 단단한 건물처럼, GS칼텍스는 최고의 선수들이 모인 팀은 아닐지 몰라도 다양한 선수들이 끈끈하게 뭉쳐 서로서로를 기대어 세우는 팀이었다. 안혜진 세터가 힘들면 이원정 세터가 들어가고, 강소휘 선수가 지치면 유서연 선수가 뒤를 받친다. 서브 리시브는 한다혜 리베로가 맡고, 수비 커버는 한수진 리베로가 달려든다. 한수지 센터가 다치면 문명화 센터가 블로킹벽을 세우고, 권민지 센터가 허둥대면 김유리 센터가 속공을 보여준다.

그리고 이 모든 불균질한 요소들을 선수들과의 친밀한 교감을 통해 애정과 신뢰로 한데 뭉치는 차상현 감독의 리더십이 있었다. 웜업존의 선수들도 우리 팀의 동료이니 타임아웃 때 선발 멤버들과 함께 작전 지시를 듣도록 하고, 쉴 새 없이 코트 안의 선수들에게 힘을 불어넣으며 소리를 지르고 박수를 쳤다. 그래서 GS칼텍스는 선발 자리를 놓고 서로 경쟁해야 할 같은 포지션의 선수들끼리 좋아서 어쩔 줄 모르며 얼싸안고 서로 응원해주는 팀이다. 서로가 서로에게 힘이 되는 팀, 모기업의 슬로건이 이렇게 잘 어울리는 팀이 있을까? "I'm Your Energy!"

팀은, 좋은 팀은 완벽한 선수들의 조합으로 만들어지는 '실체'가 아니라, 오히려 부족한 것이 많은 선수들이 서로를 연민하고 빈자리를 메꾸려 도우며 도달하는 어떤 '상태'가 아닌가 싶다. 허들링하는 펭귄들, 약하고 결점이 많지만 체온을 나누는 것을 서슴지 않고 어느 순간 단단히 뭉쳐 밝게 타오르는, 마치 불꽃처럼, 흔히 쓰는 표현대로 화학적 반응, '케미스트리(chemistry)'가 폭발하는 어느 찬란한 순간.

지난 2020-2021 시즌의 GS칼텍스는 바로 그 눈부시게 빛나는 순간을, 불완전한 경기력을 가진 가장 완벽한 팀의 모습을 보여줬다. 정말이지, 사랑하지 않을 수 없는 팀이다.

4장

# 『하이큐!!』, 그리고 일본 배구 이야기

## 1. 만화로 만나는 배구

스포츠는 기본적으로 규칙의 세계다. 일상생활과 다른 일정한 룰, 예를 들어 정해진 경기장의 모양과 기구들, 시간과 행동의 통제를 통해 하나의 세계가 만들어진다. 그 제한된 조건의 위에서 다양한 사건들이 벌어지기 때문에 이런 '세계관'에 익숙해지는 데는 시간이 걸리고, 그 지루한 시간을 견뎌내지 못하면 결국 재미를 느끼지 못하고 외면하게 된다.

따라서 어떤 스포츠가 생명력을 가질 수 있는가 없는가는 얼마나 더 많은 사람을 더 빨리 이 세계관에 익숙해지도록 만드는가에 달려있다고 할 수 있다. 영연방 국가들 사이에 국기(國技)로 취급받으며 큰 인기를 누리고 있는 크리켓의 팬이 국내엔 매우 드문 이유는 무엇일까. 그건 크리켓 자체가 재미있다, 없다의 문제라기보다는 결국 우리나라엔 크리켓을 접하고 이에 익숙해질 만한 저변이 없다는 사실이 크게 작용하는 것이다.

이 문제를 해결하는 가장 쉬운 방법은 룰이 간단하고 직관적이어서 익숙해지는 데 시간이 얼마 걸리지 않는 것이다. 대표적인 스포츠가 현재 지구상에서 가장 많은 이들의 사랑을 받고 있는 축구다. 세부적으로 들어가면 복잡한 룰들이 있지만, 처음 축구를 접하는 이들은 사각형 운동장의 양편 끝에 세운 골대에 손을 쓰지 않고 발로만 공을 몰고 가서 넣으면 된다는 기본원칙을 알면 된다. 그건 굳이 누가 설명해주지 않아도 쉽게 이해할 수 있다. 그래서 우리는 축구에 금세 몰입할 수 있는 것이다.

또 다른 방법은 주변에 이미 많은 사람들이 즐기고 있는 스포츠라서 자주 노출되다 보니 익숙해지는 것이다. 야구의 경우 규칙의 측면에서 보면 가장 복잡하고 까다로운 스포츠로 유명하지만 미국이나 우리나라, 일본에서 가장 인기 있는 스포츠가 될 수 있었다. 오랜 세월 동안 많은 사람이 즐겨왔고 그렇게 주변에서 가족을 통해, 친구를 통해 자주 접하다 보니 쉽게 익숙해질 수 있던 것이다.

비교적 역사가 짧은 스포츠들이 갖는 핸디캡은 이 두 가지 옵션이 모두 불가능하다는 것이다. 간단한 규칙으로 재미를 이끌어낼 수 있는 스포츠들은 이미 다 개발된 상태라서 차별성을 가지려면 좀 더 복잡한 제한 조건들을 만들어낼 수밖에 없고, 당연히 기존의 팬들이 없는 맨바닥에서 인지도와 팬들을 쌓아올려야 하는 상황을 맞닥뜨린다. 따라서 이런 스포츠들이 인기스포츠로 발돋움하는 것은 특별한 계기를 통해 갑자기 각광을 받게 되는 경우다.

많은 스포츠들이 올림픽에 목을 매는 이유가 바로 여기에 있다. 국가 간 대항전의 성격을 띠는 올림픽에서 좋은 성과를 거두어 국민적 성원을 받게 되면 이것이 곧 국내 리그의 인기 상승으로 이어지는 경우가 많기 때문이다. 당장 지금 우리나라 배구에 비추어지고 있는 스포트라이트가 2020 도쿄올림픽에서 여자배구가 4강에 오르는 신화를 썼던 덕분이 아닌가.

이런 스포츠 이벤트 외에 어떤 종목을 다룬 스포츠 콘텐츠가 큰 인기를 얻으면서 해당 종목에 대한 주목도가 높아지는 경우도 있다. 일본에서 오랫동안 인기를 얻고 있는 톱스타인 기무라 타쿠야가 주연했던 드라마 〈프라이드〉의 인기에 힘입어 일본에서 아이스하키가 주목을 받기도 했고 우리나라에서도 비슷한 컨셉의 아이스하키 드라마인 〈아이싱〉이 방영되기도 했다. 특히 성공적인 사례는 우리나라에서 농구의 인기가 절정이었던 1990년대의 열광을 이야기할 때 빼놓지 않고 언급되는 인기 드라마 〈마지막 승부〉다. 비슷한 시기 일본에서 등장한 『슬램 덩크』라는 농구만화를 보고 농구에 빠져들게 되었다는 사람들도 많다.

그럼 배구에는 이런 콘텐츠들이 없을까? 아쉽게도 우리나라에서는 배구 자체에 대한 관심이 최근에야 높아지고 있기 때문에 손에 꼽을 만한 사례는 없다. 하지만 이웃 나라인 일본에서는 만화 대국답게 오래전부터 배구에 관련된 만화들이 자주 등장했고, 큰 인기를 얻어왔다. 그중 가장 대표적인 사례이자 우리나라에도 번역본이 정식 발매되어 쉽게 접할 수 있는 만화로 『하이큐!!』를 들 수 있다.

'하이큐!!'라는 제목은 별다른 뜻이 있는 게 아니고 '배구(排

球)'라는 한자를 그대로 일본어로 읽은 발음이다. 배구 만화 제목이 그냥 '배구!'라니 너무 성의 없고 밋밋한 거 아닌가 싶을 수 있다. 그래도 '배구'라는 용어 자체는 근대 초기 일본에서 만들어졌지만 정작 일본 국내에서는 '발리볼(volleyball)'이라는 표현을 더 자주 사용하기 때문에 역으로 '하이큐!!'가 나름 신선한 제목이 될 수 있었던 것 같다. 우리나라에서 축구 드라마를 만들면서 '사커!'라고 제목을 붙이는 느낌이라고나 할까.

2012년부터 2020년까지 약 9년간 연재된 이 작품은 단행본 수만 자그마치 45권이나 되는 대작이다. 그만큼 오랫동안, 높은 인기를 누린 만화라는 뜻이다. 배구를 처음 접하는 분들이 쉽고 재밌게 볼 만한 책 추천을 부탁할 때 가장 먼저 떠오르는 작품이지만 엄청난 분량 때문에 추천을 주저하게 되는 책이기도 하다.

주인공은 과거엔 높은 성적을 거두었으나 현재는 형편없는 약체가 된 카라스노 고등학교 배구부에 들어온 신입생 두 명이다. 둘의 입장이나 성격은 판이하게 다르다. 윙스파이커인 히나타 쇼요는 키가 162센티미터밖에 되지 않고 중학교 때도 취미활동에 가까운 약체 배구부에서 지역예선 딱 한 경기에 나가본 것이 경력의 전부다. 하지만 히나타는 어렸을 때 TV 중계를 통해 본, 키가 작지만 엄청난 점프력으로 코트를 휘어잡던 '작은 거인'이라 불리는 선수의 모습에 반하여 무럭무럭 성장한다. 자신도 끝없이 위로 점프해 네트와 블로킹을 넘어서서 '벽 너머의 풍경'을 보려고 악착같이 달려드는 열혈 캐릭터다.

이에 반해 세터인 카게야마 토비오는 키가 180센티미터나 되고 중학생 때부터 '천재 세터'로 각광받은 화려한 경력을 가지고 있다. 그러나 재능이 넘친 나머지 다른 선수들을 심하게 다그치다가 관계가 어긋나면서 '코트 위의 임금님'이라는 비아냥을 들으며 왕따를 당했다. 그래서 배구 명문고에 선발되지 못하고 카라스노로 오게 된 것이다. 카게야마는 기본적으로 냉정하고 냉소적인 성격을 가지고 있지만 히나타와 만나 격렬하게 부딪치면서 배구에 대한 열정이 되살아나게 된다.

『하이큐!!』가 대중적인 인기와 함께 배구 팬들로부터도 찬사를 받고 있는 것은 그 내용이 매우 현실적이기 때문이다. 사실 스포츠 만화가 독자들의 시선을 확 끌어당기기 위해 과장된 표현, 필살기 같은 요소들을 넣다 보면 자칫 한없이 부풀려져서 초인들의 이야기처럼 되기 쉽다. 야구 만화로 유명한 『거인의 별』에서 온몸에 스프링 장치를 달고 특별훈련을 하는 것이나, 『테니스의 왕자』에서 공이 코트를 파괴하는 미사일처럼 묘사되는 것이 대표적이다. 하지만 『하이큐!!』는 철저하게 현실적인 배구의 포지션과 작전, 코트에서의 움직임을 담고 있기 때문에 배구에 입문하려는 사람들에게 추천되는 경우도 많고, 김연경 선수가 본인의 유튜브에서 절친인 양효진, 김수지 선수와 함께 애니메이션판을 보면서 현직 선수의 관점에서 본 『하이큐!!』의 장면들을 설명하는 콘텐츠를 만들기도 했다.

하지만 설정이 마냥 현실적이기만 하다면 독자들에게 긴장감이 없었을 것이다. 이 만화에서 비현실적인 부분은 등장인물들의 신체 조건이다. 아무리 배구 선수라지만 고등학생들인데 키가 180-190센티미터인 선수들이 수두룩하다. 이보다 더 신기한 것은 심지어 세터인 카게야마의 키도 180센티미터인데 정작 윙스파이커인 주인공 히나타의 키가 162센티미터에 불과하다는 것이다. 사실 이 부분, 즉 누가 봐도 평범한 수준에도 못 미치는 불리한 신체 조건을 가지고 있는 주인공이 어떻게 이 장신의 숲을 뚫고 배구의 꿈을 키워나가는가 하는 부분이 이 만화의 핵심적인 갈등과 역경을 구성하고 있다.

그 방법으로 히나타가 가지고 있는 재능은 빠른 몸놀림과 엄청난 점프 능력이다. 하지만 그것만으로는 아무것도 할 수 없다는 것이 중학교 배구부의 실패에서 확인되었다. 고등학교에 올라온 그는 천재 세터라고 불리는 카게야마와 콤비를 이루면서 블로킹을 피해 공격을 하는 '속공'을 통해, 높고 높은 블로킹을 넘어 항상 염원해오던 '벽 너머의 풍경'을 볼 수 있게 된다. 하지만 경기에 승리하기 위해서는 두 사람의 힘만으로는 부족했다. 이들의 선전으로 카라스노 고등학교 팀 전체에 불이 붙으며 2학년 리베로가, 3학년 공격수가, 1학년 센터블로커가 다시 배구에 열정을 갖고 뛰기 시작한다. 그 덕에 카라스노는 비로소 예전의 명성에 걸맞은 강팀으로 바뀌어간다.

『하이큐!!』는 이렇게 주인공뿐 아니라 다양한 등장인물들이 모두 자신의 사연을 가지고 나름의 방식으로 배구를 사랑하고 노력하는 모습을 그린다는 점에서 크게 호평받고 있다. 이런 관계들은 만화가 진행되면서 다른 학교, 다른 팀의 수많은 선수들의 모습으로 확대되어 나간다. 힘든 성장의 과정을 거쳐 팀의 모양새를 갖추고 지역대회에 출전한 주인공들은 카라스노와 마찬가지로 배구에 청춘을 불사르는 수많은 팀들과 만난다.

작가는 이들을 단순한 적으로 묘사하는 함정에 빠지지 않고, 다들 서로 다른 입장에서 배구를 사랑하고 뜨겁게 땀 흘리는 아름다운 젊은이들의 모습으로 그려낸다. 많은 팬들이 손꼽는 이 만화 최고의 명장면은 지역대회 1차 토너먼트에서 패배하여 탈락한 23개 팀 각각의 모습을 2페이지에 걸쳐 모두 담아 하나로 완성시킨 장면이다. 패배의 아픔과 아쉬움으로 찡그리고 울며 혹은 서로를 다독이고 있는 모습들이 모자이크처럼 가득 겹친 이 장면에 작가가 붙인 대사가 정말 감동적이다. "우리들도 했어, 배구! 했었다구!"

## 2. 일본 중·고등학생의 부 활동

『하이큐!!』가 이렇게 현실적인 배구부의 모습을 담아낼 수 있었던 이유는 작가인 후루다테 하루이치 자신이 중·고등학교 시절에 미들블로커로서 계속 배구부 활동을 했었기 때문이다. 달리 보자면 일본에서 이 만화를 비롯해 수많은 스포츠 만화들이 인기를 얻을 수 있는 이유도 대다수의 일본인들이 학창 시절에 부 활동을 경험했기 때문이기도 하다. 스포츠부는 나중에 선수를 꿈꾸는 일부 학생들만 하는 예외적인 활동이라는 인식이 강한 우리나라에서는 신기해보이는 부분이기도 하다. 일본에서는 어떤 계기로 이렇게 모든 학생들이 부 활동을 하는 문화가 자리 잡게 되었을까?

일본 학교 현장에 부 활동이 도입된 계기는 크게 세 가지로 나누어 볼 수 있다. 하나는 일본이 제2차 세계대전에서 패배한 직후의 상황이다. 일본에 진주한 미군정은 일본에 만연한 군국주의 때를 벗기고 민주주의 국가로 전환을 이루어내려면 후속 세대를 길러내는 교육 영역에서의 개혁이 중요하다고 생각했다. 그래서 '사회' 과목을 교육과정에 도입하는 등 '민주시민교육'을 강화해 나가게 된다. 이러한 노력의 일환으로 학교에서 학생들의 교과 외

클럽활동을 장려했고, 이 과정에서 학교 내에 다양한 클럽 부서들이 생겨나기 시작했다.

하지만 이런 움직임이 결정적으로 확대되고 특히 체육 클럽으로 무게중심이 옮겨지게 된 계기는 1964년 도쿄올림픽이었다. 도쿄올림픽은 일본이 본격적으로 선진국 대열에 재진입하는 역사적 이벤트로 일본 사회 전반에 큰 변화를 가져왔다. 일본으로서는 2차 세계대전의 폐허를 딛고 엄청난 경제발전을 이룩한 자국의 성과를 대내외에 과시하고 일본인들의 자부심을 높이는 계기로 올림픽을 활용하려 했다. 이를 위해 도시환경을 재정비하고 멋진 경기장을 만드는 등 기반 시설을 갖추는 데도 힘썼지만 결국 가시적으로 가장 중요한 것은 올림픽 메달 경쟁에서 실제로 얼마나 많은 메달을 딸 것인가의 문제였다.

하지만 올림픽의 수많은 경기 종목들에 대응할 만큼 일본의 체육 저변이 넓지 못한 상황이었다. 그래서 올림픽 전에 전국의 학교에 온갖 스포츠 클럽들을 창설하여 엘리트들을 발굴하고 속성으로 육성했던 것이다. 이런 의도는 잘 맞아떨어져서 도쿄올림픽에서 일본은 기대 이상의 큰 성과를 거두었는데, 특히 배구의 경우 일본 여자배구 대표팀이 소련을 이기고 아시아 여자 구기팀 사상 첫 올림픽 금메달을 따면서 배구가 전국적인 인기 종목이 되었다. 이런 성과를 바탕으로 학교 현장의 스포츠 클럽들이 그냥 없어지지 않고 일반 학생들을 받아들여 명맥을 이어나가게 되었다.

일본에서는 부카츠(ぶかつ, 부 활동)와 서클을 구분해 일반적으로 우리가 생각하는 '학교 동아리'는 서클로 구분하고, 부카츠는 그보다 상당히 진지한, 학교 간·지역 간 경쟁 구도에서 일정 부분 성과를 내야 하는 '엘리트 체육 직전 단계'쯤으로 여긴다. 이런 미묘한 포지션이 바로 도쿄올림픽 엘리트 체육의 배경에서 비롯되었다고 할 수 있다. 고등학교 부카츠가 상위의 온갖 협회로 묶이고, 이를 바탕으로 지역 내 예선, 지역 간 전국대회('인터하이インターハイ') 같은 수직적 토너먼트로 이어지는 전국적인 체육대회 시스템도 이때 구축된 것이라고 할 수 있다.

하지만 이 두 번째 단계까지만 해도 어느 정도 성적을 염두에 둔 활동이라는 점에서 '할 사람만 하는' 분위기였는데 지금처럼 '너도나도 무조건 다 하는' 분위기가 만들어진 것은 세 번째 단계인 1980년대의 일이었다. 일본 경제의 최고 절정기였던 이 시점에 일본에선 1976년부터 논의가 시작된 '유토리(ゆとり) 교육', 즉 과도한 주입식 교육이 학생들의 자율성과 인성을 침해한다는 목소리가 높아졌다. 그동안의 입시 위주, 수직적 교육체계를 비판하고 '여유 있는 교육'을 해야 한다는 주장이 힘을 얻었던 것이다. 때마침 학교폭력, 이지메(집단따돌림)으로 고통받던 학생들이 연달아 자살하는 사건이 벌어지면서 학교의 개혁을 어떻게 할 것인가에 관한 논의가 급물살을 타게 되었다.

그런데 대안을 제시하는 여러 연구 가운데 부 활동에 속한 아이들은 학교폭력을 저지르거나 당하는 일이 없더라는 내용이 크게 주목을 받았다. 대책이 시급했던 교육 당국에서는 적극적으로 부 활동을 활성화하고, 전 학생의 가입을 정책적으로 독려하게 되었다. 이렇게 '다 하는' 분위기가 되자 일본 특유의 집단주의 문화가 결합되면서 어느 부에라도 소속되어 있지 않으면 그 자체로 '왕따'가 되는 특이한 상황도 벌어졌다. 부에 가입되어 있지 않아 방과 후에 그냥 집으로 가는 학생들을 '귀가부'라고 부르는데, 장난삼아 놀리는 듯한 이 표현이 실제로 문부과학성 통계분류기준으로 잡혀 있다. 2020년 통계로 '귀가부'는 4% 내외였으니, 한 학급 학생 수가 30명 내외라고 보면 부에 소속되어 있지 않은 학생은 학급 전체에서 한두 명이라는 뜻이다. 정말 그 자체로 심하게 될 수밖에 없는 왕따의 조건이 아닌가.

전후 사정이 어찌 되었든 이렇게 많은 학생들이 부 활동에 참여하는 것은 여러 가지 긍정적인 효과를 갖는 듯하다. 일본인들에게 학교생활 중 가장 기억에 남는 것을 꼽으라면 부 활동을 꼽는 경우가 많다. 정작 이 부 활동을 통해 프로 선수로 나가는 경우는 극히 드물고 부 활동이 대학 진학에 도움이 되는 경우도 거의 없지만, 바로 그렇기 때문에 자신의 선택과 의지에 따라 자율적으로, '스스로 좋아서 하는' 활동이니 당연히 소중한 기억으로 남게 되지 않을까?

이러한 부 활동이 야구, 농구, 축구, 배구, 소프트볼 등 다양한 스포츠 영역에서 폭넓은 저변을 형성하도록 만들어주고, 애니메이션 대국 일본의 콘텐츠 가운데 상당 부분을 차지하는 이야깃거리가 되고 있다. 우리나라와 일본에서 공히 최고 인기 스포츠의 자리를 차지하고 있는 야구의 경우 2021년 기준으로 우리나라 고등학교 야구팀은 85개 정도인 데 반해, 일본은 3,600여 개의 야구팀에 16만 명에 이르는 선수들이 활동하고 있으니 그 저변의 차이가 어마어마하다고 볼 수 있다.

## 3. '동양의 마녀' 일본 배구의 영광과 2020년 도쿄올림픽

한일 간 고등학교 야구팀의 숫자 차이를 대략 40배로 본다면, 재미있게도 배구팀의 숫자도 비슷한 비율로 차이가 난다. 여자배구의 경우 우리나라는 2021년 현재 여자 고교배구팀이 17개 정도인 데 반해 일본은 800개 정도이고, 전국대회 예선전 참여팀만 꼽아도 500개, 예선을 거쳐 전국대회에 참여하는 팀도 50개가 넘는다.

일본에서 이렇게 배구가 큰 인기를 얻게 된 데에는 위에서 언급한 1964년 도쿄올림픽이 큰 영향을 끼쳤다. 도쿄올림픽은 일본의 국가적 프로젝트였다. 전 세계 사람들의 이목이 집중되는 이 이벤트를 계기로 선진국으로 도약하기를 열망했던 일본은 대회에 즈음하여 초고속 철도인 신칸센을 개통했고, 최초의 위성 생중계, 컬러텔레비전에 대응하는 컬러화면 송출까지 이뤄냈다.

지금은 전 세계의 체육관, 도로, 화장실 등에서 흔히 볼 수 있는 단순화된 도형 이미지인 '픽토그램(pictogram)'도 도쿄올림픽 준비 과정에서 일본어를 모르는 외국인들에게 쉽고 정확한 정보를 전달하겠다는 의도로 대대적으로 활용된 것이었다. 도쿄올림픽에서 최초로 공식 타임키퍼 역할을 맡았던 시계회사 세이코는 세계 최초로 쿼츠(quartz) 방식을 도입한 정확한 시계를 개발했고, 올림픽 후 이 시계를 소형화하여 손목시계로 출시하면서 전 세계 시계 산업에 일대 혁명을 가져오기도 했다.

도쿄올림픽의 경기 결과에서 이런 혁명적인 수준의 충격을 던진 종목이 바로 여자배구였다. 당시 일본 여자배구팀을 이끌었던 감독은 다이마쓰 히로부미(大松博文)였다. 당시 프로리그가 없던 일본에서 여자대표팀은 대일본방적('니치보')의 실업배구팀 멤버를 주축으로 구성되었는데, 다이마쓰는 이 팀의 감독이기도 했다. 실업팀이기 때문에 선수들 대부분은 일과 시간에는 공장 일을 한 후 오후에 집결하여 훈련했다. 올림픽에서의 메달을 국가적 과제로 인식한 일본 정부의 요구에 부응하기 위하여, 다이마쓰 감독은 이때 매우 혹독한 훈련을 시켰던 것으로 유명하다.

특히 다이마쓰 감독은 신체 조건에서 서양 선수들에게 뒤떨어질 수밖에 없는 일본의 한계를 뛰어넘으려면 수비를 강화하고 조직력을 높이는 방법밖에 없다고 생각해서 다양한 패턴플레이를 숙지시켰다. 이 과정에서 개발된 공격 방법이 바로 '시간차 공격'이었다. 이 책의 3부에서도 자세히 들여다보았지만, 이는 기본적으로 공격수들이 엇갈려 뛰어오르면서 상대방의 높은 블로킹을 피하는 공격 방식이었다.

공격보다 더욱 강조되었던 것은 끈끈한 수비였다. 당시까지는 수비수가 서 있는 위치에서 팔이 닿지 않는 위치에 떨어진 공은 리시브하지 못하는 것이 상식으로 여겨졌다. 다이마쓰 감독은 선수들에게 몸을 날려 팔로 공을 걷어 올린 후 유도의 전방낙법과 회전낙법을 응용해 그대로 코트 위로 미끄러지거나 몸을 한 바퀴 굴려 일어나는 '롤링 디그'를 훈련시켰다. 이는 배구에서 처음으로 시도하는 것이라 당연히 선수들은 많은 부상을 겪어야 했고, 1961년부터 유럽 원정 22연승을 기록하는 과정에서 몸을 던지는 일본팀의 플레이를 본 외국 선수들은 저건 자살행위나 마찬가지라고 입을 모았다. 그러고는 지독한 플레이로 마법처럼 승리를 거두는 일본 여자배구 선수들에게 '동양의 마녀'라는 별명을 붙였다.

'동양의 마녀'가 부린 마법의 절정이 바로 도쿄올림픽이었다. 구기 종목에서 체격이 왜소한 동양인이 서양인을 이기는 것은 불가능하다는 통설을 뒤집고 아시아 여자 구기팀 사상 처음으로 올림픽 금메달을 따내는 장면은, 일본 방송 역사상 최고인 66.8%의 시청률을 기록하며 일본 국민 모두에게 감동을 불러일으켰다. 이것은 일본이 전쟁의 패배를 딛고 다시 한번 세계무대 최고의 자리에 올라섰다는 의미이기도 했고 아시아를 대표하는 가장 앞서가는 국가라는 상징이기도 했다.

그러니 올림픽 이후에 배구 특히 여자배구가 야구에 못지않은 엄청난 인기를 누린 것은 당연한 결과라고 할 수 있다. 전국의 학교에서 배구부 창설 붐이 일었고, 여자배구 국가대표팀의 경기는 우리가 2002 월드컵 4강 신화를 통해 축구 국가대표팀에 감정을 이입했던 것처럼 일본이라는 국가를 상징하는 스포츠 이벤트가 되어 만인의 이목을 사로잡았다. 『하이큐!!』의 앞부분, 중고등학교 배구부에서 묘하게 여자배구팀은 선수도 많고 안정적인 반면 남자팀은 더 마이너한 위치에 있는 것처럼 묘사되는 것도 이런 역학관계가 실제 학교 현장에 반영된 흔적으로 보인다.

하지만 이렇게 높은 인기에도 불구하고 일본 배구는 적절한 시기에 프로배구로 전환하지 못해서 성장에 한계를 맞는다. 우리나라는 배구의 저변도 좁고 국민적 인기도 그리 높지 못했던 2005년에 이미 프로리그인 'V리그'를 출범시키면서 일찌감치 프로화에 성공했지만, 일본은 비슷한 시기에 추진되었던 프로화가 실패했다. 프로로 전환되면 선수들의 연봉이 올라가면서 팀 운영에 부담이 높아질 것을 우려한 구단들이 반대했기 때문이었다.

그래서 국가대표팀 경기에 대한 관심은 여전했지만 정작 국내 리그의 인기가 점차 사그러드는 상황이 지속적으로 이어지는 가운데, 일본 배구계에서 반등의 계기로 생각했던 것이 바로 2020년 도쿄올림픽이었다. '부흥 올림픽'이라는 슬로건에서 알 수 있듯이 거품경제의 붕괴 이후 수십 년에 걸친 불황과 경제 침체, 여기에 엎친 데 덮친 격으로 2011년 일본 전체를 충격으로 몰아넣은 도호쿠 대지진으로 인한 피해를 극복하는 상징으로 올림픽을 내세운 것이었다. 마치 제2차 세계대전의 참화를 씻어내는 계기로 1964년 도쿄올림픽이 커다란 힘이 되었던 것처럼 지난 몇십 년간의 어려움을 극복하고 다시 우뚝 선 일본의 모습을 보여주는 이정표로 2020년 도쿄올림픽을 계획한 것이었다. 이를 위해 2018년부터 일본 배구계는 배구리그의 프로화를 재추진하고 국내에 배구붐을 조성하기 위해 노력을 기울이고 있었다.

하지만 2019년 말 전 세계적인 코로나 팬데믹이 시작되면서 도쿄올림픽의 구상은 어그러지기 시작했고, 결국 1년을 연기하여 2021년에 개최하였으나 코로나 상황이 호전되지 않아 거의 무관중에 가까운 올림픽이 되었다. 부흥의 상징이 되기보다는 오히려 경제적 부담만 크게 안게 된 안타까운 사례로 남게 된 것이다. 이렇게 안팎으로 복잡한 상황에서 구름 관중의 응원을 기대하기 어렵게 된 일본 배구계에서 유일하게 기대하는 것은 1964년 올림픽 금메달의 기적을 여자배구 대표팀이 재현해서 다시 한번 국민적 관심을 집중시키는 것이었다.

그런데 금메달은커녕 본선에 진출하지도 못하고 예선에서 탈락하는 수모를 겪게 되었으며, 일본을 잡고 본선에 올라간 팀이 다름 아닌 바로 옆 나라이자 숙적 관계인 대한민국, 우리나라라는 점은 엄청난 충격이었다. 우리 여자대표팀과 일본팀의 경기 중계를 보신 분들이 느꼈던 당장이라도 폭발할 것 같은 팽팽한 긴장감의 원인을 이제 이해하실 수 있을 것이다. 결국 도쿄올림픽 이후 일본 배구의 프로화는 다시 한번 좌절됐지만, 우리나라는 특히 여자배구를 중심으로 배구의 인기가 급상승하는 상반된 결과를 얻게 되었다. 일본이 애써 차려놓은 밥상에서 우리나라만 포식을 한 느낌이랄까.

### 4. 하이큐의 인기가 의미하는 것

그렇다면 만화 『하이큐!!』가 이렇게 엄청난 인기를 얻은 비결은 뭘까? 물론 앞서 설명한 것처럼 일본은 부 활동을 통해 이미 폭넓은 배구의 저변이 존재하고, 역사적 계기로 인해 배구 자체에 대한 관심도 남다르다는 점도 영향을 미쳤을 것이다. 그런데 일본에선 비슷한 조건에 있는 다른 스포츠 소재의 만화들도 많았고, 심지어 배구를 소재로 한 다른 만화들도 적지 않았다. 『하이큐!!』가 연재되던 거의 비슷한 시기에 역시 이 작품의 작가처럼 고등학교 배구부 생활을 했던 '아라 타츠야'라는 작가가 그린 『하리가네 서비스』라는 작품도 연재되었으나 『하이큐!!』만큼의 인기를 끌지는 못했다. 초능력에 가까운 엄청난 서비스를 구사하는 주인공을 등장시킨 『하리가네 서비스』와 비교하면 『하이큐!!』가 지닌 미덕이 좀 더 분명하게 드러난다.

『하이큐!!』에는 수많은 인물들이 등장한다. 간혹 특출한 능력을 갖춘 선수도 있지만 대부분 평범한 고등학생들이다. 이들은 혼자서 초인적인 실력을 발휘하는 것으로 벽을 돌파하는 것이 아니라 팀의 다른 동료들과 함께 호흡을 맞춰가면서 성장해나간다. '강해진다'는 것은 개인의 역량 문제이기 이전에 팀의 실력 문제가 된다.

이것은 어쩌면 배구의 본질과 연결되어 있는 것일지도 모른다. 내가 다른 사람에게 무사히 공을 넘겨주고, 또 내가 그 공을 건네받아 네트 위를 가로막고 있던 블로킹의 벽을 벗겨내고, 상대편의 코트 바닥에 무사히 공을 떨어뜨리기까지의 협력 행위. 어쩌면 그 무한한 협력의 연속이야말로 배구의 가장 근본적인 미덕일지도 모르겠다.

그래서 이 만화에는 '신뢰'라는 단어가 자주 등장한다. 주인공 히나타와 토비오가 어떻게 해도 뚫리지 않는 상대편의 수비를 극복하기 위해 최초로 시도하는 것이 '눈 감고 하는 속공'이다. 배구 초보에 가까운 히나타가 토비오의 빠른 토스에 타이밍 맞추는 것을 힘들어하자, 차라리 공을 보지 말고 무조건 뛰어올라 팔을 휘두르면 세터인 토비오가 정확한 위치에 공을 배달해줘서 속공을 성공시키는 작전이다.

아예 공을 보지 않고 뛰어오를 정도로 빠른 타이밍에 이루어지는 속공이니 상대편 블로커들이 따라붙지 못하는 것도 당연하다. 그래서 다른 선수들은 그렇게 눈을 감고 때려도 강한 스파이크가 되도록 정확하게 토스를 올리는 세터 토비오에 감탄을 보내지만, 정작 토비오는 무조건 자신을 믿고 뛰어올라 눈을 감고 스파이크를 때리는 히나타의 '신뢰'에 감탄한다. 중학교 때 같은 팀이었던 '배구 좀 하는' 다른 선수들은 그런 믿음이 없었기 때문에 끝까지 토비오와 호흡을 맞출 수 없었던 것이다.

이런 팀원들 간의 신뢰는 세터와 스파이커 사이에만 존재하는 것이 아니다. 나의 블로킹이 뚫리면 뒤의 수비수들이 디그를 해주고, 내가 때린 스파이크가 블로킹을 맞고 튕겨 나오면 우리 팀 선수들이 어택 커버를 해줄 거라는 믿음이 생긴 후에야 비로소 잡념 없이 최선을 다하는 플레이가 나올 수 있다. 내가 안 되면 다른 선수들이 커버하고 도와줄 것이다. 나 혼자 한다고 이기는 것도 아니며, 내가 좀 떨어진다고 꼭 지는 것도 아니다. 언제나 중요한 것은 배구에 대한 집중력과 의지, 그리고 팀원들에 대한 신뢰이기에.

힘든 훈련과 노력의 과정을 통해 배구로 무언가를 이루겠다거나 프로 선수가 되겠다는 의지를 가진 등장인물은 드물다. 이들이 원하는 것은 더 오래 배구를 하는 것, 가장 오래 코트 위에 서 있는 것이다. 결국, 이들은 배구를 무척이나 사랑하는 것이다. 좋아하는 일을 더 재밌게 잘하고 싶어 하는 순수한 애정. 독자들에게 공감과 감동을 준 것은 사회생활의 복잡한 이해관계에 붙들리기 전에만 가질 수 있는 이런 순수한 열정, 그리고 그 열정을 함께 공유하는 것으로 부쩍부쩍 성장해가는 젊은이들의 건강한 모습이 아니었을까 싶다.

조금 다른 얘기지만 덧붙여 우리가 『하이큐!!』의 성공으로부터 배울 만한 부분은 미디어 믹스와 굿즈의 활용 부분이 아닐까 싶다. 만화로 연재되었던 『하이큐!!』는 그림체에 선이 많고 스포츠 만화의 특성상 역동적인 묘사가 많아서 눈에 잘 들어오는 작품은 아니었다. 그런데 애니메이션으로 만들어지면서 그림이 깔끔해지고 색감이 예뻐지면서 인기가 폭발하게 되었다. 특히 문구류,

옷, 피규어, 퍼즐 등 다양한 종류의 굿즈가 출시되어 만화를 보지 않은 사람이라도 굿즈를 구입하고, 역으로 이를 계기로 만화를 보게 되는 역주행이 일어나기도 했다. 이 두 영역은 우리나라 배구에서 매우 약한 부분이기도 하다.

현재 TV와 인터넷을 통해 경기를 중계하는 것을 제외하면 팬들이 다른 매체를 통해 배구를 만날 방법은 많지 않은 편이다. 경기 외에 즐길 수 있는 배구의 콘텐츠라면 각 구단에서 운영하고 있는 유튜브 채널 정도일 텐데, 배구에 관심을 갖는 이들을 계속 유입시킬 수 있는 지속적인 계기들이 훨씬 더 적극적으로 만들어질 필요가 있다. 특히 경기장을 찾는 팬들이 늘어나고 있다는 점을 고려하면 팀과 선수에 대한 관심을 이어나갈 수 있는 다양한 굿즈는 팬서비스의 차원에서는 물론 장기적으로는 팀의 재정적 차원에서도 훌륭한 돌파구가 될 수 있을 것으로 보인다.

나오며

# 배구의 미래

이 책은 도쿄올림픽에서 우리 여자배구 선수들이 보여준 감동적인 활약으로 문을 열었다. 이번 올림픽을 통해 배구 팬으로 새로이 입문하신 분들이 적지 않고, 그건 정말로 반가운 일이다.

그런데 평소 내 페이스북의 배구 관련 글에 자주 답글을 달아주시던 한 분이 댓글로 질문을 하셨다. 부푼 마음으로 배구에 입문했는데 페이스북에서 배구에 관해서 오가는 이야기들을 들으니 이번 도쿄올림픽이 우리 국가대표 배구팀의 마지막 절정인 것 같다, 당장 이번 시즌부터 전반적인 전력의 하향 추세가 뚜렷해지고 있어 혹시 본인이 '막차'를 탄 것이 아닌가 하는 걱정이 든다, 그런 말씀이었다.

한 사람이라도 더 많은 분들에게 배구의 즐거움을 알리고 싶다는 세일즈(?)의 목적으로 이 책을 쓰기 시작했으니, 배구의 밝은 부분 못지않게 우려되는 부분 역시 솔직히 말씀드리는 것이 상도의에 맞지 않을까 싶다. 마지막 이야기는 온라인상에서 충분히 말씀드리지 못한 이분의 질문에 대한 대답으로 마무리할까 싶다.

## 미국 배구의 열악한 사정과 새로운 시도

배구는 인기 스포츠인가? 보는 관점에 따라서 그렇다고 할 수도, 아니라고 할 수도 있다. 너무 대충 하는 대답 같지만 실제로 배구는 여러모로 애매한 속성을 동시에 가지고 있다. 아마추어 배구의 경우 체육관이 갖추어져 있는 상태라면 선수 개인의 차원에서는 별다른 거창한 장비가 필요하지 않고 선수 간 접촉이 거의 없어 부상의 위험도 적으며, 선수 간 협력이 강조되는 팀 스포츠인 데다 팀 유지를 위한 예산이 많이 필요한 것도 아니라서 시설을 갖추고 있는 학교 단위에서 운용하기에 적합한 스포츠다.

하지만 바로 이 '시설' 그러니까 코트를 갖춘 실내체육관이라는 것이 일반인들의 차원에서는 주변에서 쉽게 찾기도, 이용하기도 힘든 것이고 공을 받고 넘기는 기본적인 동작이 될 정도의 일정한 기량을 갖추기 전에는 경기 자체가 불가능하고, 팀당 6-9명, 경기가 되려면 최소 10명 이상의 인원을 모으는 것도 쉬운 일이 아니어서 탁구, 배드민턴, 테니스 같은 생활체육으로 자리 잡기 힘든 종목이다.

프로스포츠의 경우도 애매하기는 마찬가지다. 일단 배구가 탄생한 종주국인 미국에서는 야구, 농구, 하키, 미식축구 등 워낙 인기 있는 스포츠가 많아서 배구가 끼어들 틈이 없다. 배구를 프로리그화하려는 수많은 노력들이 있었으나 대부분 실패했다. 심지어 NBA의 레전드 선수인 윌트 체임벌린은 농구 선수였으면서도 배구의 매력에 푹 빠져서 1975년 사재를 털어가며 IVA(International Volleyball Association)라는 리그를 만들고 스스로 배구 선수로 등록까지 해서 활약하는 등의 노력을 기울였지만 불과 4년을 버티지 못하고 1979년 해체되는 비운을 맞기도 했다.

국제 배구계에서 가장 큰 메이저 시장은 이탈리아, 그리고 김연경 선수가 활약했던 터키를 중심으로 러시아 등 동구권 일부에서 인기를 얻고 있으나 이 지역들에서조차 축구와 농구, 테니스 등의 인기에 밀리고 있는 상황이다. 오히려 배구의 파생 종목인 비치발리볼의 인기가 더 높아서 이쪽이 주 수입원이고 정작 배구는 부업처럼 하는 선수들도 적지 않을 정도다. 즉, 전체적으로 봤을 때 배구는 일반인 수준의 저변은 좁고 기관을 중심으로 한 학교, 실업팀은 많은 반면, 전업 선수로서의 생활을 이어가기 위한 프로스포츠로서의 위상은 충분히 자리 잡지 못한 애매한 상황에 놓여있는 것이다.

이런 상황을 타개하기 위해 미국에서는 2020년 새로운 여자 배구 리그인 AUL(Atheletes Unlimited League)이 창설되었다. 프로스포츠팀의 운영에는 두 가지 방식이 존재한다. 하나는 모기업이 있어서 창단 및 선수 연봉, 운영 비용을 모두 부담하는 경우다. 우리나라의 프로야구, 프로배구 등 대부분의 프로팀들이 이런 방식으로 운영되고 있다.

다른 하나는 팀 자체가 하나의 기업이 되어 수익을 내고 그 수익으로 팀을 운영하는 방식이다. 프로스포츠팀으로는 더 이상적인 방식이지만, 종목을 막론하고 상당한 비용이 필요하기 때문에 세계적으로 유명한 프로축구팀 일부에서나 가능한 방식이다.

미국의 AUL은 앞선 여러 실패 사례들을 검토한 결과, 미국의 상황에서 이 두 방식 모두 불가능하다고 보고 팀스포츠인 배구를 테니스와 같은 개인 스포츠와 같은 단위로 분해하는 실험을 하기로 했다.

즉, 리그 전체에 소속되어 있는 선수 풀(창단 시점에서는 총 48명)이 있고 이 선수들에게 포인트를 매겨 매주 상위 4명이 리더로서 나머지 선수들을 각각 선발한다. 그렇게 4개의 팀으로 만든 후 한 주간 경기를 치른다. TV 중계를 고려하여 최대한 빠르게 경기를 진행하기 위해 모든 경기는 3세트까지만 진행하고, 세트스코어로 승패를 정하는 것이 아니라 3세트까지의 모든 점수를 합쳐서 점수가 더 많은 팀이 이기는 방식으로 한다. 또한 팀의 점수보다 더 중요한 것이 경기 중 득점, 서브, 블로킹, 범실 등을 모두 계산해서 점수를 더하거나 깎는 개인 포인트다.

리그의 수익은 관중들의 티켓 구입 외에 리그 자체적으로 기업과 스폰서십을 맺어 얻는 수익, 각종 스포츠 채널 및 유튜브, 트위치를 통한 스트리밍 수입 등인데 리그가 마무리되고 난 후 이 수익을 선수들의 최종 개인 순위에 따라 정해진 비율로 분배하는 방식이다. 결국 AUL리그는 최근 OTT 서비스와 인터넷을 통한 각종 스트리밍 플랫폼이 폭증하는 상황에서 일단 콘텐츠가 확보되기만 하면 일정 수준의 수익을 얻을 수 있다는 판단하에 전통적인 관중과 기업 수익 외에 새로운 가능성이 존재한다고 보고, 이런 플랫폼들이 개인의 선택이 극대화된 매체들이라는 점에 주목해서 배구를 개인 스포츠의 단위로 재해석한 시도라고 볼 수 있다.

하지만 이런 변화는 너무 파격적이라서 정작 기존 배구 팬들조차 포괄하지 못하는 측면이 있었다. 또 매주 팀이 다시 꾸려지는 상황에서 배구 최대의 강점이 조직력에 기반한 배구도 불가능할 뿐 아니라 선수들의 훈련, 건강관리, 안정적인 수입원으로서의 기능조차 제한적이었다. 게다가 하필 출범한 시점이 코로나 팬데믹으로 관중 입장이 불가능한 2020년이라서 미국 내에서조차 큰 주목을 받지 못해, 2022년 현재 상황으로는 성공 가능성이 불투명해보인다.

## 그럼 우리나라는?

배구계가 전반적으로 상황이 좋지 않다 보니 오히려 배구의 인기가 점차 높아지고 있는 우리나라의 프로배구가 더 주목을 받고 있다. 우리 프로리그의 경우 배구팀 운영상의 비용 부담을 줄이고 팀 간 전력 격차를 줄이기 위해 선수와 팀이 자유계약을 맺지 않고 트라이아웃 제도를 통해 선발한다.

물론 연봉 상한이 40만 달러(여자부의 경우 20만 달러)로 제한되어 있어 여전히 객관적 수준에서 외국인 선수의 연봉이 높지 않은 건 사실이다. 그렇지만 연봉 외의 복지 수준, 즉 숙소 제공, 생활 지원, 건강과 컨디션 관리 등 부가적인 조건이 좋다는 평가가 확산되면서 장기적으로 연봉 제한 수준이 높아지면 더 많은 선수들이 한국행을 원할 것으로 보인다.

오히려 문제는 국내 선수들의 수급에 있다. 일단 배구계는 과거 오랜 시간 동안 비인기 종목이었던 탓에 유소년팀의 숫자가 상당히 적은 편이다. 중등부 남녀, 고등부 남녀로 나누어 보았을 때 대회가 열리면 참가하는 팀은 네 개 영역별로 겨우 열 팀 내외에 그치고 있다. 이보다 근본적인 부분은 배구뿐 아니라 우리나라 전체적으로 커다란 성장의 한계로 우려되고 있는 인구 감소의 문제다. 이 문제는 학령인구가 본격적으로 감소 절벽에 들어서는 2025년 전후, 배구계에도 직격탄이 되어 선수 부족 현상을 가져올 것으로 보인다.

더욱이 몇 년 전부터 배구계에 어려움을 주고 있는 것은 이른바 '학교 스포츠 정상화'의 흐름이다. 과거 엘리트 체육이 강조되던 시절에 '운동부'에 속한 학생들은 수업도 받지 못하고 매일 훈련과 대회 참가만 하다 보니 기본적인 학습권이 침해되고, 운동으로 성공한 1%의 엘리트 선수들 외에 나머지 99%의 학생들은 다른 직업을 선택할 능력을 갖추지 못하게끔 제한되는 측면도 있었다. 그래서 이런 학교 엘리트 스포츠가 인권침해의 소지가 있다는 지적이 지속적으로 이어졌다.

이에 따라 몇 년 전부터는 초·중·고등학교 운동부 선수들도 최대한 학업과 운동을 병행하도록 하고, 이 중 학업에 좀 더 비중을 두어 수업 결손을 최소화하는 방향으로 제도가 개선되는 상황이다. 이런 문제 제기의 방향성 자체는 타당성을 가지고 있지만, 결국 운동선수로서 기본 역량이 갖추어지고 가장 빠르게 성장할 수 있는 청소년기에 충분한 훈련과 경험을 쌓지 못하는 한계로 이어지기 쉽다. 제도 개선이 시작된 이후에 성장한 선수들이 프로리그에 진출하기 시작한 최근 몇 년간, 신인 드래프트에서 감독들이 '뽑을 선수가 없다'고 울상을 짓게 된 이유도 그것이다. 그렇게 '구관이 명관'이다 보니 남녀부 공히 프로 선수들의 평균연령이 점점 올라가는 현상이 나타나고 있기도 하다.

이 모든 현상들의 종합적 결과가 최근 배구 팬들 사이에서 심심치 않게 나오는 '전반적인 기량 저하'에 대한 우려다. 여기에 2021년 11월 교육부에서는 2019년 문화체육관광부 산하 스포츠 혁신위원회의 권고안을 수용하여 2023년부터는 초·중·고 주중 대회 및 훈련 참가를 전면 금지하는 파격적인 제도 개선을 예고했다. 이 안이 계획대로 실행될 경우에 배구는 물론이고 전반적인 스포츠 종목 선수들의 역량 저하는 물론, 경우에 따라 존폐의 위기에 몰리는 종목들이 여럿 생길 것으로 보인다.

하지만 학령인구 감소와 학생 인권 보장 수준의 강화는 피할 수 없는 시대적 흐름일 것이다. 그래서 향후 국내 배구 선수들의 역량 저하와 수급 부족 문제는 더욱 심화될 것으로 예측된다. 이에 대한 대안 중 하나는 해외 선수들의 공급 풀을 늘리는 것이다. 홍콩 대표로 아시안게임에 출전했다가 특별귀화 과정을 통해 우리나라로 국적을 변경한 후 대한항공에 입단하여 훌륭한 활약을 보이고 있는 진지위 선수나, 몽골 출신으로 고등학교 때 우리나라로 건너와 2022년 신인 드래프트 1순위로 예상될 만큼 기대를 한 몸에 받고 있는 염어르헝 선수★처럼 귀화를 통해 완전히 우리나라 국적을 획득하는 사례도 종종 나오고 있다.

그러나 이런 예외적인 경우에만 기댈 수는 없으므로 현재 각 팀당 1명으로 되어 있는 외국인 선수의 인원 제한을 2명으로 늘려야 한다는 주장도 있다. 하지만 이 경우 각 팀의 재정적 부담이 더

★ 본래 이름은 체웨랍당 어르헝(Tseveenravdan Orkhon)이지만, 그녀가 재학 중인 목포여상 출신의 '선배' 염혜선 세터가 자신의 부모님을 설득해 그녀를 자신의 가족으로 입양했다. 그래서 어르헝 선수는 염씨 성을 가지고 동시에 염혜선의 동생이 되었다.

커지고 외국인 선수들에만 활약하는 재미없는 경기가 될 수 있다는 우려도 있다. 이에 외국인 선수를 늘리되 아시아계 선수 한 명만 추가로 더 선발할 수 있도록 하는 '아시안 쿼터' 제도의 도입도 꾸준히 검토되고 있다.

해외 선수의 비중이 늘어나는 것은 배구 팬들의 입장에서는 더 수준 높은 경기를 볼 수 있다는 점에서 반길 만한 일이다. 하지만 국내 선수들로서는 본인들의 입지가 좁아진다는 점에서 우려할 수밖에 없는 일이다. 신인 드래프트에서 프로팀 감독들은 뽑을 만한 선수가 없다고 하소연하지만, 여전히 드래프트에 참가한 선수들 가운데 절반 이상의 선수들은 아예 지명을 받지 못하고 배구의 꿈을 접어야 하는 상황이기 때문이다.

게다가 배구가 인기 스포츠로 부상하면서 이제 막 높은 연봉을 받는 '스타 선수'들이 조금씩 등장하는 상황에서 외국인 선수, 특히 연봉 제한이 더 낮을 것으로 예상되는 아시안 쿼터 선수의 경우 국내 선수들의 연봉을 전반적으로 끌어내리는 부정적인 기준점의 역할을 할 가능성도 있다. 조금 각도를 달리해서 보면, 이는 다문화 사회에 저항감을 갖는 이들이 많은 우리 사회의 현 상황과 닮아있다. 저출산 고연령 사회로 급격히 진입하는 상황에서 다문화 사회로의 변화가 유일한 대안일 수밖에 없지만, 이주민 노동자의 증가가 고용안정성을 떨어뜨리고 임금 상승을 억제하는 효과를 가져올 것이라는 우려가 팽배해있기 때문이다.

하지만 이런 우려에도 불구하고 우리나라가 더 큰 발전의 모멘텀을 만들어내기 위해서는 단일민족국가라는 폐쇄성을 극복하고, 다양한 이민자들이 끊임없이 진입하여 새로운 활력을 불어넣는 다문화 국가를 지향해야 한다는 것은 부정하기 어려운 지향점이다. 마찬가지로 우리 배구가 한 단계 더 올라서기 위해서는 세계 각국의 우수한 선수들이 모여 최고의 리그를 만들어내는 미국의 NBA나 메이저리그처럼 좀 더 큰 틀을 지닌 오픈 플랫폼으로 확장을 꿈꿀 타이밍이 다가오고 있지 않은가 싶다. 불과 몇년 전까지만 해도 상상하기 어려웠던 음악, 영화 등 대중문화 영역에서 우리 콘텐츠들이 거두고 있는 세계 최고 수준의 성과들이 우리나라의 배구리그에서 재현되지 말라는 법은 없지 않은가.

## 여자배구의 인기 그리고 즐거운 공놀이

마지막으로 한 가지 더 짚고 싶은 부분은 최근 급격히 높아진 여자배구의 인기다. 대부분의 프로스포츠에서 남자부 경기가 여자부보다 더 인기가 높고, 어떤 종목의 경우는 아예 여자부가 없는 경우도 있다. 그나마 배구의 경우는 어느 나라든 여자부 경기가 남자부 못지않은 인기를 끌고 있다.

여기에는 몇 가지 이유가 있다. 책의 본문 중에서도 자주 얘기했지만, 우선 배구는 남자부와 여자부가 각각 나름의 재미 포인트를 가지고 있다는 점이다. 남자부의 경우는 빠르고 강한 스파이크로 호쾌한 재미를 선사하는 반면, 여자부는 공을 주고받는 랠리가 더 긴 편이고 아슬아슬한 수비가 많이 나와 보는 이의 손에 땀을 쥐게 한다. 특히 공격 위주의 남자부 경기는 일단 두 팀 간의 점수 차이가 조금 벌어지면 여간해서는 그 격차를 따라잡기가 쉽지 않아 역전이 나오기 힘들다. 하지만 여자부의 경우는 웬만한 공격은 수비가 되기 때문에 경기에 대한 집중력만 유지된다면 5, 6점이 넘는 큰 점수 차이가 순식간에 뒤집히는 일도 흔히 벌어져 승부를 예측하기 어려워진다. 그래서 여자부도 나름의 경쟁력을 가지고 남자부와 인기를 다툴 수 있게 되는 것이다.

책의 마지막에 짚어두고 싶은 또 다른 이유는 선수 풀의 차이다. 결국 어느 종목이든 프로스포츠 선수로 살아남기 위해서는 키, 순발력, 힘 등 타고난 신체적 조건들이 갖추어져 있어야 하고 그런 '재목'들은 여러 종목의 감독, 코치들로부터 선수를 해보지 않겠느냐는 제안을 받게 마련이다. 그런데 남자들의 경우는 축구, 야구, 농구 등 선택할 수 있는 '전망 있어 보이는' 스포츠 종목들이 많아서 배구에 엄청난 매력을 느끼는 상황이 아닌 한 일찌감치 다른 쪽으로 빠져나가는 경우가 흔하다. 상황이 이렇다 보니 여자부에 비해 상대적으로 선수층이 얇아 경기 전반의 수준을 비교해봤을 때 여자부의 재미가 남자부를 넘어서는 경우도 적지 않게 생기는 것이다.

그런데 이 이야기는 뒤집어 생각해보면 상당히 서글픈 측면이 있다. 즉, 여자 선수들의 경우는 우수한 운동능력을 갖춘 인재라 할지라도 운동을 평생의 업으로 삼을만한 무대가 별로 없다는 뜻이 되기 때문이다. 앞서 말한 미국 배구의 새로운 시도에서 그 대상이 왜 '여자배구'에 국한되었을지를 생각해보자. 중·고등학교에 진학해서 계속 운동을 하고 싶은 여학생들의 경우 배구 외에는 다른 길이 많지 않기 때문에 중고등학교, 혹은 대학교까지의 아마추어 여자배구팀들은 그 숫자가 상당히 많다.

미국에서 발간되는 배구 관련 서적의 상당수가 아마추어 배구팀 지도자를 위한 가이드북인 이유가, 그 책들의 표지에 대부분 여자 선수들의 사진이 쓰인 이유가 여기에 있다. 그런데 이 선수들이 학교를 졸업하고 나서 배구를 직업적으로 하려고 프로 무대로 진출하려고 하는 선수들에게는 갑자기 길이 뚝 끊겨버리는 것이다. 남아있는 유일한 무대는 비치발리볼 아니면 4년에 한 번 찾아오는 올림픽 국가대표 소집뿐이다.

이 책의 문을 열었던 2021년 도쿄올림픽 여자배구에서 미국팀은 우리 팀을 손쉽게 꺾었던 최강팀 브라질을 세트스코어 3 대 0으로 완파하고 금메달을 차지했다. 한데 예선부터 결승까지 모조리 3 대 0의 스코어를 기록하며 산책하듯이 금메달을 차지한 팀답지 않게 금메달을 확정한 후 모든 선수들이 코트에서 부둥켜안고 쓰러져 꺼이꺼이 우는 모습을 연출했다. 여러 사정이 있었겠지만, 미국은 배구 종주국이자 2021년 12월 기준으로 국제배구연맹 순위 세계 1위를 차지하고 있는 부동의 강호라도 국내 리그의 뒷받침이 전혀 되지 않아 올림픽 출전 역사 57년 만에 처음으로 금메달을 따는 순간이었기 때문이다. 그리고 이제 선수들이 미국으로 돌아가면 다시는 맛볼 수 없는 영광과 주목의 무대이기도 했다.

우리나라 여자배구도 불과 몇 년 전까지 사정이 그리 다르지 않았다. 어느 여자배구 선수는 인터뷰에서 초등학교 3학년까지는 남자애들과 운동장에서 공을 차고 뛰어놀았는데 그다음부터는 운동장이 남자아이들 차지가 되고 함께 공을 찰 여자아이들이 없어서 공놀이할 곳을 찾다가 배구코치 선생님의 권유를 받고 배구를 시작하게 되었다고 말하기도 했다.

하지만 지금은 여자배구가 남자배구의 인기를 뛰어넘어 겨울스포츠 가운데서는 확실히 최고의 인기를 구가하고 있다. 요즘 여자배구 경기 중계를 보다 보면 유난히 응원 문구를 담은 손팻말을 들고 와서 마치 아이돌을 응원하듯 좋아하는 선수들을 열심히 응원하는 여성 팬들을 자주 보게 된다. 특히 너무 신이 나서 좌석에 가만히 앉아있지 못하고 계속 일어나서 춤을 추고 있는 여성들이 자주 카메라에 잡힌다. 인터넷 중계의 채팅창에서는 경기는 안 보고 놀러온 거냐고 눈살을 찌푸리는 말도 들리지만, 나는 그렇게 마음껏 자신의 끼를 발산하는 여성들의 모습에서 운동장에서 밀려나 이제껏 함께 놀 수 있는 운동장을 허기진 마음으로 찾아다니던 초등학교 3학년 아이의 모습을 본다.

여자도 프로팀의 감독이 될 수 있다는 것을 보여주고 있는 박미희 감독에게서, 국내리그 경기의 심판인 동시에 도쿄올림픽에서도 유일한 한국인 국제심판으로 활약한 강주희 심판에게서, 스포츠 중계 캐스터는 당연히 남성이라는 고정관념을 깨고 오랜 시간 동안 쌓은 배구 영역에서의 전문성을 바탕으로 여자배구 중계 캐스터를 맡고 있는 오효주 아나운서에게서 나는 소중한 감동을 느낀다. 여자배구가 누군가에게는 단순한 스포츠를 넘어, 삶의 더 큰 가능성을 보여주는 롤모델이 되어 우리 사회를 더 건강하게 만드는 힘이 될 수 있음을 느낀다.

너무 거창해질 필요까지는 없을 것이다. 결국 배구의 본질은 '즐거운 공놀이'다. 내가 배구를 좋아하는 가장 큰 이유는 결국 땀 흘리며, 웃으며, 달리며, 서로가 서로를 부둥켜안는 그 모습을 보며 나도 함께 행복해질 수 있기 때문이다. 그리고 내가 받은 그 즐거움과 행복을 더 많은 분들께 전해드리고 싶다는 심정, 그 하나의 마음으로 이 책을 썼다. 이 책이 더 많은 분들을 '즐거운 공놀이'에 초대할 수 있기를 바라며 글을 맺는다.

# 배구, 사랑에 빠지는 순간

## 알고 보면 열 배 더 재밌는 배구 이야기


발행일 2022년 2월 28일 초판 1쇄
2023년 11월 3일 초판 3쇄

지은이 곽한영
편집 박성열, 정혜인
디자인 김진성
일러스트 랑기
인쇄 민언프린텍
제본 라정문화사

발행인 박성열
발행처 도서출판 사이드웨이
출판등록 2017년 4월 4일 제406-2017-000041호
주소 서울특별시 마포구 동교동 양화로 156, LG팰리스빌딩 1923호
전화 031)935-4027 팩스 031)935-4028
이메일 sideway.books@gmail.com

ISBN 979-11-91998-04-7 03690